KB247834

2025년 개정사항 반영

국가공인
회계관리1급

기출문제집

삼일회계법인 저

2024년 기출문제 8회분 수록

삼일회계법인
삼일인포마인

회계관리1급 자격시험 안내

■ 개요

회계, 세무, 원가, 경영관리 등 재경분야의 실무 전문가임을 인증하는 삼일회계법인 주관 자격 시험으로 수준에 따라 재경관리사 / 회계관리 1급 / 회계관리 2급으로 구분됩니다.

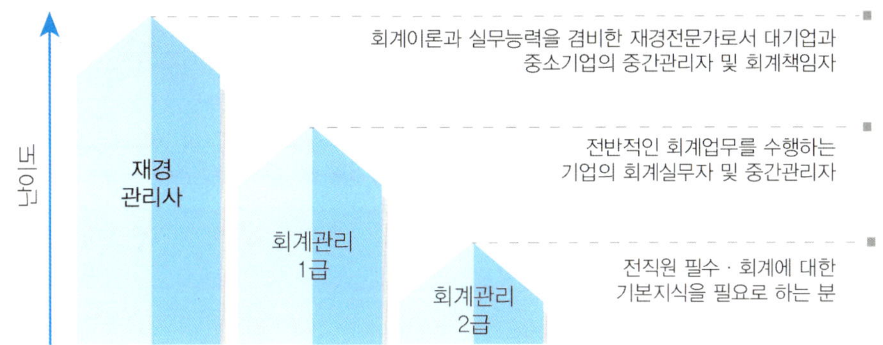

■ 2025년 시험안내

	재경관리사	회계관리 1급	회계관리 2급
자격종류	국가공인 등록 민간자격		
공인번호	금융위원회 제2022–2호	금융위원회 제2022–3호	
등록번호	금융위원회 제2008–0106호	금융위원회 제2008–0105호	
시험과목	재무회계 세무회계 원가관리회계	재무회계 세무회계	회계원리
시험시간	14:00 ~ 16:30 (150분)	14:00 ~ 15:40 (100분)	11:00 ~ 11:50 (50분)
평가 및 합격	객관식 4지선다형 40문항 / 과목별 70점(100점 만점) 이상 합격		
시행지역	서울, 부산, 대구, 창원, 광주, 대전, 인천, 수원, 익산, 청주, 천안 외		
응시료	7만 원	5만 원	3만 원
환불규정	접수기간 내 100% 환불 / 접수취소기간 내 50% 환불 / 접수취소기간 종료 이후 환불불가		
자격발급기관	삼일회계법인		

■ 회계관리1급 시험일자

정기회차	원서접수기간	시험일	합격자발표
1회차	2024. 12. 31 ～ 2025. 01. 07	01. 18 (토)	01. 24 (금)
2회차	2025. 02. 20 ～ 02. 27	03. 22 (토)	03. 28 (금)
3회차	2025. 04. 17 ～ 04. 24	05. 17 (토)	05. 23 (금)
4회차	2025. 05. 27 ～ 06. 03	06. 21 (토)	06. 27 (금)
5회차	2025. 07. 01 ～ 07. 08	07. 26 (토)	08. 01 (금)
6회차	2025. 08. 28 ～ 09. 04	09. 27 (토)	10. 02 (금)
7회차	2025. 10. 23 ～ 10. 30	11. 22 (토)	11. 28 (금)
8회차	2025. 12. 02 ～ 12. 09	12. 20 (토)	12. 26 (금)

* 홈페이지(www.samilexam.com)에서 시험일정과 장소 관련 자세한 정보를 확인할 수 있습니다.

■ 시험문의

홈페이지	www.samilexam.com
연락처	070-4412-3131, kr_samilexam@pwc.com

■ 회계관리1급 재무회계 평가범위

과목			평가범위
재무회계	재무회계 일반	회계의 기본개념	회계의 의의, 재무보고의 목적
			회계정보의 질적특성, 재무제표 일반사항
			중간재무제표, 중소기업 회계처리 특례
	재무상태표	재무상태표 일반사항	재무상태표 작성기준, 재무상태표의 유용성과 한계
		당좌자산	현금및현금성자산, 단기투자자산, 유가증권, 매출채권계정 등의 회계처리
		재고자산	재고자산의 회계처리, 재고자산 수량결정, 원가흐름 파악, 저가평가
		투자자산	장기금융상품, 유가증권, 현재가치평가 등의 회계처리
		유형자산	취득원가, 감가상각비 등의 계산 및 회계처리
		무형자산	무형자산의 개념파악 및 상각
		기타비유동자산	기타비유동자산의 기본개념 및 종류
		유동부채	매입채무, 단기차입금, 미지급금 등의 회계처리
		비유동부채	사채, 장기차입금, 장기성 매입채무
		충당부채	충당부채, 우발부채 및 우발자산의 개념과 회계처리
		이연법인세	법인세회계의 의의 및 필요성, 이연법인세자산·부채
		자본	자본의 의의, 자본의 분류 및 회계처리
	손익계산서	손익계산서의 기초이론	손익계산서의 의의, 손익계산서 작성기준
		수익의 인식	수익의 정의, 인식기준, 수익인식방법의 적용사례
		손익계산서 계정과목	매출액, 매출원가 등 계정과목에 따른 회계처리
	현금흐름표	현금흐름표에 대한 이해	현금흐름표의 의의 및 구조, 유용성과 한계

■ 회계관리1급 세무회계 평가범위

과목	평가범위		
세무회계	조세총론	조세의 개요	조세의 기본개념 및 체계
	법인세	각사업연도소득에 대한 법인세	법인세의 개념
			각사업연도소득에 대한 법인세 계산구조
			세무조정 및 소득처분
			산출세액의 계산절차
	소득세	종합소득세의 계산	소득세의 개념
			종합소득세의 계산구조
			종류별 소득금액 계산
			종합소득 과세표준 및 세액계산
		연말정산	연말정산 절차 및 방법
	원천징수 실무	원천징수의 개념 및 각 소득별 원천징수실무	원천징수의 개념 및 기본흐름
			각 소득별 원천징수영수증 작성
			원천징수세율과 원천징수세액의 계산
	부가가치세	부가가치세의 개요	부가가치세의 개념
			과세거래
			과세표준과 납부세액의 계산
			부가가치세신고서
			신고와 납부절차
	세금계산서 실무	세금계산서의 작성·교부	세금계산서의 작성·교부 방법
			전자세금계산서
			수정세금계산서의 작성·교부 방법
			세금계산서합계표

Contents

회계관리 1급
기출문제집
재무회계

2024년 제 1 회 기출문제

2024년 제 2 회 기출문제

2024년 제 3 회 기출문제

2024년 제 4 회 기출문제

2024년 제 5 회 기출문제

2024년 제 6 회 기출문제

2024년 제 7 회 기출문제

2024년 제 8 회 기출문제

01 다음 중 재무보고의 목적에 관한 설명으로 옳지 않은 것은?

① 재무보고는 투자 및 신용의사결정에 유용한 정보를 제공해야 한다.
② 재무보고는 과거의 현금흐름을 보고하는 것이므로 미래 현금흐름 예측에 관한 정보를 제공하는 것은 아니다.
③ 재무보고는 재무상태, 경영성과, 현금흐름에 대한 정보를 제공한다.
④ 재무보고는 경영자의 수탁책임 평가에 유용한 정보를 제공한다.

02 다음 중 재무정보의 질적특성에 관한 설명으로 옳지 않은 것은?

① 질적특성을 갖춘 정보라 하더라도 정보 제공 및 이용에 따른 사회적 효익이 정보 제공 및 이용에 소요될 사회적 비용을 초과한다면 그러한 정보 제공은 정당화 될 수 없다.
② 중요성은 회계항목이 정보로 제공되기 위한 최소한의 요건이다.
③ 특정 정보가 생략되거나 잘못 표시된 재무제표가 정보이용자의 판단이나 의사결정에 영향을 미칠 수 있다면 그러한 정보는 중요한 정보이다.
④ 중요성은 일반적으로 당해 항목의 성격과 금액의 크기에 의해 결정되지만, 어떤 경우에는 금액의 크기와 관계없이 정보의 성격 자체만으로도 중요한 정보가 될 수 있다.

03 다음 중 재무제표에 관한 설명으로 옳지 않은 것은?

① 재무제표에 대한 주석은 재무제표를 이해하는데 필요한 추가적인 정보를 기술한 것이다.
② 손익계산서는 일정기간 동안 발생한 수익과 비용을 순액으로 보고하는 재무제표이다.
③ 현금흐름표는 기업실체의 현금흐름을 영업, 투자, 재무활동으로 구분하여 보고하는 재무제표이다.
④ 재무상태표는 일정시점에서 기업의 재무상태를 보고하는 재무제표이다.

04 다음 중 중간재무제표에 관한 설명으로 옳은 것은?

① 3개월 단위의 중간기간을 '반기', 6개월 단위의 중간기간을 '분기'라 한다.

② 중간재무제표는 재무상태표, 손익계산서, 자본변동표, 현금흐름표 및 주석을 포함한다.

③ 현금흐름표는 중간기간과 누적중간기간을 대상으로 작성하고, 직전 회계연도의 동일기간을 비교 표시한다.

④ 재무상태표는 중간보고기간 말과 직전 회계연도의 동일기간 말을 비교하는 형식으로 작성한다.

05 다음 중 자산에 관한 설명으로 옳지 않은 것은?

① 자산은 소유권과 같은 법적권리와 결부되어 있으나, 법적권리가 자산성 유무를 결정함에 있어서 최종적 기준은 아니다.

② 자산의 취득은 일반적으로 현금유출과 관련이 있으나 반드시 현금유출이 동반되는 것은 아니다.

③ 자산은 미래에 경제적 효익을 창출할 것으로 기대되는 자원이다.

④ 기업실체의 자산은 발생가능성이 높은 미래 사건에 의해 발생한다.

06 다음 중 재무상태표의 작성기준에 관한 설명으로 옳지 않은 것은?

① 재무상태표는 자산·부채 및 자본으로 구분하여 표시한다.

② 재무상태표에 기재하는 자산과 부채는 유동성이 큰 항목부터 배열하는 것을 원칙으로 한다.

③ 자산과 부채는 원칙적으로 상계하여 표시하지 않는다.

④ 대조계정 등의 비망계정은 재무상태표의 자산 또는 부채항목으로 표시한다.

07 다음은 자산에 속하는 계정들의 잔액이다. 재무상태표에 당좌자산으로 계상될 금액을 계산하면 얼마인가?

ㄱ. 현금및현금성자산	100,000원	ㄴ. 비품	200,000원
ㄷ. 단기대여금	200,000원	ㄹ. 선급비용	100,000원
ㅁ. 상품	300,000원	ㅂ. 제품	200,000원

① 400,000원 ② 700,000원

③ 1,000,000원 ④ 1,100,000원

08 다음 중 유가증권의 회계처리에 관한 설명으로 옳지 않은 것은?

① 유가증권 중 지분증권은 단기매매증권, 매도가능증권, 만기보유증권 중 하나로 분류될 수 있다.

② 단기매매증권은 주로 단기간 내의 매매차익을 목적으로 취득한 유가증권으로서 매수와 매도가 적극적이고 빈번하게 이루어지는 것을 말하며, 유동자산으로 분류한다.

③ 보고기간종료일로부터 1년 내에 만기가 도래하거나 또는 매도 등에 의하여 처분할 것이 거의 확실한 매도가능증권은 유동자산으로 분류한다.

④ 보고기간종료일로부터 1년 내에 만기가 도래하는 만기보유증권은 유동자산으로 분류한다.

09 ㈜삼일의 대손충당금 기초잔액은 220,000원이며, 당기 중 대손상각비와 관련되어 발생한 거래는 다음과 같다. 매출채권 기말잔액의 1%를 기말 대손충당금으로 설정할 경우 손익계산서에 계상될 대손상각비는 얼마인가?

> ㄱ. 10월 31일에 매출채권 200,000원이 회수가 불가능하여 대손처리하였다.
> ㄴ. 기말 매출채권 잔액은 7,500,000원이다.

① 20,000원
② 40,000원
③ 55,000원
④ 75,000원

10 다음 중 미수금과 미수수익에 관한 설명으로 옳지 않은 것은?

① 미수금은 일반적 상거래 이외에서 발생한 미수채권을 말하는 것으로서, 일반적 상거래에서 발생한 매출채권과 구별된다.

② 미수금은 재고자산 이외의 자산을 매각하고 대금을 수령하지 못한 경우에 발생하는 계정이다.

③ 미수수익은 기간손익을 발생주의로 인식하는 경우 기간경과에 따라 발생한 수익 중 미수로 계산된 경과적 채권계정이다.

④ 미수수익은 금전채권이므로 회수가 불확실한 대손추산액은 대손충당금을 설정하여 차감형식으로 표시하며, 이때 대손상각비는 판매비와관리비(영업비용)로 분류한다.

11 다음 중 재고자산의 취득원가에 포함될 수 없는 항목은?

① 매입원가
② 제조원가
③ 판매원가
④ 매입운임

12 다음 중 재고자산의 수량결정에 관한 설명으로 옳은 것은?

① 재고자산의 금액은 일반적으로 재고자산의 수량에 재고자산의 단위당 원가를 곱하여 결정된다.

② 실지재고조사법은 재고자산을 종류별로 나누어 입고·출고시마다 계속 기록함으로써 잔액이 산출되도록 하는 방법이다.

③ 계속기록법을 사용하면 도난, 분실 등에 의한 감소량이 당기의 출고량에 포함되어 재고부족의 원인을 파악하기 힘들다.

④ 계속기록법과 실지재고조사법 중 하나의 방법을 선택하여야 하며, 실무상으로 두 방법을 병행 적용할 수 없다.

13 ㈜삼일의 20X1년 중 재고자산거래 내역은 다음과 같다. 다음 자료를 바탕으로 총평균법하의 매출원가를 계산하면 얼마인가(단, 기말 장부상 수량과 실사 수량은 일치한다)?

구분	단위	단위원가	총원가
기초재고(1월 1일)	1,000개	70원	70,000원
매 입(3월 10일)	500개	100원	50,000원
매 출(4월 10일)	1,000개		
매 입(5월 20일)	500개	120원	60,000원
매 출(6월 2일)	500개		
기말재고(12월 31일)	500개		

① 130,000원　　　　　　　② 135,000원

③ 140,000원　　　　　　　④ 145,000원

14 당기 중에 영업을 개시한 ㈜삼일은 A상품만을 판매하고 있다. A상품은 단위당 300원에 취득하였으며, 기말 장부상 수량은 450개이다. 또한 A상품의 기말 재고실사 수량은 400개이고 단위당 순실현가능가치는 270원으로 파악되었다. A상품에 대해 발생한 재고자산감모손실을 계산하면 얼마인가?

① 10,000원 ② 12,000원
③ 15,000원 ④ 27,000원

15 다음 자료에 의하여 당기 중 인식할 매출원가를 계산하면 얼마인가?

– 결산조정 전 장부상 매출원가	5,600,000원
– 결산시점 평가손실 및 감모손실의 내역	
재고자산평가손실	400,000원
정상적인 (원가성이 있는) 재고감모손실	100,000원
비정상적인 (원가성이 없는) 재고감모손실	60,000원

① 5,600,000원 ② 6,000,000원
③ 6,060,000원 ④ 6,100,000원

16 다음 중 장기금융상품의 회계처리에 관한 설명으로 옳지 않은 것은?

① 매 결산기마다 보고기간종료일을 기준으로 만기가 1년 이상인지 여부를 확인하여 만기가 1년 이내에 도래하는 경우 단기금융상품으로 계정대체 해야 한다.

② 기존에 장기금융상품으로 분류되었고 사용이 제한되어 있는 금융상품이라 하더라도 보고기간 종료일 현재 만기가 1년 이내에 도래한다면 단기금융상품으로 계정분류 하여야 한다.

③ 보유한 금융상품에서 발생한 이자 중 이자지급기일이 도래하지 않은 부분에 대해서는 이자수익을 인식할 수 없다.

④ 사용이 제한된 내용에 대해서는 그 세부내용을 주석에 공시하여야 한다.

17 다음 중 지분법회계에 관한 설명으로 옳지 않은 것은?

① 지분법은 투자기업이 피투자기업에 대해 유의적인 영향력을 행사할 수 있는 경우에 적용한다.

② 유의적인 영향력이란 투자기업이 피투자기업의 재무정책과 영업정책에 관한 의사결정에 참여할 수 있는 능력을 말한다.

③ 투자기업이 피투자기업의 의결권 있는 주식의 20% 이상을 보유하고 있다면, 계약이나 법규 등에 의하여 투자기업이 의결권을 행사할 수 없는 경우에도 유의적인 영향력이 있는 것으로 본다.

④ 지분법을 적용하기 위하여 피투자기업의 형태가 반드시 주식회사이어야만 하는 것은 아니므로, 유한회사인 피투자기업의 주식에 대해서도 지분법을 적용할 수 있다.

18 다음 중 유가증권에 관한 설명으로 옳지 않은 것은?

① 매도가능증권은 최초인식시 공정가치로 측정하며, 취득과 직접 관련되는 거래원가는 공정가치에 가산한다.

② 단기매매증권과 매도가능증권은 원칙적으로 보고기간말 현재의 공정가치로 평가한다.

③ 만기보유증권은 공정가치로 평가하여 재무상태표에 표시한다.

④ 단기매매증권평가손익은 당기손익으로 처리한다.

19 ㈜삼일은 20X1년 10월 1일 ㈜용산의 주식 100주를 총1,000,000원에 취득하여 매도가능증권으로 분류하였다. 20X1년 12월 31일 해당 주식의 공정가치는 1,500,000원이다. ㈜삼일이 20X2년 3월 31일 해당 주식 전부를 1,300,000원에 처분하였다면 관련 처분손익은 얼마인가?

① 처분이익 200,000원　　② 처분손실 200,000원
③ 처분이익 300,000원　　④ 처분이익 500,000원

20 다음 중 채무증권의 재분류에 관한 설명으로 옳지 않은 것은?

① 채무증권을 재분류할 때에는 재분류일 현재의 공정가치로 평가한 후 변경한다.
② 단기매매증권이 시장성을 상실한 경우에는 만기보유증권으로 분류하여야 한다.
③ 매도가능증권은 만기보유증권으로 재분류할 수 있다.
④ 만기보유증권은 매도가능증권으로 재분류할 수 있다.

21 다음 중 유형자산에 관한 설명으로 옳지 않은 것은?

① 유형자산은 재화의 생산, 용역의 제공, 타인에 대한 임대 또는 자체적으로 사용할 목적으로 보유하는 자산이다.
② 유형자산은 물리적 형체가 있는 자산을 말한다.
③ 모든 유형자산의 취득원가는 감가상각을 통하여 비용화 시켜야 한다.
④ 유형자산의 인식시점 이후의 측정방법으로 원가모형과 재평가모형 중 하나를 회계정책으로 선택하여 유형자산 분류별로 동일하게 적용할 수 있다.

22 자동차부품 제조업을 영위하는 ㈜삼일은 최근 자동차모델의 변경으로 부품제조 기계장치의 효용이 현저하게 감소되어 유형자산 손상차손 인식 사유에 해당되었다. ㈜삼일이 손상차손으로 인식할 금액은 얼마인가?

ㄱ. 장부금액(감가상각누계액 차감후 잔액)	5,000,000원
ㄴ. 순공정가치	2,500,000원
ㄷ. 사용가치	2,100,000원

① 1,100,000원 ② 2,500,000원
③ 2,900,000원 ④ 3,200,000원

23 ㈜삼일은 20X1년에 설립된 벤처회사로 20X1년에 지출한 금액은 다음과 같다. 다음 자료를 이용하여 20X1년의 손익계산서상 비용으로 인식해야 할 금액을 계산하면 얼마인가?

- 연구단계(20X1년 1월 1일 ~ 20X1년 3월 31일)에서 발생한 지출　400,000원
- 개발단계(20X1년 4월 1일 ~ 20X1년 6월 30일)에서 발생한 지출　500,000원
  (전액 자산 인식요건을 충족한다)
- 개발비의 사용가능한 시점은 20X1년 7월 1일이며, 내용연수는 5년, 상각방법은 정액법, 잔존가치는 없다.

① 400,000원　　　　　　　　　② 450,000원
③ 500,000원　　　　　　　　　④ 900,000원

24 제조업을 영위하는 ㈜삼일은 보유중인 기계장치를 20X1년 1월 1일에 3년 연불조건으로 판매하고, 판매대금은 매년 말 20,000원씩 3회에 걸쳐 받기로 하였다. 위 거래와 관련한 유효이자율은 연 10%이며, 3년 10%의 연금현가계수는 2.4868이다. 20X2년 이자수익으로 인식할 금액은 얼마인가(단, 소수점 이하 첫째 자리에서 반올림한다)?

① 0원　　　　　　　　　　　　② 3,471원
③ 4,974원　　　　　　　　　　④ 5,471원

25 다음 중 유동부채에 관한 설명으로 옳은 것은?

① 예수금은 수주공사, 수주품 및 기타 일반적 상거래에서 발생한 선수액을 말한다.
② 선수수익은 일반적 상거래에서 발생한 영업수익에 관한 선수액을 말한다.
③ 선수금은 영업외수익에 관련된 선수금액을 말한다.
④ 유동성장기부채는 유동부채로 분류한다.

26 다음 자료를 이용하여 ㈜삼일의 20X2년 손익계산서에 계상될 사채상환손익을 계산하면 얼마인가(단, 소수 첫째 자리에서 반올림한다)?

> ㄱ. 액면금액　　　　　　　1,000,000원
> ㄴ. 발행금액　　　　　　　950,244원(20X2년 1월 1일 발행)
> ㄷ. 만기　　　　　　　　　20X4년 12월 31일
> ㄹ. 액면이자율　　　　　　연　8% (매년 말 지급)
> ㅁ. 유효이자율　　　　　　연 10%
> ㅂ. 사채발행자인 ㈜삼일은 동 사채를 20X2년 12월 31일에 액면이자 지급 후 970,000원에
>   상환하였다. ㈜삼일은 사채의 액면금액과 발행금액의 차이를 유효이자율법으로 상각하고
>   있다.

① 상환손실　4,732원　　　　　　　② 상환이익　4,732원
③ 상환손실　19,756원　　　　　　④ 상환이익　19,756원

27 사채 할인발행시 발생한 사채할인발행차금을 유효이자율법에 따라 상각할 때 이자비용과 사채할인발행차금 상각액은 각각 매년 어떻게 변동하는가?

	이자비용	사채할인발행차금 상각액
①	증가	증가
②	증가	감소
③	감소	감소
④	감소	증가

28 충당부채는 일정한 요건을 모두 충족하였을 때 재무제표에 부채로 인식된다. 다음 중 충당부채로 인식하기 위한 요건에 해당하는 것을 모두 고른 것은?

> ㄱ. 과거 사건이나 거래의 결과로 현재의무가 존재해야 한다.
> ㄴ. 당해 의무로 인하여 기업에 발생할 손실금액이 확정되어야 한다.
> ㄷ. 당해 의무를 이행하기 위하여 자원이 유출될 가능성이 매우 높아야 한다.
> ㄹ. 그 의무의 이행에 소요되는 금액을 신뢰성 있게 추정할 수 있어야 한다.

① ㄱ, ㄴ
② ㄱ, ㄷ
③ ㄱ, ㄴ, ㄹ
④ ㄱ, ㄷ, ㄹ

29 다음은 상품매매업을 영위하는 ㈜삼일의 20X1년 퇴직급여와 관련된 자료이다. 20X1년에 ㈜삼일이 손익계산서에 인식할 퇴직급여는 얼마인가?

구분	20X0년	20X1년
12월 말 퇴직급여충당부채 잔액	500,000원	700,000원
현금으로 지급된 퇴직금	0원	200,000원

① 200,000원
② 300,000원
③ 400,000원
④ 500,000원

30 다음 중 법인세회계에 관한 설명으로 옳지 않은 것은?

① 이연법인세자산의 실현가능성은 보고기간종료일마다 재검토되어야 한다.
② 차감할 일시적차이에 대한 이연법인세자산에 대해서는 실현가능성이 검토되어야 한다.
③ 이연법인세는 일시적차이가 발생한 때 자산과 부채로 인식하는 것이므로 발생시기의 법인세율을 적용하여 측정한다.
④ 동일한 유동 및 비유동 구분 내의 이연법인세자산과 이연법인세부채는 동일한 과세당국과 관련된 경우 각각 상계하여 표시한다.

31 ㈜삼일은 당기 중 주당 10,000원에 취득한 자기주식 10주를 당기 중 주당 12,000원에 전부 처분하였다. 동 자기주식의 처분거래로 인한 자본항목의 변화에 관한 설명으로 옳은 것은(단, 기초자본에 포함된 자본잉여금과 자본조정은 없다)?

① 자본총계와 자본금 및 자본잉여금이 모두 증가한다.

② 자본총계와 자본잉여금이 증가하고, 자본금은 변동하지 않는다.

③ 자본총계와 자본금이 증가하고, 자본잉여금은 변동하지 않는다.

④ 자본총계는 불변이고, 자본잉여금과 자본금이 감소한다.

32 다음 중 실질적으로 이익잉여금과 자본총액을 모두 감소시키는 거래는 무엇인가?

① 현금배당 ② 주식배당

③ 무상증자 ④ 자기주식의 처분

33 다음은 유통업을 영위하는 ㈜삼일의 20X1년 손익계산서와 관련된 자료이다. 20X1년 ㈜삼일의 영업이익을 계산할 때, 차감하여야 하는 항목을 모두 고른 것은(단, 급여와 감가상각비는 판매비와관리비에 해당한다)?

ㄱ. 지분법손실	ㄴ. 매출원가
ㄷ. 급여	ㄹ. 매출채권대손상각비
ㅁ. 감가상각비	ㅂ. 유형자산처분손실
ㅅ. 기부금	ㅇ. 이자비용

① ㄱ, ㄴ, ㄷ, ㅂ ② ㄱ, ㄷ, ㅁ, ㅇ

③ ㄴ, ㄷ, ㄹ, ㅁ ④ ㄷ, ㄹ, ㅂ, ㅇ

34 다음 중 손익계산서 작성기준 및 양식에 관한 설명으로 옳지 않은 것은?

① 손익계산서의 항목인 수익을 인식하는데 있어서 발생주의를 기본으로 한 실현주의를 적용한다.

② 수익·비용 대응의 원칙에 따라 비용은 관련 수익이 인식되는 기간에 인식한다.

③ 구분계산의 원칙이란 손익계산서에 매출총손익·영업손익·법인세비용차감전계속사업손익·중단사업손익 및 당기순손익의 다섯가지로 구분표시하여야 한다는 것이다.

④ 수익과 비용은 순액으로 기재하는 것을 원칙으로 하지만 일부 중요한 항목에 대해서는 총액으로 표시하여야 한다.

35 다음 중 수익인식에 관한 설명으로 옳지 않은 것은?

① 인터넷상에서 제품을 중개판매하고 수수료만을 수취하는 전자쇼핑몰을 운영하는 ㈜12번가는 중개로 판매한 판매대금 전액을 수익으로 인식한다.

② 로열티수익은 관련된 계약의 경제적 실질을 반영하여 발생기준에 따라 인식한다.

③ 배당금수익은 배당금을 받을 권리와 금액이 확정되는 시점에 인식한다.

④ ㈜삼일문고에게 책을 위탁판매 의뢰한 ㈜출판은 ㈜삼일문고가 외부고객에게 책을 판매한 시점에 수익을 인식한다.

36 ㈜삼일은 20X1년 1월 1일에 ㈜용산과 3년간의 공장건설계약을 맺었다. 건설공사에 대한 다음의 자료를 바탕으로 ㈜삼일이 20X1년에 인식한 공사원가를 계산하면 얼마인가?

ㄱ. 총도급액	12,000,000원
ㄴ. 20X1년 공사이익	800,000원
ㄷ. 20X1년 말 현재 공사진행률(*)	50%

(*)공사진행률은 총공사예정원가에 대한 실제공사원가 발생액의 비율로 산정한다.

① 5,000,000원   ② 5,200,000원
③ 6,000,000원   ④ 6,800,000원

37 당기 장부마감전 발견된 다음 오류사항 중 당기순이익에 영향을 미치는 것은?

① 전기 주식할인발행차금 미상각
② 주식배당에 대한 회계처리 누락
③ 단기매매증권에 대한 평가손실 미계상
④ 당기 재해손실을 일반관리비로 계상

38 다음 중 주당이익에 관한 설명으로 옳지 않은 것은?

① 주식 1주당 발생한 이익을 의미한다.
② 주가수익률(PER) 산출의 기초자료가 된다.
③ 유통보통주식수가 증가하면 주당이익이 감소한다.
④ 보통주당기순이익 산정시 손익계산서상의 당기순이익에서 우선주배당금을 가산한다.

39 다음 중 현금흐름표에 관한 설명으로 옳지 않은 것은?

① 투자활동현금흐름은 재고자산이나 투자자산 등의 취득 및 처분과 관련하여 발생된 현금의 유출입을 표시한다.
② 영업활동현금흐름은 기업의 주요 수익창출활동 등에서 발생한 현금흐름을 표시한다.
③ 재무활동현금흐름은 자금의 차입과 상환 등과 관련하여 발생된 현금의 유출입을 표시한다.
④ 현금흐름표는 기업의 모든 활동을 영업활동, 투자활동, 재무활동의 3가지로 구분하고 각 활동별로 현금흐름을 표시한다.

40 ㈜삼일의 수정전 현금흐름표상의 자료는 다음과 같다.

가. 영업활동현금흐름	500,000원 순유입
나. 투자활동현금흐름	100,000원 순유입
다. 재무활동현금흐름	200,000원 순유출
라. 기초의 현금및현금성자산	6,000,000원

㈜삼일은 회계감사 과정에서 당기 차량운반구(유형자산)의 취득가액 30,000원을 재무활동으로 인한 현금유출액으로 처리하였음이 밝혀졌다. 이러한 오류를 수정한 후의 현금흐름표에 관한 설명으로 옳지 않은 것은?

① 영업활동현금흐름은 500,000원(순유입)으로 표시된다.

② 투자활동현금흐름은 130,000원(순유입)으로 표시된다.

③ 재무활동현금흐름은 170,000원(순유출)으로 표시된다.

④ 기말의 현금및현금성자산은 6,400,000원으로 표시된다.

01 다음 중 회계의 일반적 개념에 관한 설명으로 옳지 않은 것은?

① 재무회계의 주된 목적은 외부정보이용자의 경제적 의사결정에 유용한 정보를 제공하는 것이다.
② 재무보고를 위한 핵심적인 수단은 재무제표이며, 재무제표의 범위에는 재무상태표, 손익계산서, 현금흐름표, 자본변동표 뿐만 아니라 주석도 포함된다.
③ 관리회계의 주된 목적은 경영자의 관리적 의사결정에 유용한 정보를 제공하는 것이다.
④ 기업실체의 주주는 기업실체 외부의 이해관계자에게 재무제표를 작성하고 보고할 일차적인 책임을 진다.

02 다음 중 재무정보의 질적특성에 관한 설명으로 옳지 않은 것은?

① 재무정보가 갖추어야 할 가장 중요한 특성은 목적적합성과 신뢰성이다.
② 재무정보가 적시에 제공되지 않아 주어진 의사결정에 이용할 수 없는 경우 해당 재무정보의 목적적합성은 상실하게 된다.
③ 유형자산을 역사적원가로 평가하면 일반적으로 목적적합성은 제고되나 신뢰성은 저하된다.
④ 재무정보기 신뢰성을 갖기 위해서는 정보기 나타내고자 히는 대상을 충실히 표현히고 있어야 하고, 객관적으로 검증가능하여야 하며, 중립적이어야 한다.

03 다음 중 재무제표 기본요소의 측정에 관한 설명으로 옳지 않은 것은?

① 재무제표의 기본요소를 측정하기 위해서는 그 측정대상이 되는 일정한 속성을 선택하여야 한다.
② 부채의 역사적원가는 그 부채를 부담하는 대가로 수취한 현금 또는 현금등가액을 말한다.
③ 부채의 기업특유가치는 기업실체가 그 의무를 이행하는데 예상되는 자원 유출의 현재가치를 의미한다.
④ 공정가치는 유효이자율을 이용하여 당해 자산 또는 부채에 대한 현재의 금액으로 측정한 가치를 말한다.

04 중간재무제표는 1회계연도보다 짧은 기간(중간기간)을 대상으로 작성하는 재무제표를 말한다. 다음 중 12월 결산법인의 3분기 중간재무제표에 관한 설명으로 옳지 않은 것은?

① 자본변동표는 당 회계연도 1월 1일부터 9월 30일까지의 누적중간기간을 대상으로 작성하고, 직전 회계연도의 동일기간을 대상으로 작성한 자본변동표와 비교 표시한다.

② 손익계산서는 당 회계연도 7월 1일부터 9월 30일까지의 중간기간과 1월 1일부터 9월 30일까지의 누적중간기간을 대상으로 작성하고, 직전 회계연도의 동일기간을 대상으로 작성한 손익계산서와 비교 표시한다.

③ 현금흐름표는 당 회계연도 1월 1일부터 9월 30일까지의 누적중간기간을 대상으로 작성하고, 직전 회계연도의 동일기간을 대상으로 작성한 현금흐름표와 비교 표시한다.

④ 재무상태표는 당 회계연도 9월 30일 현재를 기준으로 작성하고, 직전 회계연도 9월 30일 현재의 재무상태표와 비교 표시한다.

05 다음 중 재무상태표상 유동자산으로 분류되는 항목으로 옳지 않은 것은?

① 투자기업이 피투자기업에 대해 유의적인 영향력을 행사하고 있는 지분법적용투자주식
② 만기가 보고기간종료일로부터 1년 이내인 3년 만기 정기예금
③ 보고기간종료일로부터 1년 이내에 처분할 것이 거의 확실한 매도가능증권
④ 정상적인 영업주기 내에 회수되리라 예상되는 매출채권

06 다음 중 부채에 관한 설명으로 옳지 않은 것은?

① 부채는 기업실체가 현재 시점에서 부담하는 경제적 의무이다.
② 미래의 일정시점에서 자산을 취득한다는 결정이나 단순한 약정만으로는 부채가 될 수 없다.
③ 부채의 결제를 위해서는 일반적으로 미래에 경제적 효익의 희생이 수반된다.
④ 부채는 미래에 유출될 금액이 확정되어야 인식할 수 있는 것이므로, 측정에 추정을 요하는 항목에 대해서는 부채로 인식할 수 없다.

07 다음 중 20X1년 12월 31일 ㈜삼일의 재무상태표상 현금 및 현금성자산으로 분류되지 않는 항목은?

① 환매채(취득 당시 3개월 이내의 환매 조건)
② 당좌예금
③ 상환우선주(취득당시 상환일까지의 기간이 5개월임)
④ 자기앞수표

08 다음 중 은행계정조정표에서 기업 측 잔액을 가산해야 하는 경우로 옳은 것은?

① 기업은 당좌수표를 발행하고 당좌예금계정에서 차감하였으나, 당좌수표 수취인이 은행에 아직 지급을 요구하지 않은 경우
② 은행 서비스에 대한 수수료를 은행은 당좌구좌에서 차감하였으나 기업은 아직 기록하지 않은 경우
③ 다른 계좌의 이자수익이 당좌예금 계좌로 이체되었으나, 은행으로부터 이를 통지받지 못한 경우
④ 타인발행 당좌수표를 은행에 예입하고 기록하였으나, 타사의 당좌예금 잔액부족으로 지급이 거절되었고 은행으로부터 이를 통지받지 못한 경우

09 다음 중 매출채권에 관한 설명으로 옳지 않은 것은?

① 매출채권은 일반적인 상거래에서 발생한 외상매출금과 받을어음을 의미한다.
② 매출채권은 영업수익(매출액)을 창출하는 거래에서 발생한다.
③ 외상매출금을 양도한 이후 양수자에게 상환청구권이 있다면 외상매출금에 대한 권리와 의무가 실질적으로 양수인에게 이전되었다 하더라도 동 거래는 차입거래로 회계처리 한다.
④ 매출채권을 담보로 제공하고 자금을 융통하는 경우 새로운 차입금을 계상하고 매출채권을 제거하지 않는다.

10 다음은 ㈜삼일의 매출채권 및 대손충당금에 관한 자료이다. 당기 중 실제 200,000원의 대손액이 발생하였으며 대손충당금의 환입은 발생하지 않았다. ㈜삼일이 매출채권 기말잔액의 5%를 대손충당금으로 설정한다면 당기 대손상각비로 인식할 금액은 얼마인가?

ㄱ. 당기 말 매출채권 잔액	10,000,000원
ㄴ. 전기 말 대손충당금 잔액	500,000원

① 100,000원   ② 200,000원

③ 300,000원   ④ 400,000원

11 다음 중 재고자산 취득원가에 관한 설명으로 옳지 않은 것은?

① 제품 생산 완료 후 판매 전 창고 보관비용은 재고자산의 취득원가에 포함하지 않는다.

② 재료원가 중 비정상적으로 낭비된 부분은 재고자산의 취득원가에 포함하지 않는다.

③ 재고자산을 판매하는 과정에서 지급한 판매수수료는 재고자산의 취득원가에 포함한다.

④ 제품 제조를 위해 공장에서 사용한 기계장치의 감가상각비는 재고자산의 취득원가에 포함한다.

12 물가가 상승하는 경우 다음의 재고자산 평가방법 중 기말재고자산 금액이 기말 현재의 시장가격에 가장 가깝게 평가되는 방법은(단, 기말재고수량이 기초재고수량 이상이다)?

① 선입선출법   ② 후입선출법

③ 이동평균법   ④ 총평균법

13 다음은 ㈜삼일의 20X1년 7월의 상품매매에 관한 기록이다. 선입선출법으로 상품거래를 기록할 경우 20X1년 7월의 매출총이익은 얼마인가?

일자	내역	수량	매입단가	판매단가
7월 1일	전기이월	150개	100원	
7월 15일	현금매입	50개	140원	
7월 20일	현금매출	100개		200원
7월 25일	현금매입	100개	150원	
7월 28일	현금매출	100개		200원

① 15,000원　　　　　　　　② 16,000원
③ 18,000원　　　　　　　　④ 20,000원

14 다음은 ㈜삼일의 상품과 관련된 20X1년 말 자료이다. ㈜삼일의 20X1년 말 재무상태표상 (재고자산평가손실충당금 차감 후) 재고자산의 장부금액은 얼마인가?

장부수량	실제수량	단위당 취득원가	단위당 순실현가능가치
220개	200개	1,300원	1,200원

① 220,000원　　　　　　　　② 240,000원
③ 242,000원　　　　　　　　④ 264,000원

15 ㈜삼일의 20X1년 매출액은 5,000,000원이며 연간 매출총이익률은 20%이다. 기말재고실사 결과 담당자는 재고자산에 대한 횡령이 발생하였음을 인지하였다. 매출총이익률법을 이용하여 추정한 재고자산 횡령액을 계산하면 얼마인가?

기초재고	1,500,000원
당기매입	4,500,000원
기말재고(실사금액)	1,000,000원

① 500,000원   ② 1,000,000원

③ 1,500,000원   ④ 2,000,000원

16 다음 중 지분증권의 분류에 해당하지 않는 것은?

① 매도가능증권   ② 만기보유증권

③ 단기매매증권   ④ 지분법적용투자주식

17 ㈜서울은 20X1년 12월 1일 투자목적으로 ㈜용산의 주식 100주를 주당 10,000원에 취득하고 단기매매증권으로 분류하였다. 20X2년 3월 15일에 이 중 50주를 주당 12,000원에 처분하였다. ㈜용산 주식의 공정가치에 관한 정보가 다음과 같은 경우 ㈜용산 주식과 관련하여 20X2년 손익계산서에 인식할 당기수익의 합계는 얼마인가?

ㄱ. 20X1년 말 : 11,000원/주	
ㄴ. 20X2년 말 : 12,000원/주	

① 100,000원   ② 125,000원

③ 150,000원   ④ 200,000원

18 다음 중 지분증권의 손상차손에 관한 설명으로 옳지 않은 것은?

① 지분증권으로부터 회수할 수 있을 것으로 추정되는 금액이 지분증권의 취득원가보다 작은 경우에는 손상차손을 인식할 것인가를 고려해야 한다.
② 보고기간종료일마다 지분증권 손상차손의 발생에 대한 객관적인 증거가 있는지를 평가해야 한다.
③ 지분증권의 손상차손액은 당기손익에 반영해야 한다.
④ 지분증권 중 원가법으로 평가하는 매도가능증권은 손상차손을 환입할 수 없다.

19 ㈜삼일은 20X1년 12월 1일 투자목적으로 ㈜용산의 주식 100주를 주당 10,000원에 취득하고 이를 매도가능증권으로 분류하였다. ㈜용산 주식의 공정가치에 관한 정보가 다음과 같은 경우 ㈜삼일이 20X3년 재무상태표에 표시할 매도가능증권평가손익(기타포괄손익누계액)은 얼마인가?

> ㄱ. 20X1 년 말 : 11,000원/주
> ㄴ. 20X2 년 말 :   8,000원/주
> ㄷ. 20X3 년 말 : 13,000원/주

① 평가이익 300,000원   ② 평가손실 300,000원
③ 평가이익 500,000원   ④ 평가손실 500,000원

20 ㈜삼일은 20X1년 1월 1일에 다음과 같은 조건의 사채를 취득하였으며 ㈜삼일은 이 사채를 만기까지 보유할 의도와 능력이 있다. ㈜삼일이 20X1년 12월 31일에 이 사채와 관련하여 인식해야 하는 이자수익은 얼마인가(단, 소수점 이하 첫째자리에서 반올림한다)?

발행일	20X1년 1월 1일	액면금액	1,000,000원
만기일	20X3년 12월 31일	표시이자율	연 5%
취득원가	922,687원(유효이자율 연 8%)	이자지급	매년 말 후급

① 73,815원 ② 96,134원
③ 100,000원 ④ 123,815원

21 다음 중 유형자산의 자본적 지출 범위에 해당하지 않는 것은?

① 유형자산의 원가를 구성하는 지출
② 유형자산의 원상을 회복하거나, 능률을 유지하기 위한 지출
③ 내용연수를 연장시키는 지출
④ 그 지출효과가 당해 연도에 그치지 않고 장래에 미치는 경우의 해당 지출

22 내용연수 5년의 건물을 정액법에 의하여 감가상각한 결과, 2차연도의 감가상각비는 12,000원이었다. 잔존가치가 10,000원이라고 할 때 건물의 취득원가를 계산하면 얼마인가?

① 50,000원 ② 60,000원
③ 70,000원 ④ 80,000원

23 당기에 발생한 개발단계의 지출 중 무형자산 인식조건을 충족하지 못하는 경상개발비 항목을 무형자산 개발비로 잘못 분류할 경우에 재무제표에 미치는 영향으로 옳지 않은 것은(단, 동 개발비는 5년간 상각하는 것으로 가정한다)?

① 당기말 재무상태표상 자산을 과대평가한다.
② 당기의 이익을 과대보고한다.
③ 당기말 재무상태표상 자본을 과대보고한다.
④ 차기의 이익을 과대보고한다.

24 다음 중 장기연불조건의 매매거래에서 발생한 매출채권은 어떤 금액으로 재무제표상에 공시해야 하는가(단, 매출채권의 명목금액과 공정가치의 차이가 유의적이다)?

① 미래 수취할 명목금액을 현재가치로 할인하여 평가한 공정가치
② 미래 수취할 명목금액의 단순합계
③ 판매시점에 현금으로 수취한 금액
④ 판매한 상품의 취득원가

25 다음 중 유동부채에 관한 설명으로 옳지 않은 것은?

① 정상적인 영업주기 내에 상환 등을 통하여 소멸할 것으로 예상되는 매입채무와 미지급비용은 유동부채에 해당한다.
② 당좌차월이란 사전약정에 의하여 금융기관이 회사의 예금잔액을 초과하여 지급한 금액을 말한다.
③ 당좌차월계정을 따로 설정하지 않고 당좌계정에서 총괄하여 회계처리하는 경우, 당좌계정이 차변잔액일 때 당좌차월이 되는 것이며, 대변잔액이 발생할 때에는 당좌예금이 된다.
④ 일반적 상거래 이외에서 발생된 일시적 제예수액으로 미래에 이를 변제할 의무가 있는 것은 예수금으로 계상한다.

26 다음 중 사채발행시 발생된 비용에 관한 설명으로 옳지 않은 것은?

① 사채발행비란 사채를 발행하기 위해 발생한 직접비용을 말한다.

② 사채발행비는 사채 발행으로 인해 조달된 현금을 감소시킨다.

③ 사채할증발행시 사채발행비가 발생했을 경우 사채할증발행차금에서 차감한다.

④ 사채발행비가 발생하면 사채발행자가 사채기간 동안 인식할 이자비용은 감소한다.

27 ㈜삼일은 20X2년 1월 1일에 액면금액 1,000,000원, 액면이자율 연 8%, 3년 만기의 사채를 950,258원에 발행하였다. 이자지급일은 매년 12월 31일이며 유효이자율은 연 10%이다. 유효이자율법으로 사채할인발행차금을 상각할 경우, ㈜삼일이 3년간 인식할 총 사채이자비용은 얼마인가(해당 사채가 만기에 상환된다고 가정한다.)?

① 240,000원
② 289,742원
③ 300,000원
④ 310,258원

28 다음 중 ㈜삼일의 충당부채에 관한 회계처리로 옳지 않은 것은?

① ㈜삼일은 현재의무의 이행에 소요되는 지출에 대하여 보고기간종료일 현재 최선의 추정치를 산출하여 충당부채로 계상하였다.

② ㈜삼일은 충당부채를 발생시킨 사건과 밀접하게 관련된 자산의 처분차익이 예상되는 경우에 당해 처분차익을 충당부채 금액을 측정할 때 고려하지 않았다.

③ ㈜삼일은 충당부채의 명목금액과 현재가치의 차이가 중요하여 예상 지출액의 현재가치로 충당부채를 평가하였다.

④ ㈜삼일은 미래의 예상 영업손실을 적절히 추정하여 충당부채를 계상하였다.

29 다음은 상품매매업을 영위하는 ㈜삼일의 20X1년 퇴직급여와 관련된 자료이다. 20X1년에 ㈜삼일이 손익계산서에 인식한 퇴직급여가 100,000원인 경우, 20X1년에 지급된 퇴직금은 얼마인가?

구분	20X0년	20X1년
12월 말 퇴직급여충당부채 잔액	400,000원	200,000원

① 100,000원   ② 200,000원

③ 300,000원   ④ 500,000원

30 다음 중 이연법인세회계에 관한 설명으로 옳지 않은 것은?

① 모든 일시적차이가 항상 이연법인세자산·부채로 인식되는 것은 아니다.

② 일시적차이는 자산·부채의 장부금액과 세무기준액과의 차이이다.

③ 결손금이 발생하게 되면 차기 이후 회계연도의 이익발생시 법인세 부담액이 감소되는 효과가 나타나므로 이연법인세부채로 계상한다.

④ 이연법인세자산·부채는 현재가치로 평가하지 않는다.

31 다음은 20X1년과 20X2년 말을 기준으로 작성되고 익년도 주주총회에서 확정된 ㈜삼일의 기말자본과 당기순이익이다. 20X2년 중 유상증자 700,000원과 현금배당(중간배당임) 이외의 자본변동사항이 없는 경우, 20X2년 중 ㈜삼일이 지급한 현금배당액은 얼마인가?

	20X1년	20X2년
기말자본	4,320,000원	5,000,000원
당기순이익	300,000원	600,000원

① 490,000원   ② 590,000원

③ 600,000원   ④ 620,000원

32 다음 중 자본잉여금에 해당하지 않는 것은?

① 주식발행초과금 ② 미교부주식배당금

③ 자기주식처분이익 ④ 감자차익

33 다음 중 손익계산서상 당기순이익에 영향을 미치는 항목이 아닌 것은?

① 매도가능증권평가손실 ② 단기매매증권평가손실

③ 사채상환손실 ④ 장기투자증권손상차손

34 다음은 유통업을 영위하는 ㈜삼일의 손익계산서에 관한 자료이다. 이 자료를 기초로 영업이익을 계산하면 얼마인가?

당기매출액	90,000,000원	당기매출원가	60,000,000원
관리직사원 급여	10,000,000원	매출채권대손상각비	400,000원
본사 감가상각비	1,000,000원	유형자산처분손실	900,000원

① 17,700,000원 ② 18,600,000원

③ 19,000,000원 ④ 20,000,000원

35 다음은 ㈜삼일이 20X1 회계연도 중 인식한 수익에 관한 내용이다. 다음 중 20X1년 ㈜삼일의 회계처리로 옳지 않은 것은?

① ㈜삼일은 상품권을 판매하면서 수령한 현금을 매출수익으로 인식하였다.

② ㈜삼일은 반품조건으로 고객에게 노트북을 판매하였으나, 반품가능성이 불확실하고 반품률에 대한 추정이 어렵다고 판단하여 한달 후 고객이 인수를 수락한 시점에서 수익을 인식하였다.

③ ㈜삼일은 거래처인 ㈜소산과 성격과 가치가 유사한 동종자산에 해당하는 기계장치를 교환하고 수익을 발생시키지 않는 거래로 회계처리하였다.

④ ㈜삼일은 거래처인 ㈜용산에게 당사의 상품을 12개월 할부조건으로 판매하고 관련 매출을 인도하는 시점에 인식하였다.

36 ㈜삼일은 20X1년 12월 31일 아래와 같이 상품을 할부판매하였다. 해당 판매 및 매출채권에 관한 회계처리가 20X1년 회계연도 ㈜삼일의 당기순이익에 미치는 영향은 얼마인가(단, 소수점 이하 첫째자리에서 반올림한다)?

상품의 원가	2,000,000원
매출대금의 회수방법	매년 말 1,000,000원씩 3년간 회수함
판매시점의 시장이자율	12% (12%, 3년 연금현가계수: 2.40183)

① 401,830원 증가   ② 690,050원 증가

③ 1,401,830원 증가   ④ 2,690,050원 증가

37 기업회계기준에서는 화폐성 외화자산·부채에 대해 기말현재의 환율로 환산하도록 규정하고 있다. 다음의 외화자산·부채 중 기말 결산시 외화환산이 필요한 계정과목이 아닌 것은?

① 차입금   ② 매출채권

③ 재고자산   ④ 대여금

38 다음 중 주당이익의 산출방법에 관한 설명으로 옳은 것은?

① 보통주 당기순이익은 손익계산서상의 당기순이익에서 우선주배당금을 가산하여 계산한다.

② 당기 중에 무상증자가 실시된 경우에는 가중평균유통보통주식수를 무상증자일을 기준으로 기간경과에 따라 가중평균하여 조정한다.

③ 자기주식은 취득시점 이후부터 매각시점까지의 기간 동안 가중평균유통보통주식수에 포함하지 아니한다.

④ 기중의 유상증자로 발행된 신주에 대한 주식분할 또는 주식병합은 기말에 실시된 것으로 간주하여 가중평균유통보통주식수를 조정한다.

39 다음의 항목은 기업에서 발생한 현금흐름 항목들이다. 이 중에서 투자활동현금흐름에 해당하는 것을 모두 고른 것은(단, 보고기업은 상품매매기업인 것으로 가정한다)?

> 가. 종업원과 관련하여 직접적으로 발생한 현금유출
> 나. 배당금의 지급에 따른 현금유출
> 다. 본사 건물의 취득에 따른 현금유출
> 라. 차입금의 상환에 따른 현금유출
> 마. 주식의 발행에 따른 현금유입
> 바. 제3자에 대한 장기대여금의 회수에 따른 현금유입

① 가, 다   ② 나, 다

③ 다, 바   ④ 라, 마

40 다음 중 현금흐름표와 관련된 주석으로 공시해야 할 현금유출입이 없는 거래로 옳지 않은 것은?

① 현물출자로 인한 유형자산 취득   ② 법인세의 납부

③ 전환사채의 전환   ④ 주식배당

01 다음 중 재무회계와 관리회계에 관한 설명으로 옳지 않은 것은?

① 재무회계는 일반적으로 인정된 회계원칙에 따른 재무제표를 통해 보고한다.
② 관리회계의 주된 목적은 경영자의 관리적 의사결정에 유용한 정보를 제공하는 것이다.
③ 재무회계는 법적 강제력이 있으나 관리회계는 법적 강제력이 없다.
④ 관리회계의 주된 목적은 외부 정보이용자의 경제적 의사결정에 유용한 정보를 제공하는 것이다.

02 다음의 회계처리에서 강조하고 있는 재무정보의 질적특성으로 옳은 것은?

> 단기매매증권과 매도가능증권에 대하여 공정가치로 표시한다.
> 유형자산에 대하여 재평가모형을 적용한다.
> 화폐성외화자산 또는 부채에 대하여 기말환율을 적용하여 표시한다.

① 목적적합성   ② 신뢰성
③ 비교가능성   ④ 중요성

03 다음 자료에 관한 설명으로 옳지 않은 것은?

> 재무제표를 이해하는데 필요한 추가적인 정보를 기술한 것으로서 본 재무제표의 일부이다.

① 재무제표의 본문과 별도로 작성한다.
② 추가적 설명이 필요하거나 동일한 내용으로 둘이상의 계정과목에 대하여 설명하는 경우에 사용된다.
③ 재무제표 이용자에게 유용한 회계정보를 제공하는 데 있어서 필수적인 것은 아니다.
④ 현대 기업회계는 해당사항에 대한 공시를 강화하는 추세이다.

04 다음 중 재무제표 기본요소의 인식과 측정에 관한 설명으로 옳지 않은 것은?

① 기업실체가 현재의 의무를 미래에 이행할 때 경제적 효익이 유출될 가능성이 매우 높고 그 금액을 신뢰성 있게 측정할 수 있다면 이러한 의무는 재무상태표에 자산으로 인식한다.

② 인식이란 거래나 사건의 경제적 효과를 자산, 부채, 수익, 비용 등으로 재무제표에 표시하는 것을 말한다.

③ 자산을 취득하였을 때 그 대가로 지급한 현금, 현금등가액 또는 기타지급수단의 공정가치를 취득원가라고 말한다.

④ 측정이란 재무제표의 기본요소에 대해 그 화폐금액을 결정하는 것을 말한다.

05 다음 중 재무상태표의 구성요소인 자산과 부채에 관한 설명으로 옳지 않은 것은?

① 일반적으로 현금유출과 자산의 취득은 밀접하게 관련되어 있으나, 양자가 반드시 일치하는 것은 아니다.

② 부채는 기업실체가 현재 시점에서 부담하는 경제적 의무이다.

③ 자산은 반드시 물리적 형태를 가지고 있어야 한다.

④ 미래의 일정 시점에서 자산을 취득한다는 결정이나 단순한 약정은 현재의 의무가 아니므로 부채가 아니다.

06 다음 자료에서 설명하는 재무상태표 작성기준으로 가장 옳은 것은?

> ㄱ. 현금및현금성자산, 매출채권 등을 유형자산, 무형자산보다 먼저 표시한다.
> ㄴ. 단기차입금, 매입채무 등을 사채, 장기차입금보다 먼저 표시한다.

① 구분표시   ② 총액표시

③ 유동성배열법   ④ 잉여금의 구분표시

07 ㈜삼일의 20X1년 말 회계자료를 바탕으로 현금및현금성자산을 계산하면 얼마인가?

타인발행당좌수표	10,000원
만기도래한 공채이자표	5,000원
보고기간종료일 현재 만기가 1개월 남은 채권(취득당시 만기는 3개월임)	25,000원
취득 당시 상환일까지의 기간이 6개월인 상환우선주	13,000원
3개월 이내 환매조건의 환매채	4,000원

① 15,000원   ② 40,000원

③ 44,000원   ④ 57,000원

08 다음 중 유가증권에 관한 설명으로 옳지 않은 것은?

① 단기매매증권은 주로 단기간 내의 매매차익을 목적으로 취득한 유가증권이다.

② 보고기간종료일로부터 1년 내에 만기가 도래하거나 매도 등에 의하여 처분할 것이 거의 확실하더라도 매도가능증권으로 분류된 경우 장기투자자산으로 표시한다.

③ 지분증권이란 회사, 조합 또는 기금 등의 순자산에 대한 소유지분에 관련된 권리를 표시하는 유가증권을 의미한다.

④ 채무증권이란 발행자에 대하여 금전을 청구할 수 있는 권리를 표시하는 유가증권을 의미한다.

09 다음은 ㈜삼일의 매출채권 및 대손충당금에 관한 자료이다. 당기 손익계산서에 계상할 대손상각비를 계산하면 얼마인가?

전기 말 대손충당금 잔액	150,000원
당기 말 대손충당금 잔액	180,000원
당기 대손발생액(매출채권 제각)	90,000원
당기 중 대손충당금 환입은 없다.	

① 100,000원 ② 120,000원
③ 130,000원 ④ 180,000원

10 다음 중 받을어음의 회계처리에 관한 설명으로 옳지 않은 것은?

① 기업이 상품을 매출하고 그 대가로 어음을 수취한 경우에는 일반적으로 받을어음으로 기록한다.

② 기업이 상품을 매출하고 그 대가로 선일자수표를 받은 경우에는 받을어음계정으로 처리하는 것이 일반적이다.

③ 일반적으로 받을어음을 금융기관 등에서 할인하는 거래에 대해서는 해당 금융자산의 미래 경제적 효익에 대한 양수인의 통제권에 특정한 제약이 없는 한 차입거래로 회계처리한다.

④ 받을어음의 배서양도시에는 받을어음의 할인 시와 동일하게 매각거래 또는 차입거래로 회계처리한다.

11 다음 중 재고자산에 관한 설명으로 옳지 않은 것은?

① 부동산매매업의 판매목적 부동산은 판매목적이라 하더라도 토지 또는 건물과 같은 부동산의 경우 유형자산으로 분류하여야 한다.

② 재고자산의 수량결정방법은 일반적으로 계속기록법과 실지재고조사법에 의한다.

③ 재고자산의 제조원가는 보고기간 말까지 제조과정에서 발생한 직접재료원가, 직접 노무원가, 제조와 관련된 변동 및 고정제조원가의 체계적인 배부액을 포함한다.

④ 재고자산에는 상품, 제품, 재공품, 원재료 등이 포함된다.

12 다음 중 재고자산의 취득원가에 관한 설명으로 옳은 것은?

① 재고자산 판매를 위해 지급할 것으로 예상되는 판매수수료를 상품 취득원가에 가산하였다.

② 상품 취득시 받은 할인금액과 리베이트 금액을 상품 취득원가에 가산하였다.

③ 성격이 상이한 재고자산을 일괄하여 구입한 경우에는 총 매입원가를 각 재고자산의 공정가치 비율에 따라 배분하여야 한다.

④ 상품을 수입하면서 수입관세와 매입운임을 상품 취득원가에 포함하지 않고, 비용으로 인식하였나.

13 물가가 상승하는 경우에 순이익을 적게 표시하고 법인세의 이연효과를 가져오게 하는 재고자산의 평가방법으로 옳은 것은?

① 개별법   ② 선입선출법
③ 이동평균법   ④ 후입선출법

14 ㈜삼일은 20X1년 결산시 보유중인 재고자산 중 원재료에 대한 재고자산평가손실 2,000,000원 및 제품에 대한 재고자산평가손실 6,000,000원을 반영하기로 하였다. ㈜삼일이 수행할 결산수정분개로 옳은 것은?

① (차) 재고자산평가손실 2,000,000원   (대) 재고자산   2,000,000원
   (영업외비용)

② (차) 재고자산평가손실 8,000,000원   (대) 재고자산평가손실충당금 8,000,000원

③ (차) 재고자산평가손실 6,000,000원   (대) 재고자산평가손실충당금 6,000,000원

④ (차) 재고자산평가손실 2,000,000원   (대) 재고자산   8,000,000원
   (매출원가)
   재고자산평가손실 6,000,000원
   (영업외비용)

15 단일 제품을 제조 및 판매하는 ㈜삼일의 결산조정 전 장부상 매출원가는 1,000,000원(100개×10,000원/개)이다. 기말 재고자산의 실사결과 다음과 같은 사실이 확인되었다. 실사 결과를 반영한 후의 매출원가를 계산하면 얼마인가?

> - 수량 부족 : 10개
> - 가격 하락 : 진부화로 인해 개당 9,000원에 판매될 것으로 예상된다.
> - 수량부족 중 40%는 비정상적인 사유로 인한 것임이 확인되었으며, 판매비용은 없다고 가정한다.

① 1,100,000원   ② 1,130,000원
③ 1,150,000원   ④ 1,190,000원

16 다음은 기업이 유가증권 취득시 재무상태표상 계정분류를 결정하기 위한 의사결정도이다. 다음 중 (A)~(D)에 들어갈 계정과목으로 옳은 것은?

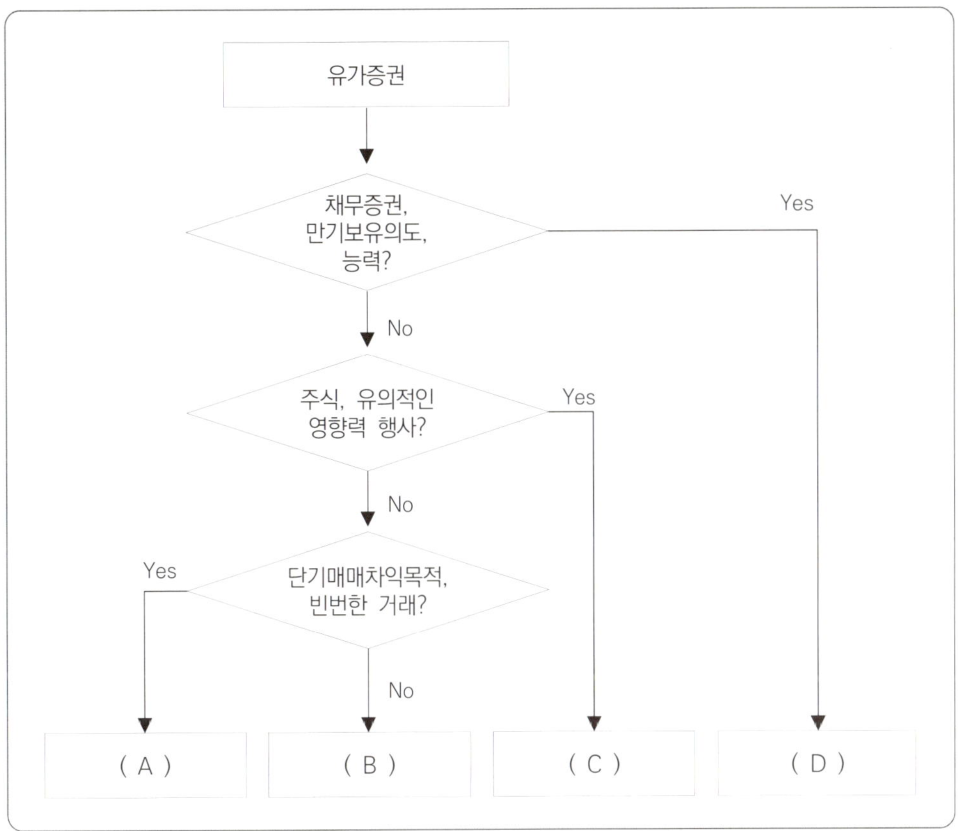

	(A)	(B)	(C)	(D)
①	단기매매증권	매도가능증권	만기보유증권	지분법적용투자주식
②	단기매매증권	지분법적용투자주식	만기보유증권	매도가능증권
③	단기매매증권	매도가능증권	지분법적용투자주식	만기보유증권
④	매도가능증권	단기매매증권	지분법적용투자주식	만기보유증권

17 다음 자료에서 ㈜삼일의 유가증권 거래와 관련하여 20X1년 손익계산서상 당기순이익에 미치는 영향은 얼마인가?

〈20X1년 12월 1일〉

단기매매목적으로 ㈜용산의 주식 100주를 주당 10,000원에 취득하였으며, 취득과 직접 관련되는 거래원가는 주당 1,000원이 발생하였다.

〈20X1년 12월 15일〉

㈜용산의 주식 50주를 주당 13,000원에 처분하다.

〈20X1년 12월 31일〉

㈜용산 주식의 공정가치는 주당 15,000원이다.

*㈜용산의 주식은 매수와 매도가 적극적이고 빈번하게 이루어지고 있다.

① 100,000원

② 200,000원

③ 300,000원

④ 400,000원

18 20X1년 12월 31일 현재 ㈜삼일이 20X1년 중 취득하여 보유하고 있는 ㈜남산과 ㈜용산 주식의 공정가치가 다음과 같은 경우 동 유가증권에 대한 평가가 ㈜삼일의 20X1년 당기순이익에 미치는 영향은 얼마인가?

종목	취득원가	공정가치
㈜남산 주식(단기매매증권)	2,000,000원	2,500,000원
㈜용산 주식(매도가능증권)	1,000,000원	700,000원

① 당기순이익 500,000원 증가

② 당기순이익 200,000원 증가

③ 당기순이익 300,000원 감소

④ 영향 없음

19 ㈜삼일은 20X1년 1월 1일에 발행된 다음과 같은 조건의 채무증권을 최초 발행금액인 9,519,634원에 취득하였으며 해당 채무증권을 만기까지 보유할 의도와 능력을 보유하고 있다. 이 채무증권에 대하여 ㈜삼일이 20X2년에 인식할 이자수익을 계산하면 얼마인가(단, 소수점 첫째자리에서 반올림한다)?

액면금액	10,000,000원
만기일	20X3년 12월 31일
이자지급조건	매년 말 후급
표시이자율	연 10%
유효이자율	연 12%

① 951,963원

② 989,437원

③ 1,159,439원

④ 1,324,438원

20 다음은 ㈜삼일의 보유 주식에 대한 거래내역이다.

ㄱ. ㈜삼일은 20X1년 1월 1일 ㈜용산이 주식 30%를 3,000,000원에 취득하였다.

ㄴ. 주식 취득시 ㈜용산의 순자산장부금액은 10,000,000원으로 이는 공정가치와 일치한다.

ㄷ. ㈜용산의 20X1년 당기순이익은 100,000원이다.

ㄹ. 상기 거래를 제외하고 다른 거래는 없다고 가정한다.

㈜삼일의 20X1년 보고기간종료일의 지분법적용투자주식의 장부가액은 얼마인가?

① 3,000,000원

② 3,030,000원

③ 3,090,000원

④ 3,100,000원

21 ㈜서울은 20X1 년 중 토지를 1,000,000원에 취득하고 20X1년 12월 31일에 재평가를 실시하여 토지의 장부금액을 200,000원 만큼 증가시켰다. 해당 토지를 20X2년 중 공정가치 1,100,000원에 매각하였다면 토지처분과 관련하여 처분손익으로 인식할 금액은 얼마인가?

① 처분손실 200,000원   ② 처분손실 100,000원

③ 처분이익 100,000원   ④ 처분이익 200,000원

22 다음 중 유형자산의 감가상각에 관한 설명으로 옳지 않은 것은?

① 동일한 내용연수 하에서는 정률법에 따라 감가상각하였을 경우, 정액법에 비하여 유형자산 취득 초기의 당기순이익과 유형자산의 장부금액이 적게 표시된다.

② 정률법으로 감가상각을 하는 경우 감가상각비로 계상되는 금액은 내용연수에 걸쳐 균등하게 인식된다.

③ 정률법을 적용하는 경우에는 취득원가에서 감가상각누계액을 차감한 금액에 매년 동일한 상각률을 곱한 금액을 감가상각비로 계상한다.

④ 감가상각방법은 매기 계속하여 적용하고, 정당한 사유없이 변경하지 않는다.

23 ㈜삼일은 20X1년 설립된 제약회사로 20X1년에 지출한 금액은 다음과 같다. 20X1년 손익계산서상 비용으로 인식해야 할 금액은 얼마인가?

> ㄱ. 연구단계에서 발생한 지출 : 1,000,000원
>
> ㄴ. 개발단계에서 발생한 지출 : 1,000,000원
>   (1,000,000원 중 600,000원은 무형자산 중 개발비 인식요건을 만족한다.)
>
> ㄷ. 개발비의 사용가능한 시점은 20X1년 10월 1일이며, 내용연수는 5년, 잔존가치는 없다.

① 1,000,000원   ② 1,400,000원

③ 1,430,000원   ④ 1,520,000원

24 다음 중 비유동자산에 관한 설명으로 옳지 않은 것은?

① 이연법인세자산은 유동자산으로 분류되는 부분을 제외하고 기타비유동자산으로 분류한다.

② 장기매출채권이란 주된 영업활동에서 발생한 1년 이내 또는 정상적인 영업주기 이내에 회수가 어려운 채권을 말한다.

③ 영업보증금은 영업목적을 위하여 제공한 거래보증금, 입찰보증금, 하자보증금을 말한다.

④ 장기선급비용은 계속적 용역공급계약을 체결하고 선지급한 비용 중 1년 이후에 비용으로 되는 것을 말하는 것으로 보고기간 말에 공정가치로 평가하여야 한다.

25 ㈜삼일은 20X1년 손익계산서에 이자비용 180,000원을 보고하였으나, 실제 현금으로 지급된 이자는 160,000원이다. 20X1년 말 미지급이자가 30,000원이라면 ㈜삼일의 20X1년 초 재무상태표에 기재되어 있는 미지급이자는 얼마인가?

① 0원
② 10,000원
③ 20,000원
④ 40,000원

26 다음은 ㈜삼일의 사채 관련 정보이다. ㈜삼일이 발행일 현재의 공정가치로 사채를 발행하였다면 20X1년 초 사채의 발행금액을 계산하면 얼마인가?

> ㄱ. 사채발행일 : 20X1년 1월 1일
> ㄴ. 액면금액 : 1,000,000원
> ㄷ. 표시이자율 : 연 12%(매년 말 지급)
> ㄹ. 만기 : 20X3년 12월 31일(3년 만기)
> ㅁ. 시장이자율(20X1년 1월 1일) : 14%
> ㅂ. 시장이자율 14%에 대한 3년 현가계수는 0.6749이고, 연금현가계수는 2.3216이다.
> 　　모든 금액은 소수점 이하 첫째자리에서 반올림한다.

① 917,864원
② 953,492원
③ 1,000,000원
④ 1,034,900원

27 다음 중 사채를 할인발행한 경우 유효이자율법에 의한 할인액 상각표에 관한 설명으로 옳은 것은?

① 총 이자비용은 매년 동일하다.
② 현금지급이자는 매년 증가한다.
③ 할인액상각액은 매년 증가한다.
④ 사채의 장부가액(기말부채)은 매년 동일하다.

28 다음 중 충당부채에 관한 설명으로 올바르지 않은 것은?

① 사용기간 종료 후 원상복구 의무가 있는 오염원 배출 시설물을 취득한 경우에는 복구원가를 추정하여 충당부채로 인식한다.
② 새로운 법률이 제정되어 공장에 공해여과장치를 설치하도록 규정한 경우 공해여과장치 설치비에 대하여는 충당부채로 인식하지 않는다.
③ 재고자산 확정구매계약을 함으로써 손실을 부담하게 될 경우에는 관련된 현재의무를 충당부채로 인식한다.
④ 구조조정에 관한 의제의무로서 보고기간 말 이전에 부서 폐쇄계획에 관하여 의사소통과 이행에 착수한 경우 그 부서의 폐쇄원가 등은 충당부채로 인식하지 않는다.

29 다음은 상품매매업을 영위하는 ㈜삼일의 20X1년 퇴직급여와 관련된 자료이다. 20X1년에 ㈜삼일이 손익계산서에 인식할 퇴직급여는 얼마인가?

구분	20X0년	20X1년
12월 말 퇴직급여충당부채 잔액	500,000원	700,000원
현금으로 지급된 퇴직금	0원	100,000원

① 100,000원
② 200,000원
③ 300,000원
④ 600,000원

30 다음은 ㈜삼일의 법인세 관련 내역이다. 20X1년 손익계산서에 계상될 ㈜삼일의 법인세비용은 얼마인가(단, 중소기업회계처리특례는 고려하지 않는다)?

20X1년 당기법인세(법인세법상 당기에 납부할 법인세)	2,000,000원
20X0년 말 이연법인세자산 잔액	0원
20X1년 말 이연법인세자산 잔액	300,000원

① 1,500,000원   ② 1,700,000원

③ 1,800,000원   ④ 2,000,000원

31 다음 기사를 읽고 물음에 답하시오.

㈜삼일전자, 유례없는 1조 규모 유상증자 실시

㈜삼일전자가 3일 이사회를 열어 주주배정 후 실권주 일반 공모 방식으로 약 1조 원 규모의 유상증자를 실시하기로 결정했다.

이번 유상증자로 발행되는 신주 수는 1,900만주로 증자비율은 11.7%다. 할인율 20%를 적용했으며, 예정 발행가는 주당 5만 5천 9백원이다.

이번 유상증자의 목적은 주력 사업의 경쟁력 강화를 위한 투자 재원을 안정적으로 선 확보하기 위함이다.

㈜삼일전자의 주당 액면금액이 5,000원이라고 가정할 때, 상기 거래가 재무상태표의 자본 항목에 미치는 영향을 올바르게 표시한 것은?

	자본금	자본잉여금	이익잉여금
①	증가	감소	불변
②	감소	불변	증가
③	증가	증가	불변
④	감소	불변	감소

32 다음 중 기업회계기준상 결손금 처리 순서로 옳은 것은?

ㄱ. 자본잉여금이입액 ㄴ. 이익준비금이입액
ㄷ. 임의적립금이입액 ㄹ. 기타법정적립금이입액

① ㄱ - ㄴ - ㄷ - ㄹ   ② ㄱ - ㄴ - ㄹ - ㄷ
③ ㄷ - ㄹ - ㄴ - ㄱ   ④ ㄷ - ㄹ - ㄱ - ㄴ

33 다음에서 설명하고 있는 손익계산서 작성기준으로 옳은 것은?

고객으로부터 현금을 수취한 시점에서 그 금액을 수익으로 인식하고 현금을 지출한 시점에서 그 금액을 비용으로 인식하는 경우 수익과 비용에 대한 정확한 기간손익이 이루어지지 않는 단점을 극복하기 위한 작성기준

① 포괄주의   ② 총액주의
③ 구분계산의 원칙   ④ 발생주의

34 ㈜삼일의 결산수정전 당기순이익이 1,000,000원 이었다. 결산정리사항이 다음과 같을 때 ㈜삼일의 정확한 당기순이익은 얼마인가?

ㄱ. 미지급급여   50,000원
ㄴ. 미수수수료   20,000원

①   930,000원   ②   970,000원
③ 1,050,000원   ④ 1,070,000원

35 다음 중 수익인식에 관한 설명으로 옳지 않은 것은?

① 소프트웨어 개발회사인 ㈜부산은 ㈜대구로부터 급여처리시스템에 관한 소프트웨어 개발을 주문받았다. ㈜부산은 소프트웨어 개발대가로 수취하는 수수료를 진행기준에 따라 수익으로 인식한다.

② 구두를 제조하는 ㈜광주는 현금을 수령하고 상품권을 판매하지만 수익은 고객이 상품권으로 구두를 구입하는 시점에 인식한다.

③ 제품공급자로부터 받은 제품을 인터넷 상에서 중개판매하고 수수료만을 수취하는 전자쇼핑몰을 운영하는 ㈜서울은 제품의 거래가액 전체를 수익으로 인식한다.

④ 방송사인 ㈜제주는 의류회사인 ㈜울산과 지면광고계약을 맺고 광고수수료를 받았다. ㈜제주는 동 광고수수료를 신문에 광고가 게재되어 독자에게 전달될 때 수익으로 인식한다.

36 다음은 20X1년 1월에 사업을 개시하여 위탁판매방식 및 시용판매방식으로 영업을 하는 ㈜삼일의 20X1년의 거래내역이다. 다음 중에서 ㈜삼일이 매출을 인식하여야 할 시점은 언제인가?

> – 1월 1일: ㈜삼일은 ㈜용산에 판매를 위탁하기 위하여 상품 10개를 적송하였다.
> – 4월 1일: ㈜용산은 상품 10개를 ㈜마포에 시용판매 하였다.
> – 7월 1일: ㈜마포는 시용품 10개에 대하여 ㈜용산에 매입의사를 표시하였다.
> – 9월 1일: ㈜용산은 판매한 상품에 대한 대금에서 판매수수료를 차감한 금액을 ㈜삼일에 송금하였다.

① 1월 1일   ② 4월 1일

③ 7월 1일   ④ 9월 1일

37 다음은 ㈜삼일의 20X1년 매출 및 매출채권과 관련된 자료이다. 20X1년 손익계산서에 계상된 매출액을 계산하면 얼마인가(단, 모든 거래는 외상으로 이루어지며, 매출에누리와 매출할인 및 매출환입은 없는 것으로 가정한다)?

ㄱ. 20X1년 1월 1일 매출채권 잔액	25,000,000원
ㄴ. 20X1년 중 현금회수액	75,000,000원
ㄷ. 20X1년 12월 31일 매출채권 잔액	15,000,000원

① 35,000,000원
② 65,000,000원
③ 75,000,000원
④ 85,000,000원

38 다음 중 손익계산서에서 확인가능한 계정과목으로 옳은 것은?

① 자기주식처분이익
② 감자차익
③ 주식할인발행차금
④ 사채상환이익

39 다음 중 재무활동으로 인한 현금유입을 창출하는 거래에 해당하는 것은?

① 보통주 발행을 통한 유상증자
② 매출채권의 회수
③ 공장건물의 취득
④ 은행차입금의 상환

40 다음 자료를 참고하여 ㈜삼일의 영업활동 현금흐름을 계산하면 얼마인가?

가. 재화의 판매와 용역의 제공에 따른 현금유입	60,000원
나. 종업원과 관련하여 직접적으로 발생한 현금유출	10,000원
다. 배당금 지급에 따른 현금유출	20,000원

① 30,000원 유입　　　　　　　② 40,000원 유입

③ 50,000원 유입　　　　　　　④ 60,000원 유입

01 다음 중 국제회계기준의 특징에 관한 설명으로 옳은 것은?

① 규칙중심의 회계기준이다.
② 별도재무제표를 기본재무제표로 한다.
③ 정보이용자를 보호하기 위해 공시를 강화하고 있다.
④ 역사적원가 측정기준의 적용을 확대하고 있다.

02 다음 중 재무정보의 질적특성에 관한 설명으로 옳지 않은 것은?

① 주요 질적특성으로는 목적적합성과 신뢰성이 있다.
② 재무정보의 질적특성이란 재무정보가 유용하기 위해 갖추어야 할 주요 속성을 말한다.
③ 재무정보의 질적특성은 어떠한 경우에도 상충될 수 없다.
④ 포괄적인 제약조건으로 정보 작성에 따른 효익이 관련 비용보다 커야 한다.

03 재무제표는 일정시점의 재무상태를 나타내는 정태적 보고서와 일정기간의 성과를 나타내는 동태적 보고서로 구분할 수 있다. 이러한 관점에서 볼 때 다음 중 그 성격이 다른 하나는?

① 재무상태표
② 손익계산서
③ 자본변동표
④ 현금흐름표

04 다음 중 재무상태표 상 자산·부채의 계정과목과 해당 자산·부채의 측정에 사용되어야 할 측정속성이 옳게 짝지어진 것은?

	자산·부채	측정속성
①	재고자산	기업특유가치(사용가치)
②	매도가능증권	상각후금액
③	단기매매증권	공정가치
④	무형자산	공정가치

05 다음의 유가증권 중 재무상태표상 유동자산으로 분류되는 것으로 옳지 않은 것은?

① 지분증권 중 투자기업이 피투자기업에 대해 유의적인 영향력을 행사하고 있는 지분법적용투자주식

② 지분증권 중 1년 이내에 처분할 목적으로 취득한 단기매매증권

③ 채무증권 중 1년 이내에 만기가 도래하는 매도가능증권

④ 채무증권 중 1년 이내에 만기가 도래하는 만기보유증권

06 다음 중 재무상태표와 손익계산서 작성의 일반원칙에 관한 설명으로 옳지 않은 것은?

① 재무상태표상 유동자산과 비유동자산은 보고기간종료일로부터 1년 또는 정상영업주기를 기준으로 구분한다.

② 손익계산서상 수익과 비용은 총액으로 기재함을 원칙으로 한다.

③ 영업부서 직원에 관한 급여는 손익계산서상 매출원가로 분류한다.

④ 자본거래에서 발생한 자본잉여금과 손익거래에서 발생한 이익잉여금은 구분하여 표시해야 한다.

07 다음 자료를 바탕으로 당좌자산으로 계상될 금액을 계산하면 얼마인가?

단기대여금	50,000원	단기성 매출채권	400,000원
선급비용	500,000원	선급금	50,000원
매도가능증권	100,000원(장기투자목적)		

① 900,000원

② 950,000원

③ 1,000,000원

④ 1,100,000원

08 ㈜삼일의 20X1년 말 매출채권 잔액은 20,000,000원이고 20X0년말 대손충당금 잔액은 300,000원이다. 20X1년 중 발생한 대손금이 200,000원인 경우 대손발생 시 ㈜삼일이 수행해야 할 회계처리로 옳은 것은?

① (차) 대손충당금 200,000원 (대) 매출채권 200,000원

② (차) 매출 200,000원 (대) 매출채권 200,000원

③ (차) 매출채권 200,000원 (대) 현금 200,000원

④ (차) 대손상각비 200,000원 (대) 현금 200,000원

09 다음 중 유가증권 결산에 관한 설명으로 옳지 않은 것은?

① 유가증권을 항상 기업 외부에 위탁 보관하여야 하는 것은 아니다.

② 유가증권 결산시 유가증권을 직접 실사할 필요는 없다.

③ 유가증권 실사시에는 금액, 수량, 증권번호, 발행회사명 등을 확인하여야 한다.

④ 유가증권의 실사는 해당증권의 존재 여부에 대한 확인이 주목적이므로 금융기관에 위탁보관하고 있는 유가증권에 대해서는 잔고증명서를 징구하여 기말 평가액을 확인할 필요가 있다.

10 ㈜삼일은 20X1년 4월 1일에 다른 기업의 건물을 1년간 임차하여 사용하기로 하고 1년치 임차료 6,000,000원을 선급하면서, 동 금액 전액을 선급임차료로 처리하였다. 12월 말 결산법인인 ㈜삼일이 20X1년 12월 31일에 필요한 분개로 옳은 것은(단, 기간은 월할로 계산한다)?

① (차) 임차료비용　　4,500,000원　　(대) 선급임차료　　4,500,000원

② (차) 선급임차료　　1,500,000원　　(대) 임차료비용　　1,500,000원

③ (차) 건물　　　　　6,000,000원　　(대) 미지급임차료　6,000,000원

④ (차) 선급금　　　　6,000,000원　　(대) 임차료비용　　6,000,000원

11 다음 중 기말재고자산에 포함될 항목으로 옳지 않은 것은?

① 시용판매를 위하여 고객에게 제공된 상품 중 고객이 매입의사표시를 한 부분

② 담보로 제공한 저당상품(저당권 실행 전)

③ 선적지인도조건으로 매입한 운송중인 상품

④ 위탁판매목적으로 반출된 상품 중 수탁자가 현재 보관중인 부분

12 ㈜삼일의 20X1년 중 재고자산의 거래내역은 다음과 같다. 다음 자료를 바탕으로 총평균법하에서의 매출원가를 구하면 얼마인가(단, 회사는 실지재고조사법에 의하여 수량을 기록한다)?

구분	단위	단위원가	총원가
기초재고(1월 1일)	1,100개	80원	88,000원
당기매입(3월 15일)	200개	110원	22,000원
당기매입(5월 16일)	1,200개	100원	120,000원
당기판매가능한 수량	2,500개		230,000원
당기매출(8월 22일)	800개		
당기매출(9월 18일)	1,000개		
당기판매수량	1,800개		
기말재고(12월31일)	700개		

① 142,000원 ② 150,000원

③ 160,000원 ④ 165,600원

13 다음 중 재고자산의 원가흐름 가정에 관한 설명으로 옳지 않은 것은?

① 후입선출법을 사용하면 매출원가가 현행원가의 근사치로 표시되게 된다.

② 선입선출법은 실제물량흐름과 관계없이 매입의 역순으로 재고항목이 판매된다고 가정하는 방법이다.

③ 통상적으로 상호 교환될 수 없는 재고자산이나 주문생산되는 제품의 경우 개별법을 적용해야 한다.

④ 평균법은 총평균법과 이동평균법으로 구분될 수 있다.

14 ㈜삼일은 단일종류의 재고자산을 생산해서 판매하고 있다. 재고자산의 장부상 수량은 500개이고 취득원가는 단위당 200원이다. 기말 재고실사 시 실제 수량은 400개이고 재고자산의 시가는 180원인 경우 저가법 평가를 할 경우 재고자산평가손실 금액은 얼마인가?

① 2,000원

② 8,000원

③ 10,000원

④ 20,000원

15 다음 중 ㈜삼일이 손익계산서에 인식할 매출원가를 계산하면 얼마인가?

가. 결산조정 전 장부상 매출원가	1,000,000원
나. 결산시점 평가손실 및 감모손실의 내역	
ㄱ. 재고자산평가손실	200,000원
ㄴ. 정상적인 재고자산감모손실	400,000원
ㄷ. 비정상적인 재고자산감모손실	300,000원

① 1,200,000원

② 1,500,000원

③ 1,600,000원

④ 1,900,000원

16 다음 중 장기금융상품의 회계처리에 관한 설명으로 옳지 않은 것은?

① 사용이 제한되어 있는 경우 이를 주석으로 공시하여야 한다.

② 장기금융상품은 유동자산으로 분류한다.

③ 장기금융상품으로 분류된 금융상품에 대하여 보고기간종료일 현재 만기가 1년 이내에 도래한다면 단기금융상품으로 분류하여야 한다.

④ 장기금융상품의 이자지급기일 전이라 하더라도 발생기간에 대한 기간경과분 이자를 이자수익으로 인식하여야 한다.

17 다음 중 유가증권의 분류에 관한 설명으로 옳지 않은 것은?

① 채무증권 중 단기매매증권이나 만기보유증권으로 분류되지 않은 유가증권은 매도가
능증권으로 분류한다.

② 지분증권을 취득하여 피투자기업에 대해 유의적인 영향력을 행사할 수 있게 된 경우
에는 지분법적용투자주식으로 분류해야 한다.

③ 매도가능증권으로 분류된 지분증권을 1년 이내에 처분할 것이 거의 확실한 경우에
는 단기매매증권으로 분류변경해야 한다.

④ 만기가 확정된 채무증권을 만기까지 보유할 목적으로 취득하였으며 실제 만기까지
보유할 적극적인 의도와 능력이 있는 경우에는 만기보유증권으로 분류한다.

18 20X1년 12월 31일 현재 ㈜삼일이 당기 중 취득하여 보유하고 있는 ㈜서울 주식과 ㈜부산
주식의 시가가 다음과 같다. 결산시 동 유가증권에 대한 평가가 ㈜삼일의 당기 이익에 영향
을 미치는 금액을 계산하면 얼마인가(단, 시가를 공정가치로 보며 모든 주식은 매도가능증
권으로 분류된다고 가정한다)?

종목	취득원가	시가
㈜서울 주식	2,000,000원	2,600,000원
㈜부산 주식	1,500,000원	1,300,000원

① 이익 400,000원 ② 이익 500,000원

③ 이익 600,000원 ④ 영향 없음

19 ㈜삼일은 20X1년 12월 1일 투자목적으로 ㈜용산의 주식 100주를 주당 10,000원에 취득하고 이를 단기매매증권으로 분류하였다. ㈜삼일은 20X2년 3월 15일에 이중 50주를 주당 12,000원에 처분하였다. ㈜용산 주식의 공정가액에 관한 정보가 다음과 같은 경우 ㈜삼일이 20X2년 손익계산서에 인식할 손익금액은 얼마인가?

> ㄱ. 20X1 년 말 : 11,000원/주
> ㄴ. 20X2 년 말 : 14,000원/주

① 100,000원 ② 125,000원
③ 150,000원 ④ 200,000원

20 ㈜삼일은 20X1년 1월 1일에 발행된 다음과 같은 조건의 채무증권을 최초 발행금액인 951,963원에 취득하였으며 해당 채무증권을 만기까지 보유할 의도와 능력을 보유하고 있다. 이 채무증권에 대하여 ㈜삼일이 만기까지 인식할 총 이자수익은 얼마인가?

> ㄱ. 액면금액　　　　　　　　　　1,000,000원
> ㄴ. 만기일　　　　　　　　　　　20X3년 12월 31일
> ㄷ. 이자지급조건　　　　　　　　매년 말 후급
> ㄹ. 표시이자율　　　　　　　　　연 10%
> ㅁ. 유효이자율　　　　　　　　　연 12%

① 48,037원 ② 233,801원
③ 251,963원 ④ 348,037원

21 다음 중 유형자산에 관한 설명으로 옳은 것은?

① 유형자산은 판매를 목적으로 보유하는 자산이다.

② 유형자산의 손상시 회수가능액이란 순공정가치와 사용가치 중 큰 금액을 말한다.

③ 유형자산의 사용을 일시 중단한 경우(사용재개 예정)에는 해당 자산의 감가상각비를 판매비와관리비로 처리한다.

④ 건물을 신축하기 위하여 그 동안 사용하던 기존건물을 철거하는 경우 건물의 미상각 잔액과 철거비용은 신축건물의 취득원가로 계상한다.

22 ㈜서울은 사용 중이던 건물을 ㈜부산의 기계장치와 교환하였다. 이 교환거래와 관련하여 ㈜서울은 공정가치의 차액 500,000원을 현금으로 지급하였다. 이 교환거래에서 ㈜서울이 인식해야 할 유형자산처분손실은 얼마인가?

	건물	기계장치
취득원가	3,000,000원	5,000,000원
감가상각누계액	1,000,000원	4,200,000원
공정가치	1,500,000원	2,000,000원

① 0원

② 500,000원

③ 1,000,000원

④ 1,700,000원

23 다음 중 무형자산의 회계처리에 관한 설명으로 옳지 않은 것은?

① 무형자산의 합리적인 상각방법을 정할 수 없는 경우에는 정액법을 사용한다.

② 내부적으로 창출된 브랜드, 고객목록은 무형자산으로 인식하여야 한다.

③ 무형자산과 기타자산을 일괄 취득한 경우에는 총 취득원가를 각 자산의 공정가치에 비례하여 배분한 금액을 각각 무형자산과 기타자산의 취득원가로 인식한다.

④ 기업이 발행한 지분증권과 교환하여 취득한 무형자산의 취득원가는 그 지분증권의 공정가치로 인식한다.

24 상품매매업을 영위하는 ㈜삼일은 20X1년 1월 1일에 3년 연불조건으로 상품을 판매하고 매년 말 3,000원씩 3회를 받기로 하였다. 위 거래와 관련한 유효이자율은 10%이며, 3년 10%의 연금현가계수는 2.4868이다. 20X1년 이자수익으로 인식할 금액은 얼마인가(단, 소수점 이하 첫째 자리에서 반올림한다)?

① 0원 ② 364원
③ 746원 ④ 995원

25 다음 중 유동부채에 관한 설명으로 옳지 않은 것은?

① 유동부채란 보고기간종료일로부터 1년 이내에 상환되어야 하는 단기차입금 등의 부채를 말한다.
② 유동부채는 만기금액과 현재가치의 차이가 중요하기 때문에 반드시 현재가치로 평가하여야 한다.
③ 미착상품의 경우 아직 운송 중에 있다 하더라도 계약조건에 따라 입고 이전시점에 매입채무를 인식할 수 있다.
④ 장기차입금 중 보고기간종료일로부터 1년 내에 상환될 예정인 부분은 기말결산시 유동성장기부채로 대체하여야 한다.

26 다음 중 사채에 관한 설명으로 옳은 것은?

① 일반기업회계기준에 따르면 자기사채의 취득은 취득목적에 관계없이 사채의 상환으로 처리한다.
② 사채의 액면이자율이 시장이자율보다 낮은 경우 투자자들을 유인하기 위하여 사채는 액면금액보다 높게 발행된다.
③ 사채발행비는 할증발행의 경우 사채할인발행차금에 가산하고, 사채발행기간 동안 이자비용으로 비용화된다.
④ 사채의 액면이자율이 시장이자율보다 높은 경우 일반적으로 사채는 할인발행된다.

27 다음 중 장기차입금의 회계처리에 관한 설명으로 옳지 않은 것은?

① 장기차입금은 금전소비대차계약에 의한 차입금 중 보고기간종료일로부터 1년 이후에 상환되는 차입금을 말한다.

② 분할상환 조건인 장기차입금은 상환기일별로 구분하여 회수기일이 1년 이내에 해당하는 부분은 별도로 관리하여야 하지만, 동 부분을 유동성장기부채로 대체할 필요는 없다.

③ 장기금전대차거래에서 발행한 장기차입금의 명목금액과 현재가치의 차이가 유의적인 경우에는 현재가치로 평가한다.

④ 장기차입금의 차입처별 차입액, 차입용도, 이자율, 상환방법 등은 주석으로 기재하여야 한다.

28 다음 중 충당부채에 관한 설명으로 옳지 않은 것은?

① 충당부채로 인식하는 금액은 현재의무의 이행에 소요되는 지출에 대한 보고기간종료일 현재의 최선의 추정치이어야 한다.

② 최선의 추정치는 보고기간종료일 현재 시점에 의무를 직접 이행하거나 이해관계가 없는 제3자에게 이전시키는 경우에 지급하여야 하는 금액이다.

③ 충당부채의 명목금액과 현재가치의 차이가 중요한 경우라 하더라도 의무를 이행하기 위하여 예상되는 지출액을 현재가치로 평가하지 아니한다.

④ 충당부채를 발생시킨 사건과 밀접하게 관련된 자산의 처분이익이 예상되는 경우라 하더라도 충당부채 금액을 측정할 때 당해 처분이익을 고려하지 아니한다.

29 ㈜삼일은 보고기간종료일 현재 전 임직원이 일시에 퇴직할 경우 회사의 퇴직금지급규정에 따라 지급하여야 할 퇴직금추계액을 퇴직급여충당부채로 설정하고 있다.(단, 퇴직금충당부채의 변동은 당기 지급 및 추가 설정 이외에 다른 요인은 없다.)

> – 기초 퇴직급여충당부채 잔액 : 30,000,000원
> – 기말 퇴직급여충당부채 잔액 : 26,000,000원
> – 당기 말 회사가 행한 회계처리는 다음과 같다.
>   (차) 퇴직급여　　8,000,000　　　　　　(대) 퇴직급여충당부채　　8,000,000

㈜삼일의 당기 중 퇴직금 지급액은 얼마인가?

① 6,000,000원

② 10,000,000원

③ 12,000,000원

④ 14,000,000원

30 다음은 20X1년 1월 1일에 설립된 ㈜삼일의 20X1년 과세소득에 관한 자료이다. 다음 자료를 이용하여 ㈜삼일이 20X1년에 인식할 이연법인세자산·부채는 얼마인가?

> ㄱ. 법인세비용차감전순이익　　　　　　　　　4,000,000원
> ㄴ. 세무조정
>   차기 이후 과세표준에서 차감할 일시적 차이　　500,000원
> ㄷ. 과세소득　　　　　　　　　　　　　　　　4,500,000원
> ㄹ. 법인세율(가정)　　　　　　　　　　　×　　30%
> ㅁ. 법인세부담액　　　　　　　　　　　　　　1,350,000원
>
> [추가자료]
> – 법인세비용차감전순이익은 차기 이후에도 동일하게 발생할 것으로 가정
> – 상기 세무조정사항은 20X1년도 이후 전액 차감 조정될 것으로 가정
> – 법인세율은 향후에도 일정하다고 가정
> – 상기 자료 이외의 세무조정사항은 없는 것으로 가정

① 이연법인세부채　150,000원

② 이연법인세자산　150,000원

③ 이연법인세부채　500,000원

④ 이연법인세자산　500,000원

31 다음 중 주식의 발행에 관한 설명으로 옳지 않은 것은?

① 자본금은 반드시 액면금액으로 기록하여야 한다.

② 주식의 액면금액은 주주가 불입하는 금액과 반드시 일치하여야 한다.

③ 신주발행비는 주식의 발행금액에서 차감하여야 한다.

④ 현물출자한 자산을 공정가치보다 높게 평가할 경우 회사의 자본이 과대계상되는 효과를 가져온다.

32 다음 중 이익잉여금의 증감을 가져오는 거래에 해당하지 않는 것은?

① 처분전이익잉여금 중의 일부를 이익준비금으로 적립하였다.

② 결산의 결과 당기순손실이 발생하여 이를 이익잉여금계정에 대체하였다.

③ 처분전이익잉여금을 재원으로 하여 주식배당을 선언하였다.

④ 이사회 결의로 현금배당을 선언하였다.

33 다음 중 손익을 매출총손익, 영업손익, 법인세비용차감전계속사업손익, 중단사업손익 및 당기순손익으로 표시하는 것은 손익계산서 작성원칙 중 어디에 해당하는가?

① 구분계산의 원칙　　　　　　　② 총액주의

③ 발생주의　　　　　　　　　　　④ 수익비용대응의 원칙

34 다음 자료에 의하여 법인세비용차감전순이익을 계산하면 얼마인가?

영업이익	900,000원	유형자산처분손실	20,000원
법인세비용	80,000원	접대비	50,000원
광고선전비	200,000원	외화환산이익	60,000원
유형자산감가상각비	150,000원	배당금지급액	150,000원

① 390,000원 ② 540,000원

③ 790,000원 ④ 940,000원

35 ㈜삼일의 장기도급공사의 내역은 다음과 같다.

	20X1년	20X2년	20X3년
누적발생공사원가	360,000원	721,000원	1,050,000원
총공사예정원가	900,000원	1,030,000원	1,050,000원
공사대금청구액	350,000원	350,000원	300,000원
공사대금회수액	280,000원	300,000원	420,000원

총공사계약금액이 1,200,000원일 때, ㈜삼일이 20X2년에 인식해야 할 공사손익은 얼마인가?

① 손실 1,000원 ② 이익 1,000원

③ 손실 120,000원 ④ 이익 120,000원

36 다음 중 수익인식기준에 관한 설명으로 옳지 않은 것은?

① 배당금수익은 실제로 배당금을 수령하는 시점에 수익을 인식한다.

② 장기할부판매의 수익은 판매시점에 인식하는데, 이는 할부판매라 하더라도 수익창출의 결정적 사건이 인도시점에 발생했기 때문이다.

③ 성격과 가치가 유사한 재화나 용역간의 교환은 수익을 인식시키는 거래로 보지 않는다.

④ 로열티수익은 관련된 계약의 경제적 실질을 반영하여 발생기준에 따라 인식한다.

37 다음은 ㈜삼일의 매출채권 원장이다. 당기 손익계산서에 계상된 매출액은 얼마인가(단, 모든 거래는 외상으로 이루어진다)?

매 출 채 권			
1.1	10,000,000원	현금회수액	25,000,000원
XXX	XXX	12.31	12,000,000원

① 10,000,000원
② 12,000,000원
③ 23,000,000원
④ 27,000,000원

38 다음 자료를 참고하여 ㈜삼일의 기본주당이익을 계산하면 얼마인가?

ㄱ. 영업이익	520,000,000원
ㄴ. 당기순이익	480,000,000원
ㄷ. 우선주배당금	20,000,000원
ㄹ. 가중평균유통보통주식수	100,000주

① 4,600원
② 4,800원
③ 5,000원
④ 5,200원

39 다음 중 영업활동현금흐름 항목으로 옳지 않은 것은?

① 주식이나 기타 지분상품의 발행에 따른 현금유입

② 원재료 구매로 인한 현금유출

③ 법인세의 납부 또는 환급(단, 토지 등 양도소득세 관련된 것은 제외)

④ 종업원과 관련하여 직·간접적으로 발생하는 현금유출

40 다음 중 현금의 유입과 유출이 없는 거래에 해당하지 않는 것은?

① 현물출자방식을 통한 유형자산의 취득

② 제3자에 대한 대여금의 회수

③ 무상증자

④ 전환사채의 전환

01 다음 중 손익계산서에 관한 설명으로 옳지 않은 것은?

① 포괄이익이란 기업실체가 일정기간 동안 소유주와의 자본거래를 포함한 모든 거래나 사건에서 인식한 자본의 변동을 말한다.

② 수익이란 기업실체의 경영활동 결과 발생하는 자산의 유입 또는 부채의 감소이다.

③ 비용이란 기업실체의 경영활동 결과 발생하는 자산의 유출이나 사용 또는 부채의 증가이다.

④ 손익계산서는 일정기간 동안 기업실체의 경영성과에 대한 정보를 제공한다.

02 다음 중 재무제표의 측정에 관한 설명으로 옳지 않은 것은?

① 기업실체가 자산을 사용함에 따라 당해 기업실체의 입장에서 인식되는 현재의 가치를 기업특유가치라고 한다.

② 독립된 당사자간의 현행 거래에서 자산이 매각 또는 구입되거나 부채가 결제 또는 이전될 수 있는 교환가치를 공정가치라 한다.

③ 유효이자율을 이용하여 당해 자산이나 부채를 현재의 금액으로 측정한 가치를 상각후금액이라 한다.

④ 정상적인 영업과정의 추정 판매가격에서 제품을 완성하는 데 소요되는 추가적인 원가와 판매비용의 추정액을 가산한 금액을 순실현가능가치라 한다.

03 다음 중 자산에 관한 설명으로 옳지 않은 것은?

① 자산은 미래의 거래나 사건의 결과로 기업이 소유하고 있는 미래에 경제적 효익을 창출할 것으로 기대되는 자원이다.

② 대부분의 경우 법적 권리와 결부되어 있으나 소유권 등의 법적 권리가 자산성 유무를 결정함에 있어 최종적 기준은 아니다.

③ 일반적으로 물리적 형태를 가지고 있지만 물리적 형태가 자산의 본질적인 특성은 아니다.

④ 현금유출과 자산의 취득은 밀접하게 관련되어 있으나 양자가 반드시 일치하는 것은 아니다.

04 다음 중 재무제표의 기본가정에 관한 설명으로 옳은 것을 모두 고르면?

> ㄱ. 재무제표는 일정한 가정 하에서 작성되며, 그러한 기본가정으로는 기업실체, 계속기업 및 기간별 보고가 있다.
> ㄴ. 기업실체 개념은 법적 실체와는 구별되는 개념이다.
> ㄷ. 기업실체의 중요한 경영활동이 축소되거나 기업실체를 청산시킬 의도나 상황이 존재하여 계속기업을 가정하기 어려운 경우에는 재무제표를 작성할 수 없다.
> ㄹ. 기간별 보고의 가정이란 기업실체의 존속기간을 일정한 기간 단위로 분할하여 각 기간별로 재무제표를 작성하는 것을 말한다.

① ㄱ, ㄴ
② ㄱ, ㄹ
③ ㄱ, ㄴ, ㄷ
④ ㄱ, ㄴ, ㄹ

05 다음 중 재무상태표의 특징에 관한 설명으로 옳지 않은 것은?

① 재무상태표는 기업의 자산과 구성내역에 대한 정보를 제공한다.
② 재무상태표는 기업의 자본구조에 대한 정보를 제공한다.
③ 재무상태표를 현금흐름표와 같이 사용하면 자산의 수익률에 관한 정보를 제공할 수 있다.
④ 재무상태표의 모든 항목이 공정가치로 평가되는 것은 아니다.

06 다음 중 재무상태표의 작성기준에 관한 설명으로 옳지 않은 것은?

① 재무상태표는 자산·부채 및 자본으로 구분하고 자산은 유동자산 및 비유동자산으로, 부채는 유동부채 및 비유동부채로, 자본은 자본금·자본잉여금·자본조정·기타포괄손익누계액·이익잉여금으로 각각 구분한다.

② 자산과 부채는 원칙적으로 상계하여 표시하지 않는다.

③ 재고자산·매출채권 및 매입채무 등 운전자본과 관련된 항목들에 대하여는 실현 또는 결제될 때까지의 기간이 1년을 초과할 경우 정상적인 영업주기 내에 실현 혹은 결제되리라 예상되는 부분에 대해서도 비유동항목으로 분류한다.

④ 재무상태표에 기재하는 자산과 부채는 유동성이 큰 항목부터 배열하는 것을 원칙으로 한다.

07 다음 중 당좌자산 항목으로만 올바르게 짝지어진 것은?

ㄱ. 선급금   ㄴ. 선급비용

ㄷ. 미수수익   ㄹ. 재고자산

ㅁ. 선수수익

① ㄱ, ㄴ, ㄷ   ② ㄱ, ㄴ, ㄹ

③ ㄴ, ㄷ, ㅁ   ④ ㄴ, ㄷ, ㄹ, ㅁ

08 다음 중 현금및현금성자산으로 분류될 수 없는 항목은?

① 자기앞수표

② 수입인지

③ 환매채(3개월 이내의 환매조건)

④ 취득당시 만기가 3개월 이내에 도래하는 채권

09 다음 중 외상매출금의 양도에 관한 설명으로 옳지 않은 것은?

① 외상매출금을 양도한 후에도 양도인이 효율적인 통제권을 계속 행사할 수 있는 경우에는 차입거래로 회계처리한다.

② 외상매출금의 양도는 그 경제적 실질에 따라 매각거래와 차입거래로 구분할 수 있다.

③ 외상매출금의 양도란 외상매출금을 회수기일 전에 금융기관 등에 매각하고 자금을 조달하는 것을 말한다.

④ 외상매출금의 양도 후 양수자에게 상환청구권이 있다면 매각거래로 회계처리할 수 없다.

10 제과업을 영위하는 ㈜삼일은 ㈜용산과 20X1년 11월 1일 본사사옥 임대차 계약을 맺고 3개월분의 임차료 12,000,000원을 선지급하고, 차변에 임차료로 회계처리하였다. ㈜삼일의 회계연도가 매년 1월 1일부터 12월 31일까지라면 20X1년 12월 31일에 ㈜삼일이 수행해야 할 회계처리로 옳은 것은?

①	(차)	선급비용	4,000,000원	(대)	임차료	4,000,000원
②	(차)	선급금	4,000,000원	(대)	임차료	4,000,000원
③	(차)	임차료	8,000,000원	(대)	선급비용	8,000,000원
④	(차)	임차료	12,000,000원	(대)	현금	12,000,000원

11 다음 중 재고자산에 관한 설명으로 옳지 않은 것은?

① 재고자산이란 정상적인 영업과정에서 판매를 위하여 보유중인 자산을 말한다.

② 정상적인 영업과정에서 판매를 위하여 생산중인 자산도 재고자산에 포함된다.

③ 추가 생산단계에 투입하기 전에 보관이 필요한 경우에 발생한 보관비용은 재고자산의 취득원가에 포함하지 아니한다.

④ 재고자산을 현재의 장소에 현재의 상태로 이르게 하는데 발생한 기타의 원가도 취득에 필요한 부대비용으로 보고 재고자산의 취득원가에 포함된다.

12 다음 중 기말재고자산에 포함될 항목으로만 올바르게 짝지어진 것은?

> ㄱ. 시용판매를 위하여 고객에게 제공된 상품 중 매입의사가 표시되지 않은 부분
> ㄴ. 위탁판매목적으로 반출된 상품 중 수탁자가 현재 보관중인 부분
> ㄷ. 장기할부조건으로 판매한 상품
> ㄹ. 선적지인도조건으로 판매한 운송중인 상품
> ㅁ. 선적지인도조건으로 매입한 운송중인 상품

① ㄱ, ㄴ
② ㄱ, ㄴ, ㄷ
③ ㄱ, ㄴ, ㅁ
④ ㄱ, ㄴ, ㄹ, ㅁ

13 ㈜삼일은 소매재고법을 사용하고 있다. 선입선출소매재고법을 적용하여 추정한 기말재고자산(원가)은 얼마인가?

	원가	매가
기초재고	20,000원	40,000원
당기매입	30,000원	60,000원
매출액		70,000원

① 10,000원
② 15,000원
③ 20,000원
④ 30,000원

14 다음 중 재고자산평가방법에 관한 설명으로 옳지 않은 것은?

① 시가의 회복으로 발생한 재고자산평가손실환입은 영업외수익으로 인식한다.
② 비정상적으로 발생한 재고자산감모손실은 영업외비용으로 처리한다.
③ 저가법을 적용할 경우 항목별기준을 원칙으로 하되, 재고항목들이 서로 유사하거나 관련되어 있는 경우에는 조별기준도 허용한다.
④ 재고자산의 평가는 원칙적으로 취득원가주의를 적용한다.

15 다음은 ㈜삼일의 재고자산과 관련된 자료이다. 이동평균법에 의해 재고단가를 결정하는 경우 기말 현재 재고자산 금액은 얼마인가(단, 기말시점에 계속기록법에 의한 재고수량과 실지재고조사법에 의한 재고수량은 일치함)?

일자별 현황	수량	매입단가	금액
기초 재고	200개	20원	4,000원
3. 5 매입	300개	22원	6,600원
4. 8 판매	(150개)	–	–
6.28 매입	400개	23원	9,200원
9. 2 판매	(150개)	–	–
9.27 매입	100개	22원	2,200원

① 10,800원　　　　　　　　② 11,000원

③ 14,196원　　　　　　　　④ 15,496원

16 ㈜삼일의 결산일은 12월 31일이며, 20X1년 1월 1일 상기투자목적으로 ㈜부산의 주식 100주를 500,000원에 취득하고 이를 매도가능증권으로 분류하였다. ㈜삼일은 20X2년 6월 1일에 이중 50주를 320,000원에 처분하였다. ㈜부산 주식의 공정가치에 관한 정보가 다음과 같은 경우 20X2년말 ㈜삼일의 재무상태표에 ㈜부산의 주식과 관련하여 표시될 매도가능증권평가이익은 얼마인가?

ㄱ. 20X1년 초 : 5,000원/주
ㄴ. 20X1년 말 : 6,500원/주
ㄷ. 20X2년 말 : 7,000원/주

① 50,000원　　　　　　　　② 70,000원

③ 75,000원　　　　　　　　④ 100,000원

17 다음은 ㈜삼일의 보유 주식에 대한 거래내역이다.

> ㄱ. ㈜삼일은 20X1년 1월 1일 ㈜용산의 주식 30%를 3,000,000원에 취득하였다.
> ㄴ. 주식 취득시 ㈜용산의 순자산장부금액은 10,000,000원으로 이는 공정가치와 일치한다.
> ㄷ. ㈜용산의 20X1년 당기순이익은 1,000,000원이다.
> ㄹ. ㈜용산은 20X1년 중 총 300,000원의 배당금을 결의 및 지급하였고, ㈜삼일은 이중
>   90,000원을 수취하였다.
> ㅁ. 상기 거래를 제외하고 다른 거래는 없다고 가정한다.

㈜삼일의 20X1년 말 재무상태표에 표시될 지분법적용투자주식의 장부금액은 얼마인가?

① 2,910,000원   ② 3,000,000원
③ 3,210,000원   ④ 3,300,000원

18 ㈜삼일은 20X1년 7월 1일에 단기매매 목적으로 ㈜용산의 주식 100주를 주당 8,000원에 취득하고 단기매매증권으로 분류하였다. ㈜삼일은 20X1년 10월 1일에 이 중 60주를 주당 9,000원에 처분하였으며, 20X1년말 현재 남아있는 주식의 주당 공정가치는 7,500원이다. ㈜용산의 주식과 관련한 회계처리가 ㈜삼일의 20X1년 손익계산서의 이익에 미치는 영향은 얼마인가?

① 10,000원 이익 증가   ② 20,000원 이익 증가
③ 40,000원 이익 증가   ④ 60,000원 이익 증가

19 ㈜삼일은 20X1년 1월 1일에 발행된 다음과 같은 조건의 채무증권을 동 일자에 최초 발행 금액인 95,000,000원에 취득하였으며, 해당 채무증권을 만기보유증권으로 분류하였다. 이 채무증권에 대하여 ㈜삼일이 만기까지 인식할 총 이자수익은 얼마인가?

ㄱ. 액면금액	100,000,000원
ㄴ. 만기일	20X4년 12월 31일
ㄷ. 이자지급조건	매년 말 후급
ㄹ. 표시이자율	연 5%

① 25,000,000원   ② 25,500,000원

③ 28,000,000원   ④ 27,500,000원

20 다음 중 채무증권의 재분류에 관한 설명으로 옳지 않은 것은?

① 원칙적으로 단기매매증권은 다른 범주로 재분류할 수 없으며, 다른 범주의 유가증권의 경우에도 단기매매증권으로 재분류할 수 없다.

② 매도가능증권은 만기보유증권으로 재분류할 수 있으나, 만기보유증권은 매도가능증권으로 재분류할 수 없다.

③ 매도가능증권을 만기보유증권으로 재분류하는 경우에는 재분류를 위한 평가시점까지 발생한 매도가능증권의 미실현보유손익 잔액은 계속 기타포괄손익누계액으로 처리하고, 그 금액은 만기까지의 잔여기간에 걸쳐 유효이자율법을 적용하여 상각하고 각 기간의 이자수익에 가감한다.

④ 드문 상황에서 단기매매증권을 매도가능증권이나 만기보유증권으로 재분류하는 경우에는 재분류일 현재의 공정가치를 새로운 취득원가로 본다. 이 경우에 재분류일까지의 미실현보유손익은 당기손익으로 인식한다.

21 다음 중 유형자산의 감가상각에 관한 설명으로 옳지 않은 것은?

① 동일한 내용연수 하에서는 정률법에 따라 감가상각하였을 경우, 정액법에 비하여 유형자산 취득 초기의 당기순이익과 유형자산의 장부금액이 크게 표시된다.

② 정액법으로 감가상각을 하는 경우 감가상각비로 계상되는 금액은 내용연수에 걸쳐 균등하게 인식된다.

③ 정률법을 적용하는 경우에는 취득원가에서 감가상각누계액을 차감한 금액에 매년 동일한 상각률을 곱한 금액을 감가상각비로 계상한다.

④ 감가상각방법은 매기 계속하여 적용하고, 정당한 사유없이 변경하지 않는다.

22 ㈜삼일은 자동차부품을 제조하여 판매하고 있다. 부품생산에 사용하고 있는 기계장치의 장부금액은 9,000,000원이다. 그러나 자동차모형의 변경으로 부품에 대한 수요가 급감하여 생산규모의 대폭적인 감소가 예상된다. 수요 감소로 인하여 기계장치의 순공정가치는 4,000,000원, 사용가치는 3,500,000원으로 감소하였다. ㈜삼일이 기계장치에 대한 손상차손으로 계상할 금액은 얼마인가?

① 4,500,000원
② 5,000,000원
③ 5,500,000원
④ 6,000,000원

23 ㈜삼일은 20X1년에 설립된 벤처회사로 20X1년에 지출한 금액은 다음과 같다. 다음 자료를 이용하여 20X1년의 손익계산서상 비용으로 인식해야 할 금액을 계산하면 얼마인가?

- 연구단계(20X1년 1월 1일 ~ 20X1년 3월 31일)에서 발생한 지출 : 400,000원
- 개발단계(20X1년 4월 1일 ~ 20X1년 6월 30일)에서 발생한 지출 : 800,000원
  (전액 자산 인식요건을 충족한다)
- 개발비의 사용가능한 시점은 20X1년 7월 1일이며, 내용연수는 4년, 상각방법은 정액법, 잔존가치는 없다.

① 400,000원
② 450,000원
③ 500,000원
④ 900,000원

24 ㈜삼일은 20X1년 1월 1일 업무용 토지의 일부를 계약금 1,000,000원(매각시점에 수취함)과 향후 3년간 매년말 2,000,000원씩 받기로 하고 매각하였다. 이 거래의 유효이자율은 연 10%이며 3년에 걸쳐 받게 될 미수금은 매각 시점에서 공정가치로 평가하여 기록하였다. 20X1년 12월 31일 매각대금의 수령직후 미수금의 장부금액은 얼마인가(단, 3년 10%의 연금현가계수는 2.4868이다)?

① 1,818,056원
② 3,126,880원
③ 3,470,960원
④ 4,000,000원

25 다음 중 유동부채 및 유동부채를 구성하는 항목들에 관한 설명으로 옳지 않은 것은?

① 미지급금은 일반적 상거래 이외의 거래나 계약관계 등에서 발생한 채무를 말한다.
② 미지급비용은 발생된 비용으로 지급하지 아니한 비용을 말한다.
③ 예수금은 일반적 상거래 이외에서 발생한 일시적 제예수액을 말한다.
④ 선수수익은 주된 영업수익에 관한 선수금액이지만, 선수금은 영업외수익에 관한 선수금액이라는 점에서 차이가 있다.

26 사채 발행시 인식한 사채발행차금은 유효이자율법에 따라 상각 또는 환입한다. 사채를 할인발행한 경우와 할증발행한 경우, 사채할인(할증)발행차금의 상각액(환입액)은 기간의 경과에 따라 각각 어떻게 변동하는가?

	할증발행한 경우	할인발행한 경우
①	감소	증가
②	증가	감소
③	감소	감소
④	증가	증가

27 다음 자료를 이용하여 ㈜삼일의 20X2년 손익계산서에 계상될 사채상환손익을 계산하면 얼마인가(단, 단수차이가 발생하는 경우 가장 근사치를 선택한다)?

ㄱ. 액면금액 1,000,000원

ㄴ. 발행금액 950,244원(20X1년 1월 1일 발행)

ㄷ. 만기 20X3년 12월 31일

ㄹ. 액면이자율 연 8% (매년 말 지급)

ㅁ. 유효이자율 연 10%

ㅂ. 사채발행자인 ㈜삼일은 동 사채를 20X2년 12월 31일에 액면이자 지급 후 970,000원에 상환하였다. ㈜삼일은 사채의 액면금액과 발행금액의 차이를 유효이자율법으로 상각하고 있다.

---

① 상환손실 4,732원
② 상환이익 4,732원
③ 상환손실 11,795원
④ 상환이익 11,795원

28 다음 중 충당부채의 측정에 관한 설명으로 옳지 않은 것은?

① 충당부채의 명목금액과 현재가치의 차이가 중요한 경우에는 의무를 이행하기 위하여 예상되는 지출액의 현재가치로 측정한다.

② 충당부채를 발생시킨 사건과 밀접하게 관련된 자산의 처분차익이 예상되는 경우, 당해 처분차익은 충당부채 금액 측정시 고려하여야 한다.

③ 기업이 의무이행을 위하여 지급한 금액을 제3자가 직접 지급하기로 하는 경우, 제3자가 변제할 것이 확실한 경우에 한하여 그 금액을 자산으로 인식하되, 인식되는 자산의 금액은 관련 충당부채의 금액을 초과할 수 없다.

④ 충당부채로 인식하는 금액은 현재의무의 이행에 소요되는 지출에 대한 보고기간종료일 현재의 최선추정치이며, 동 추정치와 관련된 사건과 상황에 대한 불확실성이 있는 경우 이를 고려하여 추정한다.

29 전자제품을 판매하는 ㈜삼일은 판매한 제품에서 발생하는 결함에 대하여 판매 후 3년간 무상으로 수리해 주고 있다. 과거의 경험에 비추어 볼 때 제품 판매와 관련한 보증비용은 매출액의 5% 만큼 발생할 것으로 예상된다. 다음은 ㈜삼일의 20X1년과 20X2년의 매출액과 실제 발생한 제품보증비용이다. 이를 참고로 하여 20X2년 말 재무상태표에 계상되어야 할 제품보증충당부채 금액을 계산하면 얼마인가(단, 20X1년 초 제품보증충당부채 장부금액은 0원이다)?

구분	20X1년	20X2년
매출액	300,000원	600,000원
제품보증비발생액 20X1년 매출분 20X2년 매출분	5,000원 –	8,000원 3,000원

① 29,000원　　　　　　　② 31,000원

③ 40,000원　　　　　　　④ 45,000원

30 ㈜삼일은 20X1년에 영업을 개시하였다. ㈜삼일의 20X1년 과세소득과 관련된 다음 자료를 이용하여 20X1년의 법인세비용을 계산하면 얼마인가(단, ㈜삼일은 이연법인세회계를 적용한다)?

ㄱ. 법인세비용차감전순이익　　　　　　　　　　　　10,000,000원
ㄴ. 가산조정
　　감가상각비한도초과액　　　　　　　　　　　　　1,500,000원
ㄷ. 과세표준　　　　　　　　　　　　　　　　　　 11,500,000원
ㄹ. 세율(가정)　　　　　　　　　　　　　　　　　　　　20%

[추가자료]
법인세율의 변동은 발생하지 않을 것으로 예상되며, 20X1년부터 ㈜삼일의 연도별 법인세비용차감전순이익은 10,000,000원으로 동일하게 발생할 것으로 예상된다.

① 1,500,000원　　　　　　② 1,800,000원

③ 2,000,000원　　　　　　④ 2,300,000원

31 자본조정과 기타포괄손익누계액의 각 계정들에는 자본의 부가계정과 자본의 차감계정이 있다. 다음 중 자본의 차감계정에 해당하지 않는 것은?

① 주식할인발행차금　　　　　　② 미교부주식배당금
③ 매도가능증권평가손실　　　　④ 자기주식

32 다음 중 실질적으로 자본금과 자본총액을 모두 증가시키는 거래는 무엇인가?

① 현금배당　　　　　　　　　　② 주식배당
③ 무상증자　　　　　　　　　　④ 유상증자

33 기업의 순이익을 보고하는 이론적인 방법에는 당기업적주의와 포괄주의가 있다. 다음 중 포괄주의의 이론적 근거로 옳지 않은 것은?

① 회계실체가 존속하는 동안의 매기간 순이익의 합계액은 존속기간 전체를 한 기간이라고 보고 계산한 순이익금액과 일치하여야 한다.
② 비경상적이고 비반복적인 항목도 순이익 항목임에는 틀림이 없고, 회계실체의 장기적인 이익창출능력을 반영하는 것이므로 손익계산서에 보고해야 한다.
③ 많은 정보이용자들은 경상적 항목과 비경상적 항목을 구별하는데 익숙하지 못하므로, 비경상적인 항목들이 손익계산서에 포함되면 정보이용자들은 혼란에 빠질 수 있다.
④ 비경상적 항목인지 아닌지를 임의로 판단하게 되면, 의문시되는 항목의 처리방법이 회계실체마다 다르게 될 것이고 결과적으로 이익조작의 여지를 제공하게 된다.

34 다음은 유통업을 영위하는 ㈜삼일의 20X1년 손익계산서와 관련된 자료이다. 20X1년 ㈜삼일의 영업이익을 계산할 때, 차감하여야 하는 항목을 모두 고른 것은(단, 급여와 감가상각비는 판매비와관리비에 해당한다)?

> ㄱ. 임차료
> ㄴ. 매출원가
> ㄷ. 급여
> ㄹ. 사채상환손실
> ㅁ. 유형자산처분손실
> ㅂ. 감가상각비
> ㅅ. 기부금
> ㅇ. 이자비용

① ㄱ, ㄴ, ㄷ, ㅂ

② ㄱ, ㄷ, ㅁ, ㅇ

③ ㄴ, ㄷ, ㄹ, ㅁ

④ ㄷ, ㄹ, ㅂ, ㅇ

35 다음 중 수익인식기준에 관한 설명으로 옳은 것은?

① 위탁매출은 위탁자가 수탁자에게 해당 상품을 인도한 시점에 수익을 인식한다.

② 상품권의 판매만으로 수익이 실현되었다고 볼 수 없으므로, 상품권이 발행된 후에 상품의 판매나 용역이 제공되는 시점에서 수익을 인식한다.

③ 배당금수익은 배당금을 실제로 수취하는 시점에 인식한다.

④ 반품조건부판매는 반품 예상액을 합리적으로 추정할 수 있는 경우 제품의 인도시점에서 판매금액 전액을 수익으로 인식한다.

36 ㈜삼일은 20X1년 10월 1일 ㈜서울에 기계장치를 10,000,000원(설치용역수수료 포함)에 판매하면서 정상작동이 가능한 상태로 설치해주기로 하였다. 단, 기계장치에 대한 설치용역은 부수적으로 제공되지 않고, 설치용역에 대한 수수료는 400,000원이며 20X1년 12월 31일 현재 설치용역은 50%의 진행률을 나타내고 있다. ㈜삼일이 20X1년에 인식하는 수익을 계산하면 얼마인가?

① 9,800,000원

② 9,900,000원

③ 10,000,000원

④ 10,100,000원

37 다음 중 주당이익에 관한 설명으로 옳지 않은 것은?

① 주식 1주당 발생한 이익을 의미한다.

② 주가수익률(PER) 산출의 기초자료가 된다.

③ 유통보통주식수가 증가하면 주당이익이 증가한다.

④ 보통주당기순이익 산정시 손익계산서상의 당기순이익에서 우선주배당금을 차감한다.

38 기업회계기준에서는 화폐성 외화자산·부채에 대해 기말현재의 환율로 환산하도록 규정하고 있다. 다음중 기말 결산시 외화환산이 필요한 화폐성 외화자산·부채를 모두 고른 것은?

> ㄱ. 차입금   ㄴ. 매출채권
> ㄷ. 재고자산   ㄹ. 매입채무

① ㄱ, ㄴ   ② ㄱ, ㄴ, ㄷ

③ ㄱ, ㄴ, ㄹ   ④ ㄴ, ㄷ, ㄹ

39 다음 중 현금흐름표에 관한 설명으로 옳지 않은 것은?

① 투자활동현금흐름은 유형자산이나 투자자산 등의 취득 및 처분과 관련하여 발생된 현금의 유출입을 표시한다.

② 영업활동현금흐름은 기업의 주요 수익창출활동 등에서 발생한 현금흐름을 표시한다.

③ 재무활동현금흐름은 자금의 차입과 상환 등과 관련하여 발생된 현금의 유출입을 표시한다.

④ 현금흐름표는 기간 간의 관계를 보여줌으로써 장기현금흐름의 전망을 평가하는데 완전한 정보를 제공한다.

40 다음 중 현금의 유입과 유출이 없는 거래가 아닌 것은?

① 유형자산의 연불구입

② 현물출자로 인한 유형자산 취득

③ 사채의 상환

④ 무상증자

01 다음 중 재무제표 정보의 특성과 한계에 관한 설명으로 옳지 않은 것은?

① 재무제표는 화폐단위로 측정된 정보를 주로 제공한다.
② 재무제표는 대부분 과거에 발생한 거래나 사건에 대한 정보를 나타낸다.
③ 재무제표는 추정에 의한 측정치를 포함하고 있다.
④ 재무제표는 특정 기업실체 뿐만 아니라 산업전반에 관한 정보를 제공한다.

02 다음 중 관리회계에 관한 설명으로 옳은 것은?

① 관리회계는 일반적으로 인정된 회계원칙에 따른 재무제표를 통해 보고한다.
② 관리회계의 주된 목적은 경영자의 관리적 의사결정에 유용한 정보를 제공하는 것이다.
③ 관리회계는 법적 강제력이 있으나 재무회계는 법적 강제력이 없다.
④ 관리회계의 주된 목적은 외부 정보이용자의 경제적 의사결정에 유용한 정보를 제공하는 것이다.

03 다음 재무정보의 질적특성 중 목적적합성의 구성요소를 모두 고른 것은?

ㄱ. 피드백가치	ㄴ. 표현의 충실성
ㄷ. 검증가능성	ㄹ. 예측가치

① ㄱ, ㄴ   ② ㄱ, ㄷ
③ ㄱ, ㄹ   ④ ㄷ, ㄹ

04 다음 중 자산의 측정속성에 관한 설명으로 옳지 않은 것은?

① 자산의 기업특유가치는 기업실체가 자산을 사용함에 따라 당해 기업실체의 입장에서 인식되는 현재의 가치를 의미한다.

② 자산의 공정가치는 유효이자율을 이용하여 당해 자산에 대한 현재의 금액으로 측정한 가치를 의미한다.

③ 자산의 취득원가는 자산을 취득하였을 때 그 대가로 지급한 현금, 현금등가액 또는 기타지급수단의 공정가치를 의미한다.

④ 자산의 순실현가능가치는 제품이나 상품의 정상적인 영업과정에서의 추정 판매가격에서 제품을 완성하는데 소요되는 추가적인 원가와 판매비용의 추정액을 차감한 금액을 의미한다.

05 다음 중 재무상태표의 작성기준에 관한 설명으로 옳지 않은 것은?

① 자산과 부채는 원칙적으로 상계하여 표시하지 않는다.

② 재무상태표에 기재하는 자산과 부채는 유동성이 낮은 항목부터 배열하는 것을 원칙으로 한다.

③ 자산과 부채는 1년 기준으로 하여 유동자산 또는 비유동자산, 유동부채 또는 비유동부채로 구분하는 것을 원칙으로 한다.

④ 재무상태표는 자산, 부채, 자본으로 구분하여 표시한다.

06 재무상태표 작성기준에서는 자본거래에서 발생한 잉여금과 손익거래에서 발생한 잉여금을 구분하여 재무상태표에 표시하도록 규정하고 있다. 다음 중 그 성격이 다른 하나는 무엇인가?

① 주식발행초과금 ② 자기주식처분이익
③ 감자차익 ④ 유형자산처분이익

07 다음은 자산에 속하는 계정들이다. 재무상태표에 당좌자산으로 계상될 항목을 모두 고르면?

> ㄱ. 현금및현금성자산 ㄴ. 비품
> ㄷ. 단기대여금 ㄹ. 선급비용
> ㅁ. 상품 ㅂ. 제품

① ㄱ, ㄴ

② ㄱ, ㄴ, ㄷ

③ ㄱ, ㄷ, ㄹ

④ ㄱ, ㄹ, ㅁ, ㅂ

08 ㈜삼일은 ㈜용산에 5,000,000원의 상품을 공급하고 ㈜용산으로부터 동 금액의 선일자수표를 받았다. 이 거래에 대해 ㈜삼일이 수행해야 할 회계처리로 옳은 것은(단, ㈜삼일은 실지재고조사법을 적용한다)?

① (차) 받을어음　　5,000,000원　(대) 매출　　　5,000,000원

② (차) 현금　　　　5,000,000원　(대) 차입금　　5,000,000원

③ (차) 현금　　　　5,000,000원　(대) 받을어음　5,000,000원

④ (차) 외상매출금　5,000,000원　(대) 현금　　　5,000,000원

09 ㈜삼일의 대손충당금 기초잔액은 220,000원이며, 당기 중 대손상각비와 관련되어 발생한 거래는 다음과 같다. 매출채권 기말잔액의 1%를 기말 대손충당금으로 설정할 경우 손익계산서에 계상될 대손상각비는 얼마인가?

> ㄱ. 10월 31일에 매출채권 200,000원이 회수가 불가능하여 대손처리하였다.
> ㄴ. 기말 매출채권 잔액은 8,000,000원이다.

① 20,000원

② 40,000원

③ 55,000원

④ 60,000원

10 ㈜삼일의 20X1년 12월 31일 현재 당좌예금 장부상 잔액은 3,400,000원이고, 은행의 ㈜삼일에 대한 당좌원장상 잔액은 3,070,000원이다. 다음 자료를 이용하여 20X1년 말 현재의 정확한 당좌예금 잔액을 구하면 얼마인가?

> ㄱ. 은행 측 미기입예금은 250,000원이다.
>
> ㄴ. 회사가 200,000원의 수표를 발행하면서 당좌예금 장부에는 120,000원으로 기장 처리했다.

① 3,070,000원

② 3,220,000원

③ 3,320,000원

④ 3,400,000원

11 다음 중 재고자산의 원가흐름에 대한 가정에 관한 설명으로 옳지 않은 것은(단, 저가법은 고려하지 않는다)?

① 후입선출법은 실제 물량의 흐름과 관계없이 매입한 순서대로 재고자산이 판매된다는 가정하에 기말재고액을 결정한다.

② 물가가 변동하게 되면 구입시점에 따라서 재고자산의 취득원가가 달라질 수 있다.

③ 구입한 재고 중 일부가 기말재고로 남아있는 경우 원가흐름의 가정을 사용할 수 있다.

④ 개별 재고자산별로 각각 구입한 가격을 기록해 두었다가 그 재고가 판매될 때 구입가격을 매출원가로 기록하는 방법을 개별법이라 한다.

12 다음 중 재고자산의 저가법 평가에 관한 설명으로 옳지 않은 것은?

① 재고자산의 평가손실이 발생한 경우 평가손실금액을 매출원가에 가산한다.

② 재고자산의 평가손실금액은 재고자산의 차감계정으로 표시한다.

③ 평가손실을 초래했던 상황이 해소된 경우에도 평가손실을 환입할 수 없다.

④ 재고자산을 순실현가능가치로 감액하는 저가법은 원칙적으로 항목별로 적용한다.

13 다음 중 실지재고조사법에 관한 설명으로 옳지 않은 것은?

① 실지재고조사법은 보고기간 말에 창고를 조사하여 기말 재고수량을 파악하는 방법이다.

② 실지재고조사법만을 사용하면 도난, 분실 등의 정확한 재고 부족의 원인을 판명할 수 없다는 단점이 있다.

③ 실지재고조사법을 사용하면 재고자산의 종류, 수량이 많을 경우 재고 출고시마다 이를 기록하는 번잡함이 있다.

④ 실지재고조사법만을 사용하면 연중에는 매출원가를 파악할 수 없다는 단점이 있다.

14 다음은 ㈜삼일의 20X1년 7월의 상품매매에 관한 기록이다. 후입선출법으로 상품거래를 기록할 경우 20X1년 7월의 매출총이익은 얼마인가?

일자	내역	수량	매입단가	판매단가
7월 1일	전기이월	150개	100원	
7월 15일	현금매입	50개	140원	
7월 20일	현금매출	100개		210원
7월 25일	현금매입	100개	150원	
7월 28일	현금매출	100개		220원

① 15,000원 ② 16,000원

③ 18,000원 ④ 20,000원

15 재고자산 원가흐름에 대한 가정 중에서 매출원가 및 기말재고를 결산일의 현행가치와 가장 유사하게 평가할 수 있는 원가배분 방법의 조합은?

	매출원가	기말재고		매출원가	기말재고
①	후입선출법	선입선출법	②	후입선출법	후입선출법
③	선입선출법	선입선출법	④	선입선출법	후입선출법

16 다음은 ㈜삼일의 20X1년 중 발생한 주식에 대한 거래내역이다.

> ㄱ. ㈜삼일은 20X1년 1월 1일 ㈜부산의 주식 25 % 를 500,000원에 취득하여 유의적인 영향력을 획득하였다.
> ㄴ. 주식 취득 시 ㈜부산의 순자산장부금액은 2,000,000원이며, ㈜부산의 순자산장부금액은 순자산공정가치와 일치한다.
> ㄷ. 20X1년 중 ㈜삼일과 ㈜부산 간의 내부거래는 없다.

다음 중 상기 주식의 회계처리에 관한 설명으로 옳은 것은?

① ㈜부산이 당기순이익을 보고한 경우에는 ㈜삼일의 당기순이익은 감소한다.

② ㈜부산이 배당금 지급을 결의함과 동시에 지급할 경우 ㈜삼일이 보유하고 있는 ㈜부산에 대한 지분법적용투자주식의 장부금액은 증가한다.

③ ㈜부산이 당기순손실을 보고한 경우 ㈜삼일이 보유하고 있는 ㈜부산에 대한 지분법적용투자주식의 장부금액은 감소한다.

④ ㈜삼일은 ㈜부산에 대해 유의적인 영향력을 행사할 수 있으므로 공정가치법을 적용하여 투자주식을 평가해야 한다.

17 다음 중 유가증권에 관한 설명으로 옳지 않은 것은?

① 매도가능증권은 최초인식시 공정가치로 측정하며, 취득과 직접 관련되는 거래원가는 당기손익으로 처리한다.

② 단기매매증권과 매도가능증권은 원칙적으로 보고기간말 현재의 공정가치로 평가한다.

③ 만기보유증권은 공정가치로 평가하지 않고 상각후원가로 평가한다.

④ 단기매매증권평가손익은 당기손익으로 처리한다.

18 ㈜삼일은 20X1년 10월 1일 ㈜용산의 주식 100주를 1,000,000원에 취득하여 단기매매증권으로 분류하였다. 20X1년 12월 31일 이 주식의 공정가치는 700,000원이다. ㈜삼일이 20X2년 3월 31일 이 주식을 900,000원에 처분하였다면 관련 처분손익을 계산하면 얼마인가?

① 처분이익 100,000원

② 처분손실 100,000원

③ 처분이익 200,000원

④ 처분손실 200,000원

19 ㈜삼일은 20X1년 1월 1일에 다음과 같은 조건의 사채를 취득하였으며 ㈜삼일은 이 사채를 만기까지 보유할 의도와 능력이 있다. ㈜삼일이 20X2년 12월 31일에 이 사채와 관련하여 인식해야 하는 이자수익은 얼마인가(단, 단수차이가 발생하는 경우 가장 근사치를 선택한다)?

발행일	20X1년 1월 1일	액면금액	1,000,000원
만기일	20X3년 12월 31일	표시이자율	연 5%
취득원가	922,687원(유효이자율 연 8%)	이자지급	매년 말 후급

① 73,815원

② 75,720원

③ 77,778원

④ 80,000원

20 ㈜삼일은 사용중이던 건물을 ㈜용산의 기계장치와 교환하였다. 이 교환거래와 관련하여 ㈜삼일은 공정가치의 차액 100,000원을 현금으로 지급하였다. 이 교환거래에서 ㈜삼일이 취득하는 기계장치의 취득원가는 얼마인가?

	건물	기계장치
취득원가	2,000,000원	4,000,000원
감가상각누계액	(800,000원)	(3,120,000원)
공정가치	1,000,000원	1,100,000원

① 900,000원
② 1,000,000원
③ 1,100,000원
④ 1,200,000원

21 다음 중 정부보조금 회계처리에 관한 설명으로 옳지 않은 것은?

① 정부보조금으로 유형자산을 무상 또는 공정가치보다 낮은 대가로 취득한 경우 그 유형자산의 취득원가는 취득일의 공정가치로 한다.

② 정부보조금은 취득원가에서 차감하는 형식으로 표시하고 그 자산의 내용연수에 걸쳐 감가상각비와 상계한다.

③ 정부보조금으로 취득한 유형자산을 처분하는 경우 정부보조금 잔액을 제거하여 이익잉여금의 증가로 처리한다.

④ 수익관련 정부보조금을 사용하기 위하여 특정의 조건을 충족해야 하는 경우, 그 조건을 충족하기 전에 받은 수익관련 정부보조금은 선수수익으로 회계처리한다.

22 다음의 지출항목 중 자본적 지출에 해당하지 않는 항목은?

① 미래에 수익력과 생산성을 증대시키는 지출

② 내용연수를 연장시키는 지출

③ 그 지출의 효과가 당해 연도에 그치지 않고 장래에 미치는 경우의 해당 지출

④ 유형자산의 원상을 회복하거나 능률을 유지하기 위한 지출

23 다음 중 무형자산의 상각에 관한 설명으로 옳지 않은 것은?

① 무형자산의 상각대상금액은 그 자산의 추정내용연수 동안 체계적인 방법에 의하여 비용으로 배분된다.

② 무형자산의 상각기간은 독점적·배타적인 권리를 부여하고 있는 관계법령이나 계약에 정해진 경우를 제외하고는 20년을 초과할 수 없다.

③ 무형자산의 합리적인 상각방법을 정할 수 없는 경우에는 정률법을 사용한다.

④ 특별한 경우를 제외하고는, 무형자산의 잔존가치는 없는 것을 원칙으로 한다.

24 장기연불조건의 매매거래, 장기금전대차거래 또는 이와 유사한 거래에서 발생하는 채권·채무로서 명목금액과 공정가치의 차이가 유의적인 경우에는 이를 공정가치로 평가한다. 이와 관련된 설명 중 옳지 않은 것은?

① 채권·채무의 명목상의 금액과 공정가치의 차액은 현재가치할인차금의 과목으로 하여 당해 채권·채무의 명목상의 금액에서 차감하는 형식으로 표시한다.

② 명목금액과 공정가치의 차이는 시간의 경과에 따라 이자비용 또는 이자수익으로 인식한다.

③ 현재가치할인차금은 채권·채무의 만기동안 매기 균등액을 상각한다.

④ 장기성 채권·채무의 현재가치에 적용하는 이자율은 원칙적으로 당해 거래의 유효이자율로 한다.

25 다음 중 유동부채에 관한 설명으로 옳지 않은 것은?

① 정상적인 영업주기 내에 소멸할 것으로 예상되는 매입채무와 미지급비용 등은 유동부채로 분류한다.

② 미착상품의 경우 아직 운송 중에 있더라도 입고 이전시점에 매입채무를 인식해야 하는 경우가 있다.

③ 유동성장기부채란 기간이 경과함에 따라 비유동부채 중 보고기간종료일로부터 1년 내에 상환될 금액을 의미한다.

④ 장기차입금 중 보고기간종료일로부터 1년 내에 상환될 예정인 부분이라 하더라도 최초 차입금 발생시점의 만기가 1년 이상이라면 기말결산시 비유동부채로 분류하여야 한다.

26 ㈜삼일은 20X1년 1월 1일에 액면금액 1,000,000원의 회사채를 발행하였다. 회사채의 표시이자율은 연 8%이며, 이자지급일은 매년 말일이고, 만기는 20X3년 12월 31일이다. 회사채 발행시 유효이자율이 연 12%라고 하면 ㈜삼일이 사채 발행시에 수령할 금액을 계산하면 얼마인가(단, 중소기업회계처리특례는 고려하지 않으며, 단수차이가 발생하는 경우 근사치를 선택한다)?

현가계수	1년	2년	3년
이자율 연 12 %	0.89286	0.79719	0.71178

① 832,497원　　　　② 903,926원

③ 1,000,000원　　　④ 1,080,000원

27 다음 중 사채에 관한 설명으로 옳은 것은?

① 액면이자율이 유효이자율보다 높으면 할인발행된다.

② 할인발행되면 만기까지 매 회계기간 총이자비용이 액면이자지급액보다 많다.

③ 사채할인발행차금은 사채의 액면금액을 현재가치로 만들어주기 위해 설정하는 부채의 가산적인 평가계정이다.

④ 할증발행되면 만기까지 매 회계기간 말 사채의 장부금액이 증가한다.

28 다음 중 퇴직연금제도의 회계처리에 관한 설명으로 옳지 않은 것은?

① 확정기여형 퇴직연금제도는 근로자가 받을 퇴직급여의 규모와 내용이 사전에 약정되는 제도이다.

② 확정기여형 퇴직연금제도에서는 가입자가 받을 퇴직급여가 운용실적에 따라 달라진다.

③ 확정기여형 퇴직연금제도에서는 회사가 금융기관에 정해진 부담금을 입금하는 것으로 회사의 의무가 소멸되는 것이다.

④ 확정급여형 퇴직연금제도에서 운용되는 자산은 기업이 직접 보유하고 있는 것으로 보아 회계처리한다.

29 충당부채는 일정한 요건을 모두 충족하였을 때 재무제표에 부채로 인식된다. 다음 중 충당부채로 인식하기 위한 요건에 해당하는 것을 모두 고른 것은?

> ㄱ. 과거 사건이나 거래의 결과로 현재의무가 존재해야 한다.
> ㄴ. 당해 의무를 이행하기 위하여 자원이 유출될 가능성이 매우 높아야 한다.
> ㄷ. 당해 의무로 인하여 기업에 발생할 손실금액이 확정되어야 한다.
> ㄹ. 그 의무의 이행에 소요되는 금액을 신뢰성 있게 추정할 수 있어야 한다.

① ㄱ, ㄴ   ② ㄱ, ㄷ

③ ㄱ, ㄴ, ㄹ   ④ ㄱ, ㄷ, ㄹ

30 다음 중 이연법인세회계에 관한 설명으로 옳지 않은 것은?

① 이월결손금의 법인세효과는 실현가능성이 거의 확실할 때 인식하는 것이 원칙이다.

② 일시적차이는 자산·부채의 회계상 장부금액과 세무기준액에 차이가 존재하기 때문에 발생한다.

③ 이연법인세자산·부채는 일시적차이와 영구적차이의 구별 없이 모든 세무조정에 대하여 인식한다.

④ 이연법인세자산·부채는 일시적차이가 소멸되는 기간의 예상평균세율을 적용하여 측정한다.

31 다음은 20X1년과 20X2년 말을 기준으로 작성되고 익년도 주주총회에서 확정된 ㈜삼일의 기말자본과 당기순이익이다. 20X2년 중 유상증자 700,000원과 현금배당(중간배당임) 이외의 자본변동사항이 없는 경우, 20X2년 중 ㈜삼일이 지급한 현금배당액은 얼마인가?

	20X1년	20X2년
기말자본	4,320,000원	5,000,000원
당기순이익	300,000원	570,000원

① 490,000원   ② 590,000원

③ 600,000원   ④ 620,000원

32 다음 중 일반기업회계기준상 자기주식의 회계처리에 관한 설명으로 옳은 것은?

① 자기주식 취득시 자본잉여금은 감소하지만, 자본총계는 변동하지 않는다.

② 자기주식 처분거래를 기록하는 시점에서 이익잉여금 총액의 증감은 발생하지 않는다.

③ 자기주식을 소각할 경우 자기주식의 취득원가와 최초 발행금액의 차이를 감자차손(영업외비용) 또는 감자차익(영업외수익)으로 분류한다.

④ 자기주식 취득시 취득금액을 자본잉여금 항목으로 회계처리한다.

33 제조업을 영위하는 ㈜삼일의 당기 영업이익을 계산한 결과 7,500,000원이다. 다음 자료를 이용하여 법인세비용차감전순이익을 계산하면 얼마인가(단, 중단사업손익은 없는 것으로 가정한다)?

급여	1,500,000원	임대료	500,000원
무형자산상각비	200,000원	사채상환이익	400,000원
기부금	300,000원	복리후생비	200,000원
이자비용	100,000원	유형자산처분손실	200,000원

① 7,600,000원　　　　　　　　　② 7,800,000원
③ 8,000,000원　　　　　　　　　④ 8,200,000원

34 ㈜삼일의 20X1년도 기말 수정분개 반영 전 법인세비용차감전순이익은 500,000원이고, 결산 시 추가로 반영할 사항은 다음과 같다. 발생주의에 기초하여 결산수정분개를 반영한 ㈜삼일의 20X1년 법인세비용차감전순이익을 계산하면 얼마인가?

ㄱ. 미지급급여	15,000원	ㄴ. 미수이자	35,000원

① 465,000원　　　　　　　　　② 480,000원
③ 515,000원　　　　　　　　　④ 520,000원

35 다음 중 일반기업회계기준상 수익인식기준에 관한 설명으로 옳은 것은?

① 위탁매출은 수탁자에게 상품을 발송한 시점에서 수익을 인식한다.
② 이자수익은 이자를 수취하는 시점에 수익을 인식한다.
③ 용역의 제공으로 인한 수익은 용역제공거래의 성과를 신뢰성 있게 추정할 수 있는 경우 진행기준에 따라 인식한다.
④ 반품가능판매의 경우 반품 기간이 종료된 후에 수익을 인식한다.

36 ㈜삼일은 20X1년 중 문화센터와 관련한 건설공사를 수주하였다. 해당 공사와 관련된 내용이 다음과 같을 때 ㈜삼일의 20X1년 공사수익 계산시 적용한 총공사원가추정액을 계산하면 얼마인가(단, 진행률은 누적발생원가에 기초하여 산정한다)?

ㄱ. 건설기간	20X1년 1월 1일 ~ 20X3년 12월 31일
ㄴ. 총도급금액	50,000,000원
ㄷ. 20X1년 공사수익	10,000,000원
ㄹ. 20X1년 공사원가	7,000,000원

① 30,000,000원

② 35,000,000원

③ 40,000,000원

④ 50,000,000원

37 다음 중 비용에 관한 설명으로 옳지 않은 것은?

① 복리후생비는 근로환경의 개선 및 근로의욕의 향상 등을 위하여 지출하는 노무비적인 성격을 갖는 비용이다.

② 원가성이 없는 재고자산감모손실은 매출원가로 인식한다.

③ 공과금은 그 발생원인에 따라 제조원가 또는 판매비와 관리비에 계상된다.

④ 일반적 상거래에서 발생한 매출채권에 대한 대손상각비는 판매비와 관리비로 처리한다.

38 ㈜삼일의 20X1년 1월 1일 유통보통주식수는 18,000주이며, 20X1년 4월 1일 유상증자를 통해 보통주 8,000주를 발행하였다. ㈜삼일의 20X1년 가중평균 유통보통주식수는 몇 주인가(단, 가중평균 유통보통주식수는 월할로 계산한다)?

① 18,000주

② 20,000주

③ 24,000주

④ 26,000주

39 ㈜삼일의 수정전 현금흐름표상의 자료는 다음과 같다.

ㄱ. 영업활동현금흐름	500,000원 순유입
ㄴ. 투자활동현금흐름	100,000원 순유입
ㄷ. 재무활동현금흐름	200,000원 순유출
ㄹ. 기초의 현금및현금성자산	6,000,000원

㈜삼일은 회계감사 과정에서 당기 차량운반구(유형자산)의 취득가액 30,000원을 영업활동으로 인한 현금유출액으로 처리하였음이 밝혀졌다. 이러한 오류를 수정한 후의 현금흐름표에 관한 설명으로 옳은 것은?

① 영업활동현금흐름은 500,000원(순유입)으로 표시된다.

② 투자활동현금흐름은 130,000원(순유입)으로 표시된다.

③ 재무활동현금흐름은 170,000원(순유출)으로 표시된다.

④ 기말의 현금및현금성자산은 6,400,000원으로 표시된다.

40 ㈜삼일의 현금흐름표에서 (가)에 들어갈 내용 중 현금 유출과 관련된 항목으로 옳은 것은?

현금흐름표

㈜삼일	20X1년 1월 1일부터 12월 31일까지	(단위: 원)

영업활동 현금흐름
    1. 당기순이익
    2. 현금 유출이 없는 비용의 가산
    3. 현금 유입이 없는 수익의 차감
투자활동 현금흐름
    (가)
재무활동 현금흐름

① 영업용 건물의 취득　　　　　　② 차입금 상환

③ 주식의 발행　　　　　　　　　　④ 투자유가증권의 매각

01 다음 중 재무회계와 관리회계를 비교 설명한 것으로 옳지 않은 것은?

① 관리회계는 회계보고에 있어서 법적 강제력이 있으나 재무회계는 그렇지 않다.

② 재무회계는 기업외부의 정보이용자를 위한 회계로서 외부보고목적의 회계라고도 부른다.

③ 관리회계는 내부보고목적의 회계로서 기업내부의 경영자가 관리적 의사결정을 하는데 유용한 정보를 제공하는 것을 그 목적으로 한다.

④ 재무회계는 기업외부의 다양한 정보이용자를 보고대상으로 하므로 정형화된 보고양식인 재무제표를 사용하지만, 관리회계는 기업 내부의 특정 당사자를 위한 회계이므로 정형화된 보고양식을 규정할 수 없다.

02 다음 중 재무정보의 질적특성에 관한 설명으로 옳지 않은 것은?

① 재무정보가 정보이용자의 의사결정에 유용하기 위해서는 그 정보가 의사결정 목적과 관련되어야 한다.

② 재무정보가 정보이용자의 의사결정에 유용하기 위해서는 신뢰할 수 있는 정보이어야 한다.

③ 중요성은 당해 항목의 금액 크기에 의해서만 결정된다. 따라서 어떠한 경우에도 금액의 크기와는 관계없이 정보의 성격 자체만으로는 중요한 정보가 될 수 없다.

④ 질적특성을 갖춘 정보라 하더라도 정보 제공 및 이용에 소요될 사회적 비용이 정보 제공 및 이용에 따른 사회적 효익을 초과한다면 그러한 정보 제공은 정당화 될 수 없다.

03 다음 중 재무제표에 관한 설명으로 옳지 않은 것은?

① 자본변동표는 자본을 구성하고 있는 자본금 등의 변동에 대한 포괄적인 정보를 제공해 준다.

② 모든 재무제표는 발생주의 회계를 적용하여 작성된다.

③ 현금흐름표의 현금흐름은 영업활동으로 인한 현금흐름, 투자활동으로 인한 현금흐름, 재무활동으로 인한 현금흐름으로 구성된다.

④ 재무제표는 재무상태표, 손익계산서, 현금흐름표, 자본변동표, 주석으로 구성된다.

04 다음 중 중소기업 회계처리 특례에 관한 설명으로 옳은 것은?

① 상장법인 및 금융회사의 경우에도 특례규정을 적용할 수 있다.
② 종속기업에 대하여는 지분법을 적용하지 아니할 수 있다.
③ 시장성이 있는 지분증권은 취득원가를 장부금액으로 할 수 있다.
④ 시가가 없는 파생상품의 계약시점 후 평가에 관한 회계처리를 아니할 수 있다.

05 다음 중 자산에 관한 설명으로 옳지 않은 것은?

① 기업실체의 자산은 과거의 거래나 사건으로부터 발생한다.
② 자산은 소유권과 같은 법적권리와 결부되어 있기 때문에, 법적권리가 자산성 유무를 결정함에 있어서 최종적인 기준이 된다.
③ 자산의 취득은 일반적으로 현금유출과 관련이 있으나 반드시 현금유출이 동반되는 것은 아니다.
④ 자산은 미래에 경제적 효익을 창출할 것으로 기대되는 자원이다.

06 다음 자료에 의하여 자본총계를 구하면 얼마인가?

현금	47,000,000원	유형자산	14,000,000원
매출채권	5,000,000원	미수이자	5,000,000원
선급보험료	1,000,000원	선수임대료	12,000,000원

① 45,000,000원   ② 50,000,000원
③ 55,000,000원   ④ 60,000,000원

07 다음은 ㈜삼일의 20X1 회계연도(20X1년 1월 1일 ~ 20X1년 12월 31일)말의 자료이다. 기말 재무상태표에 보고될 현금및현금성자산 금액은 얼마인가?

당좌예금	70,000원	타인발행당좌수표	5,000원
보통예금	10,000원	통화	5,000원
정기예금(*)	50,000원	수입인지	35,000원

(*) 계약일: 20X1년 12월 1일, 만기일: 20X2년 1월 31일

① 130,000원

② 135,000원

③ 140,000원

④ 175,000원

08 다음 중 유가증권의 회계처리에 관한 설명으로 옳지 않은 것은?

① 보고기간종료일로부터 1년 내에 만기가 도래하거나 또는 매도 등에 의하여 처분할 것이 거의 확실한 경우에도 매도가능증권은 비유동자산으로 분류한다.

② 보고기간종료일로부터 1년 내에 만기가 도래하는 만기보유증권은 유동자산으로 분류한다.

③ 단기매매증권은 주로 단기간 내의 매매차익을 목적으로 취득한 유가증권으로서 매수와 매도가 적극적이고 빈번하게 이루어지는 것을 말하며, 유동자산으로 분류한다.

④ 유가증권 중 채무증권은 단기매매증권, 매도가능증권, 만기보유증권 중 하나로 분류될 수 있다.

09 다음은 ㈜삼일의 매출채권 및 대손충당금에 관한 자료이다.

> ㄱ. 대손충당금 기초잔액은 1,000,000원이다.
> ㄴ. 7월 31일에 매출채권 50,000원이 회수가 불가능하여 대손처리하였다.
> ㄷ. 기말 매출채권 잔액은 20,000,000원이다.
> ㄹ. ㈜삼일은 연령분석법에 의해 기말대손충당금을 설정하고 있으며, 기말 대손충당금 추정자료는 다음과 같다.
>
> | 경과일수 | 매출채권잔액 | 추정 대손율 |
> |---|---|---|
> | 1 ~ 30일 | 15,000,000원 | 1% |
> | 31 ~ 60일 | 3,000,000원 | 5% |
> | 61 ~ 180일 | 0원 | 10% |
> | 181일 이상 | 2,000,000원 | 50% |
> | 계 | 20,000,000원 | |

㈜삼일이 당기 대손상각비로 인식할 금액은 얼마인가?

① 300,000원
② 350,000원
③ 400,000원
④ 450,000원

10 다음 중 당좌자산에 관한 설명으로 옳지 않은 것은?

① 미수금은 일반적 상거래 이외에서 발생한 미수채권을 말하는 것으로서, 일반적 상거래에서 발생한 매출채권과 구별된다.
② 미수수익은 기간손익을 발생주의로 인식하는 경우 기간경과에 따라 발생한 수익 중 미수로 계산된 경과적 채권계정이다.
③ 선수금은 상품, 원재료 등의 매입을 위하여 선급한 금액을 말한다.
④ 선급비용은 선급된 비용 중 1년 내에 비용으로 되는 것을 말한다.

11 다음 중 기말재고자산에 포함될 항목으로 옳지 않은 것은?

① 위탁판매목적으로 반출된 상품 중 수탁자가 현재 보관중인 부분

② 선적지인도조건으로 매입한 운송중인 상품

③ 도착지인도조건으로 매입한 운송중인 상품

④ 담보로 제공한 저당상품(저당권 실행 전)

12 ㈜삼일의 20X1년 중 재고자산의 거래내역은 다음과 같다. 다음 자료를 바탕으로 선입선출법 하에서 기말재고자산을 구하면 얼마인가(단, 회사는 실지재고조사법에 의하여 수량을 기록하며, 재고자산감모손실은 발생하지 않았다)?

구분	단위	단위원가	총원가
기초재고(1월 1일)	1,100개	80원	88,000원
당기매입(3월 15일)	200개	110원	22,000원
당기매입(5월 16일)	1,200개	100원	120,000원
당기판매가능한 수량	2,500개		230,000원
당기매출(8월 22일)	800개		
당기매출(9월 18일)	1,000개		
당기판매수량	1,800개		
기말재고(12월31일)	700개		

① 56,000원   ② 60,000원

③ 64,000원   ④ 70,000원

13 다음 중 재고자산의 수량결정에 관한 설명으로 옳지 않은 것은?

① 계속기록법은 재고자산을 종류별로 나누어 입고·출고시마다 계속 기록함으로써 잔액이 산출되도록 하는 방법이다.

② 계속기록법을 사용하면 도난, 분실 등에 의한 감소량이 당기의 출고량에 포함되어 재고부족의 원인을 파악하기 힘들다.

③ 실지재고조사법은 보고기간 말에 창고를 조사하여 기말재고수량을 파악하고 판매가능 수량 중 기말재고수량을 제외한 나머지 수량을 판매되거나 사용된 것으로 간주하는 방법이다.

④ 재고자산의 금액은 일반적으로 재고자산의 수량에 재고자산의 단위당 원가를 곱하여 결정된다.

14 20X1년에 영업을 개시한 ㈜삼일의 20X1년 말 재고자산에 대한 취득원가와 순실현가능가치는 다음과 같으며, 각 상품 항목은 서로 유사하거나 관련되어 있지 않다. ㈜삼일의 20X1년 말 재무상태표상 재고자산평가손실충당금을 계산하면 얼마인가?

상품항목	취득원가	순실현가능가치
상품1	30,000원	40,000원
상품2	40,000원	30,000원
상품3	70,000원	60,000원
합계	140,000원	130,000원

① 0원　　　　　　　　　　② 10,000원
③ 20,000원　　　　　　　　④ 30,000원

15 ㈜삼일은 20X1년 12월 재고창고에 화재가 발생하여, 창고에 보관 중인 다수의 재고자산이 소실되었다. 재고와 관련한 매출, 매입 내용이 다음과 같을 경우 화재로 인하여 소실된 것으로 추정되는 재고자산 금액을 계산하면 얼마인가?

ㄱ. 기초재고자산		800,000원
ㄴ. 당기매입액		4,000,000원
ㄷ. 매출액		5,000,000원
ㄹ. 매출총이익률		30%
ㅁ. 20X1년 말 현재 재고실사에 의해 확인된 소실되지 않은 기말재고자산		600,000원

① 700,000원   ② 900,000원

③ 1,100,000원   ④ 1,300,000원

16 다음 중 장기금융상품의 회계처리에 관한 설명으로 옳지 않은 것은?

① 매 결산기마다 보고기간종료일을 기준으로 만기가 1년 이상인지 여부를 확인하여 만기가 1년 이내에 도래하는 경우 단기금융상품으로 계정대체 해야 한다.

② 기존에 장기금융상품으로 분류되었고 사용이 제한되어 있는 금융상품이라 하더라도 보고기간 종료일 현재 만기가 1년 이내에 도래한다면 단기금융상품으로 계정분류 하여야 한다.

③ 사용이 제한된 내용에 대해서는 그 세부내용을 주석에 공시하여야 한다.

④ 보유한 금융상품에서 발생한 이자 중 이자지급기일이 도래하지 않은 부분에 대해서는 경과된 기간에 해당되는 미수이자를 부채계정에 선수수익으로 계상한다.

17 다음 중 유가증권의 분류에 관한 설명으로 옳지 않은 것은?

① 단기시세차익을 목적으로 매수와 매도가 적극적이고 빈번하게 이루어지는 유가증권은 단기매매증권으로 분류한다.

② 유의적인 영향력을 행사할 목적으로 의결권 있는 주식의 20% 이상을 취득한 경우에는 당해 지분증권을 지분법적용투자주식으로 분류한다.

③ 단기매매증권이나 매도가능증권, 지분법적용투자주식으로 분류되지 않는 지분증권은 모두 만기보유증권으로 분류한다.

④ 보고기간종료일 현재 분류의 적정성을 검토한 결과 투자자의 지분증권에 대한 보유의도와 보유능력 및 지분법피투자기업에 대한 영향력에 변화가 발생한 경우에는 지분증권의 분류를 변경해야 한다.

18 ㈜삼일은 20X1년 1월 1일에 발행된 다음과 같은 조건의 채무증권을 최초 발행금액인 951,963원에 취득하였으며 해당 채무증권을 만기까지 보유할 의도와 능력을 보유하고 있다. 이 채무증권에 대하여 ㈜삼일이 20X2년에 인식할 이자수익은 얼마인가?

ㄱ. 액면금액	1,000,000원
ㄴ. 만기일	20X3년 12월 31일
ㄷ. 이자지급조건	매년 말 후급
ㄹ. 표시이자율	연 10%
ㅁ. 유효이자율	연 12%

① 114,236원 ② 115,944원

③ 117,857원 ④ 120,144원

19 ㈜삼일은 20X1년 3월 1일 ㈜용산의 주식 500주를 8,000,000원에 취득하여 매도가능증권으로 회계처리하였다. 20X1년 말 이 주식의 공정가치는 10,000,000원 이었다. ㈜삼일이 20X2년 5월 30일에 이 주식을 11,500,000원에 처분하였다면 20X2년 해당 주식의 처분과 관련하여 당기손익으로 인식할 금액은 얼마인가?

① 당기이익 1,500,000원

② 당기손실 1,500,000원

③ 당기이익 3,500,000원

④ 당기손실 3,500,000원

20 ㈜삼일은 20X1년 1월 1일에 ㈜용산의 보통주 40%를 3,700,000원에 취득하였고 그 결과 ㈜용산의 의사결정에 유의적인 영향력을 행사할 수 있게 되었다. 주식취득일 현재 ㈜용산의 순자산장부금액은 8,000,000원이었으며, 자산·부채의 장부금액은 공정가치와 동일하였다. ㈜용산의 20X1년 당기순이익이 3,000,000원일 경우, ㈜삼일이 20X1년 손익계산서에 인식할 지분법이익은 얼마인가(단, ㈜삼일은 영업권을 5년동안 정액법으로 상각한다)?

① 1,000,000원

② 1,100,000원

③ 1,200,000원

④ 1,300,000원

21 ㈜삼일은 공장 건물을 신축하기 위해 ㈜부산으로부터 건물과 토지를 30,000,000원에 일괄 구입하였다. ㈜삼일은 매입 직후 3,000,000원을 들여 기존 건물을 철거하였고, 철거된 건물의 부산물을 판매하여 1,000,000원을 수취하였다. ㈜삼일이 인식해야 하는 토지의 취득원가는 얼마인가?

① 30,000,000원

② 32,000,000원

③ 33,000,000원

④ 34,000,000원

22 다음 중 유형자산에 관한 설명으로 옳지 않은 것은?

① 재평가모형이란 취득일 이후 재평가일의 공정가치로 해당 자산금액을 수정하고, 당해 공정가치에서 재평가일 이후의 감가상각누계액과 손상차손누계액을 차감한 금액을 장부금액으로 공시하는 방법을 말한다.

② 유형자산의 최초 재평가로 인하여 장부금액이 증가된 경우에 그 증가액은 기타포괄손익으로 인식한다.

③ 유형자산의 최초 재평가로 인하여 장부금액이 감소된 경우에 그 감소액은 당기손익으로 인식한다.

④ 재평가의 빈도는 재평가되는 유형자산의 공정가치 변동과 관계없이 매 보고기간 말에 수행해야 한다.

23 다음 중 무형자산에 관한 설명으로 옳지 않은 것은?

① 무형자산이란 재화의 생산이나 용역의 제공, 타인에 대한 임대 또는 관리에 사용할 목적으로 기업이 보유하고 있으며, 물리적 형태가 없지만 식별가능하고, 기업이 통제하고 있으며, 미래 경제적 효익이 있는 비화폐성자산을 말한다.

② 무형자산이 식별가능하다는 것은 그 자산이 기업실체나 다른 자산으로부터 분리될 수 있거나 계약상 또는 법적 권리를 창출할 수 있는 경우 등을 말한다.

③ 무형자산을 창출하기 위한 내부 프로젝트를 연구단계와 개발단계로 구분할 수 없는 경우에는 그 프로젝트에서 발생한 지출은 모두 개발단계에서 발생한 것으로 본다.

④ 내부적으로 창출된 영업권은 무형자산으로 인식하지 않는다.

24 장기성 채권·채무의 공정가치평가에서 현재가치는 당해 채권·채무로 인하여 미래에 수취하거나 지급할 총금액을 적절한 이자율로 할인한 금액이다. 여기서 적절한 이자율에 해당하지 않는 것은?

① 당해 거래의 유효이자율 ② 동종시장이자율

③ 무위험이자율 ④ 가중평균차입이자율

25 다음 중 당좌차월에 관한 설명으로 옳지 않은 것은?

① 당좌차월이란 사전약정에 의하여 금융기관이 회사의 당좌예금잔액을 초과하여 지급한 금액을 말한다.

② 여러은행과 당좌거래를 하고 있는 경우로서 일부 은행에서는 당좌예금이 발생하고, 일부 은행에서는 당좌차월이 발생하는 경우 이를 상계하여 재무상태표에 표시한다.

③ 당좌차월은 재무상태표에 '단기차입금' 계정으로 보고한다.

④ 당좌차월계정을 따로 설정하지 않고 당좌계정에서 총괄하여 회계처리하는 경우, 당좌계정이 차변잔액일 때 당좌예금이 되는 것이며, 대변잔액이 발생할 때에는 당좌차월이 된다.

26 ㈜삼일은 20X1년 1월 1일에 액면금액 100,000원, 액면이자율 연 10%, 3년 만기의 사채를 102,531원에 발행하였다. 이자지급일은 매년 12월 31일이며 유효이자율은 연 9%이다. 유효이자율법으로 사채할증발행차금을 상각할 경우, ㈜삼일이 3년간 인식할 총 사채이자비용은 얼마인가(해당 사채가 만기에 상환된다고 가정한다)?

① 25,359원

② 27,469원

③ 30,000원

④ 32,444원

27 사채를 할증발행한 경우에 발생한 사채할증발행차금을 유효이자율법에 따라 상각할 때 이자비용과 사채할증발행차금 상각액은 각각 매년 어떻게 변동하는가?

	이자비용	사채할증발행차금 상각액
①	증가	증가
②	증가	감소
③	감소	감소
④	감소	증가

28 다음은 ㈜삼일의 퇴직급여와 관련된 회계정보이다. 20X2년에 ㈜삼일이 손익계산서에 인식할 퇴직급여를 계산하면 얼마인가(단, 퇴직급여는 판매비와관리비에 해당한다)?

구분	20X1년	20X2년
12월말 퇴직급여충당부채 잔액	100,000원	150,000원
기중 현금으로 지급된 퇴직금	40,000원	30,000원

① 80,000원

② 90,000원

③ 100,000원

④ 110,000원

29 다음 중 충당부채 및 우발부채, 우발자산에 관한 설명으로 옳지 않은 것은?

① 충당부채의 명목금액과 현재가치의 차이가 중요한 경우에는 의무를 이행하기 위하여 예상되는 지출액의 현재가치로 측정한다.

② 충당부채를 발생시킨 사건과 밀접하게 관련된 자산의 처분차익이 예상되는 경우에도, 당해 처분차익은 충당부채 금액 측정시 고려하지 아니한다.

③ 우발부채는 의무를 이행하기 위한 자원의 유출가능성이 아주 낮은 경우 주석기재를 생략할 수 있다.

④ 우발자산은 자원의 유입가능성이 매우 높은 경우 자산과 이익을 인식한다.

30 다음 중 법인세회계에 관한 설명으로 옳지 않은 것은?

① 이연법인세자산(부채)은 보고기간말 현재까지 확정된 세율에 기초하여 당해 자산이 회수되거나 부채가 상환될 기간에 적용될 것으로 예상되는 시점의 세율을 적용하여 측정한다.

② 가산할 일시적차이에 대한 이연법인세자산에 대해서는 실현가능성이 검토되어야 한다.

③ 동일한 유동 및 비유동 구분 내의 이연법인세자산과 이연법인세부채는 동일한 과세당국과 관련된 경우 각각 상계하여 표시한다.

④ 이연법인세자산의 실현가능성은 보고기간종료일마다 재검토되어야 한다.

31 다음 중 유상감자 및 무상감자에 관한 설명으로 옳지 않은 것은?

① 유상감자 : 자본금의 감소
② 유상감자 : 자본총계의 감소
③ 무상감자 : 자본금의 감소
④ 무상감자 : 자본총계의 감소

32 20X1년 초 ㈜삼일의 자본총액은 650,000원이었고, 20X1년 중 자본과 관련하여 발생한 거래는 다음과 같다. 20X1년 말 ㈜삼일의 자본총액은 얼마인가?

> ㄱ. 20X1년 2월 25일 주주총회에서 현금배당 70,000원과 주식배당 30,000원을 결의하였다.
>
> ㄴ. 20X1년 4월 7일 주당 액면금액 5,000원인 주식 20주를 주당 7,000원에 발행하였다.
>
> ㄷ. 20X1년 12월 31일 결산보고시 보고한 당기순이익은 300,000원이다.

① 980,000원
② 1,000,000원
③ 1,020,000원
④ 1,040,000원

33 다음 중 손익계산서상 영업손익의 계산과정에서 차감되는 항목은 무엇인가?

① 유형자산처분손실
② 지분법손실
③ 접대비
④ 기부금

34 ㈜삼일의 결산수정전 당기순이익이 1,000,000원 이었다. 추가로 반영해야 할 결산정리사항이 다음과 같을 때 ㈜삼일의 정확한 당기순이익은 얼마인가?

ㄱ. 미지급급여	50,000원
ㄴ. 미수수수료	20,000원
ㄷ. 선급보험료	40,000원

① 930,000원　　　　　　　　　② 970,000원
③ 1,010,000원　　　　　　　　④ 1,050,000원

35 ㈜삼일의 장기도급공사의 내역은 다음과 같다.

	20X0년	20X1년	20X2년
누적발생공사원가	360,000원	721,000원	1,050,000원
총공사예정원가	900,000원	1,030,000원	1,050,000원
공사대금청구액	350,000원	350,000원	500,000원
공사대금회수액	280,000원	300,000원	620,000원

총공사계약금액이 1,200,000원일 때, ㈜삼일이 20X1년에 인식해야 할 공사수익은 얼마인가(단, 진행률은 총공사예정원가에 대한 실제공사비 발생액의 비율로 측정한다)?

① 360,000원　　　　　　　　　② 470,000원
③ 630,000원　　　　　　　　　④ 840,000원

36 다음 중 수익인식기준에 관한 설명으로 옳은 것은?

① 시용판매는 구입자가 매입의사를 표시한 시점에 수익을 인식한다.

② 위탁판매는 수탁자에게 상품을 발송한 시점에 수익을 인식한다.

③ 할부판매는 대금을 회수하는 시점에 수익을 인식한다.

④ 상품권판매는 상품권을 판매한 시점에 수익을 인식한다.

37 다음은 ㈜삼일의 주당이익 산정에 관한 자료이다. 다음 자료를 바탕으로 주당이익을 계산하면 얼마인가(단, 주식수의 가중평균은 월할계산을 기준으로 한다)?

ㄱ. 기초에 유통중인 보통주식수	20,000주
ㄴ. 기중 보통주 변동	
4월 1일 자기주식의 취득	(8,000주)
10월 1일 자기주식의 처분	2,000주
ㄷ. 당기순이익	4,350,000원

① 200원   ② 300원

③ 400원   ④ 500원

38 다음 중 외화환산에 관한 설명으로 옳지 않은 것은?

① 화폐성 외화항목은 마감환율로 환산한다.

② 역사적 원가로 측정하는 비화폐성 외화항목은 거래일의 환율로 환산한다.

③ 공정가치로 측정하는 비화폐성 외화항목은 공정가치가 결정된 날의 환율로 환산한다.

④ 외화매출채권의 경우에는 발생시점보다 기말의 환율이 상승하게 되면 외화환산손실이 발생하고, 외화매입채무의 경우에는 발생시점보다 기말의 환율이 하락하게 되면 외화환산손실이 발생한다.

39 다음은 ㈜삼일의 현금흐름표에서 발췌한 자료이다. 기초 현금및현금성자산을 계산하면 얼마인가?

가. 영업활동 현금흐름	100,000원 유입
나. 투자활동 현금흐름	30,000원 유출
다. 재무활동 현금흐름	20,000원 유출
라. 기말 현금및현금성자산	120,000원

① 70,000원　　　　　　　　　　② 80,000원

③ 90,000원　　　　　　　　　　④ 100,000원

40 다음 중 투자활동으로 인한 현금유출을 가져오는 거래는 무엇인가?

① 보통주 발행을 통한 유상증자　　② 다른 기업의 지분상품 취득

③ 공장건물의 처분　　　　　　　　④ 은행차입금의 상환

01 다음 중 일반적으로 인정된 회계원칙에 관한 설명으로 옳지 않은 것은?

① 기업 외부의 이해관계자에게 공시되는 재무제표가 보다 공정하고 비교 가능한 회계 정보를 전달하는 역할을 하기 위해서는 일반적으로 인정된 회계원칙(GAAP)이 필요하다.
② 일반적으로 인정된 회계원칙(GAAP)이란 거래나 사건을 측정하고 이를 재무제표에 보고하는 기준들을 의미한다.
③ 「주식회사등의 외부감사에 관한 법률」의 적용대상인 상장기업과 비상장기업은 예외 없이 한국채택국제회계기준에 따라 회계처리를 수행해야 한다.
④ 한국채택국제회계기준은 원칙중심이며 연결재무제표가 주재무제표이다.

02 다음 중 재무정보의 질적특성에 관한 설명으로 옳지 않은 것은?

① 재무정보의 질적특성이란 회계정보가 유용하기 위해 갖추어야 할 주요 속성을 말한다.
② 재무정보가 갖추어야 할 가장 중요한 특성은 목적적합성과 신뢰성이다.
③ 목적적합성 있는 정보는 의사결정에 차이를 가져올 수 있는 정보를 말한다.
④ 신뢰성의 구성요소는 예측가치와 피드백가치, 적시성이다.

03 다음 중 재무제표의 기본가정에 관한 설명으로 옳지 않은 것은?

① 재무제표의 작성에 있어 가장 기본이 되는 명제 또는 전제가 기본가정이며 기업실체, 계속기업 및 기간별 보고의 가정이 있다.
② 계속기업의 가정이란 기업실체는 그 목적과 의무를 이행하기에 충분할 정도로 장기간 존속한다고 가정하는 것을 말한다.
③ 계속기업을 가정하기 어려운 경우에는 재무제표를 작성하지 않는다.
④ 기간별 보고의 가정이란 기업실체의 존속기간을 일정한 기간 단위로 분할하여 각 기간별로 재무제표를 작성하는 것을 말한다.

04 ㈜삼일은 12월 말 결산법인으로 당 2분기 중간재무제표를 작성하려고 한다. 다음 중 중간재무제표에 관한 설명으로 옳지 않은 것은?

① 재무상태표는 당 회계연도 6월 30일 현재를 기준으로 작성하고, 직전 회계연도 6월 30일 현재의 재무상태표와 비교표시한다.

② 손익계산서는 당 회계연도 4월 1일부터 6월 30일까지의 중간기간과 1월 1일부터 6월 30일까지의 누적중간기간을 대상으로 작성하고, 직전 회계연도의 동일기간을 대상으로 작성한 손익계산서와 비교 표시한다.

③ 현금흐름표는 당 회계연도 1월 1일부터 6월 30일까지의 누적중간기간을 대상으로 작성하고, 직전 회계연도의 동일기간을 대상으로 작성한 현금흐름표와 비교 표시한다.

④ 자본변동표는 당 회계연도 1월 1일부터 6월 30일까지의 누적중간기간을 대상으로 작성하고, 직전 회계연도의 동일기간을 대상으로 작성한 자본변동표와 비교표시한다.

05 다음 중 재무상태표의 작성기준에 관한 설명으로 옳지 않은 것은?

① 재무상태표는 자산, 부채, 자본을 나타내는 정태적 보고서이다.

② 자산과 부채는 원칙적으로 상계하여 표시하지 않는다.

③ 재무상태표에 기재하는 자산과 부채는 유동성이 큰 항목부터 배열하는 것을 원칙으로 한다.

④ 자산, 부채, 자본은 1년 기준으로 하여 유동자산 또는 비유동자산, 유동부채 또는 비유동부채, 유동자본 또는 비유동자본으로 구분하는 것을 원칙으로 한다.

06 다음은 ㈜삼일의 재무제표 정보 중 일부이다. 자료를 바탕으로 20X2년 중 자본변동 내역의 당기순이익을 계산하면 얼마인가(단, 아래사항을 제외한 다른 자본변동사항은 없다고 가정한다)?

	20X1년 12월 31일	20X2년 12월 31일
자산총계	190,000원	200,000원
부채총계	70,000원	40,000원
20X2년 중 자본변동 내역	당기순이익	?
	현금배당	10,000원

① 30,000원 ② 40,000원
③ 50,000원 ④ 60,000원

07 다음 중 재무상태표상 현금및현금성자산에 관한 설명으로 옳지 않은 것은?

① 현금및현금성자산은 통화 및 타인발행수표 등 통화대용증권과 당좌예금·보통예금 및 현금성자산을 말한다.

② 현금에는 지폐, 주화 이외에도 타인발행당좌수표, 자기앞수표, 송금환, 우편환, 만기도래한 공사채이자표와 같이 일반 지급수단으로 쓰이는 대용증권이 포함된다.

③ 엽서, 우표, 부도수표, 부도어음 등은 현금및현금성자산으로 분류되지 않는다.

④ 현금성자산은 큰 거래비용 없이 현금으로 전환이 용이하고 이자율 변동에 따른 가치변동의 위험이 중요하지 않은 유가증권 및 단기금융상품으로써 보고기간종료일 기준 만기가 3개월 이내에 도래하는 것을 말한다.

08 다음 중 은행계정조정표를 작성할 때 은행 측에서 조정해야 하는 사항은 무엇인가?

① 기발행 미지급수표 ② 부도어음 및 부도수표
③ 당좌차월이자 및 은행추심수수료 ④ 은행이 직접 수금한 외상매출금

09 다음 중 외상매출금에 관한 설명으로 옳지 않은 것은?

① 외상매출금은 일반적 상거래에서 발생한 채권이라는 점에서 매출채권으로 보지만 어음상의 채권이 아니라는 점에서 받을어음과 구별된다.

② 외상매출금을 담보로 제공하고 자금을 융통하는 경우에는 외상매출금을 제거한다.

③ 외상매출금 양도의 실질이 매각거래에 해당하는 경우에는 일반적으로 양도시점에 매출채권처분손실이 발생한다.

④ 외상매출금 양도의 실질이 차입거래에 해당하는 경우에는 일반적으로 양도시점에 차입금과 이자비용을 동시에 인식한다.

10 ㈜삼일의 20X1년 말 매출채권 잔액은 30,000,000원이고 20X1년 말 대손충당금 잔액은 500,000원이다. 20X2년 중에 회수불능으로 판명되어 대손처리된 매출채권이 700,000원인 경우, 대손발생 시점에 ㈜삼일이 수행해야 할 회계처리로 옳은 것은?

①	(차)	매출채권	700,000원	(대)	대손상각비	700,000원
②	(차)	대손충당금	500,000원	(대)	매출채권	700,000원
		대손상각비	200,000원			
③	(차)	현금	500,000원	(대)	대손충당금	500,000원
④	(차)	대손충당금	500,000원	(대)	매출채권	500,000원

11 다음 중 재고자산에 관한 설명으로 옳지 않은 것은?

① 재고자산이란 정상적인 영업과정에서 판매를 위하여 보유하거나 생산과정에 있는 자산 및 생산 또는 서비스 제공과정에 투입될 자산을 말한다.

② 부동산매매업의 판매목적 부동산은 유형자산으로 분류한다.

③ 재료원가나 노무원가 중 비정상적으로 낭비된 부분은 재고자산의 원가에 포함할 수 없다.

④ 재고자산을 현재의 장소에 현재의 상태로 이르게 하는데 발생한 기타의 원가도 취득에 필요한 부대비용으로 보고 재고자산의 취득원가에 포함된다.

12 ㈜삼일은 20X1년 12월 31일에 A상품을 실사한 결과 회사 창고에 1,500개가 남아 있는 것을 확인하였으며, 추가로 다음과 같은 사항을 파악하였다. 20X1년 12월 말 현재 ㈜삼일이 인식하여야 하는 재고자산의 수량은 몇 개인가?

ㄱ. 선적지 인도조건으로 판매한 운송 중인 상품	100개
ㄴ. 도착지 인도조건으로 판매한 운송 중인 상품	70개
ㄷ. 선적지 인도조건으로 매입한 운송 중인 상품	150개
ㄹ. 도착지 인도조건으로 매입한 운송 중인 상품	130개

① 1,720개
② 1,730개
③ 1,820개
④ 1,850개

13 당기 중에 물가가 계속 상승하고 기말재고수량이 기초재고수량 이상이라고 가정할 때 선입선출법, 평균법, 후입선출법에 의한 크기를 비교한 내용으로 옳은 것은?

① 기말재고자산 : 선입선출법 〈 평균법 〈 후입선출법
② 매 출 원 가 : 선입선출법 〉 평균법 〉 후입선출법
③ 매 출 액 : 선입선출법 〉 평균법 〉 후입선출법
④ 당 기 순 이 익 : 선입선출법 〉 평균법 〉 후입선출법

14 다음은 ㈜삼일의 20X1년 재고자산수불부이다. ㈜삼일이 재고자산을 이동평균법으로 평가하는 경우 ㈜삼일의 매출원가는 얼마인가(단, 재고자산감모손실과 평가손실은 발생하지 않았다)?

구분	수량	단가	금액
전기이월	3,000개	2,500원	7,500,000원
6월 5일 매입	2,000개	2,000원	4,000,000원
7월 30일 판매	3,500개		
8월 20일 매입	1,000개	2,000원	2,000,000원
9월 10일 판매	1,500개		

① 10,580,000원

② 11,320,000원

③ 12,450,000원

④ 13,500,000원

15 다음 중 재고자산의 회계처리에 관한 설명으로 옳은 것은?

① 물리적 손상, 장기체화, 진부화 등의 사유로 인해 재고자산의 취득원가가 시가보다 상승한 경우 저가법을 적용하여 재고자산의 취득원가를 재무상태표 금액으로 평가해야 한다.

② 재고자산을 저가법으로 평가하는 경우 생산과정에 투입될 원재료의 시가는 생산될 완제품의 현행대체원가로 한다.

③ 일반기업회계기준에서는 재고자산 평가를 위한 저가법 적용시 원칙적으로 항목별 기준을 적용하여 평가하도록 규정하고 있다.

④ 재고자산평가손실이 발생한 경우 평가손실액을 재고자산의 차감계정으로 표시하고 매출원가에서 차감한다.

16 다음 중 유가증권의 분류에 관한 설명으로 옳지 않은 것은?

① 지분증권은 매도가능증권, 단기매매증권, 지분법적용투자주식으로 분류한다.

② 채무증권은 매도가능증권, 단기매매증권, 만기보유증권으로 분류한다.

③ 채무증권은 보유의도와 보유능력에 변화가 발생한 경우 재분류할 수 있지만, 지분증권은 재분류가 금지된다.

④ 유가증권이란 재산권을 나타내는 증권을 말하며, 지분증권과 채무증권으로 분류할 수 있다.

17 ㈜삼일은 20X1년 12월 1일 투자목적으로 ㈜서울의 주식 100주를 주당 10,000원에 취득하고 이를 매도가능증권으로 분류하였다. ㈜삼일은 20X3년 10월 1일에 ㈜서울의 주식 50주를 주당 12,000원에 처분하였다. ㈜서울 주식의 공정가치에 관한 정보가 다음과 같은 경우 ㈜삼일이 20X3년에 인식할 매도가능증권처분손익은 얼마인가?

> ㄱ. 20X1년 말 : 11,000원/주   ㄴ. 20X2년 말 : 13,000원/주

① 처분이익 100,000원   ② 처분손실 100,000원

③ 처분이익 200,000원   ④ 처분손실 200,000원

18 ㈜삼일은 20X1년 1월 1일에 다음과 같은 조건의 사채를 취득하였으며 ㈜삼일은 이 사채를 만기까지 보유할 의도와 능력이 있다. ㈜삼일의 20X2년 12월 31일 재무상태표에 표시될 만기보유증권의 장부금액은 얼마인가?

발행일	20X1년 1월 1일	액면금액	1,000,000원
만기일	20X3년 12월 31일	표시이자율	연 5%
취득원가	922,687원(유효이자율 연 8%)	이자지급	매년 말 후급

① 938,222원   ② 951,222원

③ 972,222원   ④ 993,222원

19 다음 중 유형자산의 회계처리에 관한 설명으로 옳지 않은 것은?

① 유형자산은 영업활동에 사용하기 위하여 보유하는 물리적 실체가 있는 자산으로서, 1년을 초과하여 사용할 것이 예상되는 자산을 말한다.

② 유형자산이 정상적으로 작동되는지 여부를 시험하는 과정에서 발생하는 원가는 발생 즉시 비용으로 인식한다.

③ 유형자산의 취득과 관련하여 공채를 불가피하게 매입한 경우 당해 공채의 현재가치와 취득금액의 차액은 유형자산의 취득원가에 포함한다.

④ 유형자산의 취득 후 지출한 비용이 당해 유형자산의 내용연수를 실질적으로 증가시키는 경우에는 지출액을 자산으로 계상한 후 감가상각을 통해 비용화 해야 한다.

20 ㈜삼일은 20X1년 1월 1일에 잔존가치 0원, 내용연수 5년인 기계장치를 500,000원에 구입하여 정액법으로 감가상각하기로 하였다. 20X1년 12월 31일 ㈜삼일은 해당 기계장치에 손상징후가 발생하여 회수가능액을 추정한 결과 순공정가치가 150,000원, 사용가치가 200,000원이었다. 20X2년 12월 31일에는 손상에서 회복되었다는 징후가 있었고 기계장치의 회수가능액은 350,000원으로 추정되었다. ㈜삼일이 20X2년 12월 31일에 인식할 손상차손환입은 얼마인가?

① 100,000원

② 150,000원

③ 200,000원

④ 250,000원

21 ㈜삼일은 20X1년 1월 1일에 기계장치를 600,000원에 취득하였다. 기계장치의 내용연수는 5년이며 잔존가치 100,000원, 정액법으로 감가상각한다. ㈜삼일은 20X3년 10월 1일에 365,000원의 현금을 받고 기계장치를 처분하였다. ㈜삼일이 인식할 유형자산처분손익은 얼마인가(단, 감가상각비는 월할 상각한다)?

① 처분손실 10,000원

② 처분이익 10,000원

③ 처분손실 40,000원

④ 처분이익 40,000원

22 다음 중 무형자산에 관한 설명으로 옳지 않은 것은?

① 내부적으로 창출된 영업권은 취득원가를 신뢰성 있게 측정할 수 없을 뿐만 아니라 기업이 통제하고 있는 식별가능한 자원도 아니므로 무형자산으로 인식하지 않는다.

② 무형자산을 창출하기 위한 내부 프로젝트를 연구단계와 개발단계로 구분할 수 없는 경우에는 그 프로젝트에서 발생한 지출은 모두 연구단계에서 발생한 것으로 본다.

③ 무형자산의 상각기간은 독점적·배타적인 권리를 부여하고 있는 관계 법령이나 계약에 정해진 경우를 제외하고는 20년을 초과할 수 없다.

④ 무형자산은 정액법으로만 상각할 수 있다.

23 ㈜삼일은 20X1년 설립된 제약회사로 20X1년에 지출한 금액은 다음과 같다. 20X1년 손익계산서상 비용으로 인식해야 할 금액은 얼마인가?

> ㄱ. 연구단계에서 발생한 지출 : 1,000,000원
>
> ㄴ. 개발단계에서 발생한 지출 : 1,000,000원
>
>   (1,000,000원 중 600,000원은 무형자산 중 개발비 인식요건을 만족한다)
>
> ㄷ. 개발비의 사용가능한 시점은 20X2년 1월 1일이며, 내용연수는 5년, 잔존가치는 없다.

① 1,400,000원   ② 1,500,000원

③ 1,600,000원   ④ 1,700,000원

24 다음 중 비유동자산에 관한 설명으로 옳지 않은 것은?

① 이연법인세자산은 유동자산으로 분류할 수 없고, 비유동자산으로만 분류한다.

② 장기매출채권이란 주된 영업활동에서 발생한 1년 이내 또는 정상적인 영업주기 이내에 회수가 어려운 채권을 말한다.

③ 장기성채권의 공정가치 평가에서 현재가치는 당해 채권으로 인하여 미래에 수취하게 될 총금액을 적정한 이자율로 할인한 금액이다.

④ 현재가치할인차금의 상각은 유효이자율법을 적용해야 한다.

25 다음 중 부채 계정과목에 관한 설명으로 옳지 않은 것은?

① 선수수익은 입금된 영업외수익 중 차기 이후에 속하는 금액을 말한다.

② 예수금은 일반적 상거래 이외에서 발생한 일시적 제예수액을 말한다.

③ 미지급금은 발생된 비용으로 지급하지 아니한 비용을 말한다.

④ 유동성장기부채는 비유동부채 중 보고기간종료일로부터 1년 내에 상환될 것을 말한다.

26 ㈜삼일은 다음과 같은 조건으로 사채를 발행하였다. 다음 자료를 이용하여 ㈜삼일의 20X2년 손익계산서에 계상될 이자비용을 계산하면 얼마인가(단, 단수차이가 발생하는 경우 가장 근사치를 선택한다)?

ㄱ.	액면금액	1,000,000원
ㄴ.	발행금액	950,244원(20X1년 1월 1일 발행)
ㄷ.	만기	20X3년 12월 31일
ㄹ.	액면이자율	연 8% (매년 말 지급)
ㅁ.	유효이자율	연 10%
ㅂ.	㈜삼일은 사채의 액면금액과 발행금액의 차이를 유효이자율법으로 상각하고 있다.	

① 91,234원 ② 93,126원

③ 94,123원 ④ 96,527원

27 다음 중 사채에 관한 설명으로 옳지 않은 것은?

① 사채의 시장이자율이 액면이자율보다 높은 경우에는 할인발행된다.

② 사채가 액면발행된 경우에는 액면이자 지급액이 발생회사가 매년 인식할 이자비용이 된다.

③ 사채의 시장이자율이 액면이자율과 같은 경우에는 액면발행된다.

④ 사채발행비가 존재할 경우 동 사채발행비는 사채의 발행시점에 비용화된다.

28 20X1년 초에 영업을 개시한 ㈜삼일은 제품 구입 후 12개월 이내에 발생하는 제조상의 결함이나 다른 명백한 결함에 따른 하자에 대하여 제품보증을 실시하고 있다. 20X1년에 판매된 제품에 대한 결함 발생 확률과 예상 수리비가 아래와 같고, 20X1년 중 당기 매출분에 대해 2,000,000원의 실제수리비가 발생하였다. 20X1년말 재무상태표에 표시될 제품보증충당부채는 얼마인가?

구분	결함발생 확률	예상 수리비
결함없음	75%	–
경미한 결함	20%	10,000,000원
중요한 결함	5%	50,000,000원

① 2,000,000원   ② 2,500,000원
③ 3,500,000원   ④ 4,500,000원

29 다음 중 퇴직급여제도에 관한 설명으로 옳지 않은 것은?

① 퇴직일시금 지급제도일 경우 당기 말 임직원 전원이 퇴직할 경우에 지급하여야 할 퇴직급여 전액을 퇴직급여충당부채로 설정해야 한다.

② 회사가 종업원의 수급권을 보장하는 퇴직보험에 가입한 경우 퇴직보험예치금은 투자자산의 과목으로 비유동자산에 별도 표시한다.

③ 확정급여형 퇴직연금제도에 가입한 경우 보고기간종료일 현재 종업원이 퇴직할 경우 지급하여야 할 퇴직일시금에 상당하는 금액을 측정하여 퇴직급여충당부채로 계상한다.

④ 확정기여형 퇴직연금제도에 가입한 경우 당해 회계기간에 대하여 회사가 납부하여야 할 부담금을 퇴직급여(비용)로 인식한다.

30 다음은 ㈜삼일의 법인세 관련 내역이다. 20X1년 손익계산서에 계상될 ㈜삼일의 법인세비용은 얼마인가(단, 중소기업회계처리특례는 고려하지 않는다)?

20X1년 당기법인세(법인세법상 당기에 납부할 법인세)	1,900,000원
20X0년 말 이연법인세부채 잔액	100,000원
20X1년 말 이연법인세자산 잔액	200,000원

① 1,600,000원 ② 1,700,000원

③ 1,800,000원 ④ 1,900,000원

31 다음 중 실질적으로 이익잉여금과 자본총액을 모두 감소시키는 이익잉여금의 처분유형에 해당하는 것은?

① 임의적립금 적립 ② 법정적립금 적립

③ 현금배당 ④ 주식배당

32 20X1년 초 ㈜삼일의 자본총액은 100,000원이었고, 20X1년 중에 다음과 같은 거래가 있었다. 20X1년말 ㈜삼일의 자본총액은 얼마인가?

- 1월 10일 : 주당 액면금액 100원의 자기주식 100주를 주당 200원에 취득
- 7월 10일 : 주당 액면금액 100원의 보통주 100주를 주당 150원에 발행
- 12월 31일 : 당기순이익 40,000원 보고

① 115,000원 ② 125,000원

③ 135,000원 ④ 145,000원

33 손익계산서를 작성할 때 준거해야 하는 작성기준 중에서 구분계산의 원칙이 있다. 다음 중 이러한 구분계산의 원칙에 의할 경우 영업이익의 계산과정에 포함되는 항목으로 옳지 않은 것은?

① 이자비용　　　　　　　　　② 매출원가

③ 임차료　　　　　　　　　　④ 무형자산상각비

34 ㈜삼일의 장기도급공사의 내역은 다음과 같다. 총공사계약금액이 1,200,000원일 때, ㈜삼일이 20X2년에 인식해야 할 공사손익을 계산하면 얼마인가(단, 공사진행률은 누적발생원가에 기초하여 산정한다)?

	20X1년	20X2년	20X3년
누적발생공사원가	360,000원	824,000원	1,050,000원
총공사예정원가	900,000원	1,030,000원	1,050,000원
공사대금청구액	350,000원	350,000원	500,000원
공사대금회수액	280,000원	300,000원	620,000원

① 공사손실　14,000원　　　　② 공사손실　16,000원

③ 공사이익　14,000원　　　　④ 공사이익　16,000원

35 다음 중 수익에 관한 설명으로 옳지 않은 것은?

① 수익은 통상적인 경영활동에서 발생하는 경제적 효익의 총유입을 말하며, 자산의 증가 또는 부채의 감소로 나타난다.

② 수익은 제공한 재화나 용역의 공정가치로 측정한다.

③ 수익은 수익금액을 신뢰성 있게 측정할 수 있고, 경제적 효익의 유입가능성이 매우 높을 때 인식한다.

④ 수익은 기업에 귀속되는 경제적 효익의 유입만을 포함하므로 부가가치세와 같이 제3자를 대신하여 받는 금액이나, 대리관계에서 위임자를 대신하여 받는 금액 등은 수익으로 보지 아니한다.

36 다음은 ㈜삼일의 주당이익 산정에 관한 자료이다. ㈜삼일의 주당이익을 계산하면 얼마인가 (단, 주식수 산정 시 월할계산을 기준으로 한다)?

ㄱ. 기초 유통보통주식수	30,000주
ㄴ. 기중 보통주식수의 변동	
4월 1일 유상증자(시가발행임)	6,000주
7월 1일 자기주식의 취득	(8,000주)
ㄷ. 당기순이익	12,200,000원

① 300원　　　　　　　　　　② 400원

③ 500원　　　　　　　　　　④ 600원

37 다음 중 손익계산서상 비용 또는 손실 항목에 포함되지 않는 것은?

① 감가상각비　　　　　　　　② 자기주식처분손실

③ 단기매매증권처분손실　　　④ 외환차손

38 ㈜삼일은 당기 장부마감 전 오류사항을 발견하였다. 해당 오류를 수정할 경우 당기순이익에 미치는 영향이 다른 것은 무엇인가?

① 재고자산 과대계상　　　　② 미수수익 과대계상

③ 미지급비용 과소계상　　　④ 선급비용 과소계상

39 다음의 항목은 기업에서 발생한 몇 가지 현금흐름 항목들이다. 영업활동으로 인한 순현금흐름을 계산하면 얼마인가?

가. 종업원과 관련하여 직접적으로 발생한 현금유출	100,000원
나. 배당금의 지급에 따른 현금유출	200,000원
다. 본사 건물의 취득에 따른 현금유출	200,000원
라. 차입금의 상환에 따른 현금유출	150,000원
마. 주식의 발행에 따른 현금유입	300,000원
바. 재화의 판매와 용역의 제공에 따른 현금유입	200,000원

① 100,000원
② 200,000원
③ 300,000원
④ 400,000원

40 다음 중 재무활동 현금흐름으로 분류되는 항목의 예로 옳지 않은 것은?

① 주식 발행에 따른 현금유입
② 사채 발행에 따른 현금유입
③ 다른기업의 지분상품 취득에 따른 현금유출
④ 배당금 지급에 따른 현금유출

회계관리 1급
기출문제집
세무회계

01 다음 중 지방세에 해당하는 것은 모두 몇 개인가?

> ㄱ. 증권거래세 ㄴ. 자동차세
> ㄷ. 인지세 ㄹ. 교육세

① 1개 ② 2개
③ 3개 ④ 4개

02 다음 중 가산세에 관한 설명으로 옳지 않은 것은?

① 가산세는 세법에서 규정한 의무를 위반한 자에게 부과한다.
② 역외거래에서 발생한 부정행위로 인한 무신고 가산세율은 60%를 적용하고, 이 외의 거래에서 발생한 부정행위로 인한 무신고 가산세율은 40%를 적용한다.
③ 가산세와 관련한 규정은 체계적이고 통일적으로 규정하기 위하여 모두 국세기본법에서 규정하고 있다.
④ 부정행위로 인한 과소신고 가산세율은 부정행위로 인한 과소신고세액의 40%(역외거래에서 발생한 부정행위로 인한 경우 60%)이다.

03 다음 법인세법의 소득처분 중 사외유출에 해당하지 않는 것은?

① 기타사외유출 ② 기타소득
③ 배당 ④ 기타

04 ㈜삼일은 자기주식(취득가액 5,000원)을 현금 7,000원을 받고 처분하였다. 처분시 회계처리가 다음과 같을 때 필요한 세무조정으로 옳은 것은?

| (차) 현금 | 7,000원 | (대) 자기주식 | 5,000원 |
| | | 자기주식처분이익(자본) | 2,000원 |

① (익금산입)   자기주식처분이익 2,000원(유보)

② (익금산입)   자기주식처분이익 2,000원(기타)

③ (익금불산입) 자기주식처분이익 2,000원(△유보)

④ (익금불산입) 자기주식처분이익 2,000원(기타)

05 다음 자료로 법인세법상 손금으로 인정되는 금액을 계산하면 얼마인가?

ㄱ. 징벌적 손해배상금 중 실제 발생한 손해를 초과하여 지급한 금액	2,000,000원
ㄴ. 직원에게 지급한 퇴직금한도초과액	3,000,000원
ㄷ. 대주주인 임원이 사용하는 사택의 유지관리비	4,000,000원
ㄹ. 판매한 제품의 판매장려금(기업업무추진비가 아님)	1,500,000원
ㅁ. 사용자부담 건강보험료 및 고용보험료	4,000,000원

① 5,000,000원

② 6,500,000원

③ 8,500,000원

④ 13,000,000원

06 다음 중 법인세법상 세무조정이 필요한 경우가 아닌 것은?

① ㈜서울은 전기에 구입한 업무무관자산의 당기 수리비 2,000,000원을 지출하고 비용으로 계상하였다.

② ㈜대전은 대표이사에게 회사 정관에 기재된 상여금 지급기준보다 3,000,000원이 많은 상여금을 지급하고 전액 비용처리하였다.

③ 제조업을 영위하는 ㈜부산은 원천징수대상인 이자소득의 기간경과분 이자 500,000원을 회계기준에 따라 미수이자로 계상하고 이자수익으로 인식하였다.

④ ㈜대구는 액면금액이 5,000원인 주식을 주당 7,000원에 발행하고 액면금액은 자본금으로, 액면 초과금액 2,000원은 주식발행초과금으로 계상하였다.

07 ㈜삼일은 취득원가 4,000,000원, 결산일의 시가 3,000,000원인 재고자산에 대하여 결산 시 다음과 같이 회계처리하였다. ㈜삼일이 세무상 재고자산평가방법을 원가법으로 신고한 경우 필요한 세무조정으로 옳은 것은?(단, 파손·부패 등의 사유에 해당하지 않는다.)

(차) 재고자산평가손실	1,000,000원	(대) 재고자산	1,000,000원

① (손금산입)   재고자산   1,000,000원(△유보)
② (손금불산입) 재고자산평가손실   1,000,000원(유보)
③ (손금불산입) 재고자산평가손실   1,000,000원(기타사외유출)
④ 세무조정없음

08 다음 중 법인세법상 유형자산 및 무형자산의 감가상각에 관한 설명으로 옳지 않은 것은?

① 감가상각은 감가상각대상금액을 해당 자산의 내용연수에 걸쳐 비용으로 배분하는 과정이다.

② 법인세법상 내용연수란, 자산별로 규정하고 있는 감가상각자산의 사용가능기간으로서 자산의 감가상각률을 결정하는 기준이 된다.

③ 법인세법상 감가상각 대상자산은 건물·기계장치 등과 같은 유형자산과 영업권·특허권 등과 같은 무형자산이다.

④ 법인세법상 잔존가액이란, 자산을 처분할 때 회수할 금액에서 그 자산의 판매비용을 차감한 금액으로서 기업회계와 마찬가지로 매 보고기간 말에 재검토하여 새로운 추정치를 반영한다.

09 다음 중 법인세법상 기부금에 관한 설명으로 옳지 않은 것은?

① 법인세법상 기부금은 기부대상에 따라 특례기부금, 일반기부금 및 비지정기부금으로 구분된다.

② 특례기부금과 일반기부금은 일정 한도까지의 금액에 대하여만 손금으로 인정하고, 해딩 기부금힌도초과액은 대표자에 대한 상여로 소득치분된다.

③ 기부금의 귀속시기는 현금주의에 따르므로 어음으로 지급하는 경우 귀속시기는 어음 결제일을 그 지출일로 한다.

④ 특수관계가 없는 일반기부금단체에 현물로 기부하는 경우에는 장부가액으로 현물기부금을 평가한다.

10 ㈜삼일은 제25기 사업연도(2025년 1월 1일 ~ 2025년 12월 31일)에 특수관계인이 아닌 ㈜용산으로부터 정당한 사유 없이 시가 1억인 토지를 현금 1억 5천만원에 매입하고 현금 지급액을 토지의 취득가액으로 장부에 기록하였다. 제3기 사업연도에 관한 세무조정으로 옳은 것은?

①	〈손금산입〉	토지	2,000만원 (△유보)
②	〈손금산입〉	토지	2,000만원 (△유보)
	〈손금불산입〉	비지정기부금	2,000만원 (기타사외유출)
③	〈손금산입〉	토지	3,000만원 (△유보)
④	〈손금산입〉	토지	3,000만원 (△유보)
	〈손금불산입〉	부당행위계산부인	5,000만원 (상여)

11 다음 중 대손 사유가 발생한 날이 속하는 사업연도의 손금으로 처리해야 하는 신고고정사항(강제사항)에 해당하지 않는 것은?

① 상법에 따른 소멸시효가 완성된 외상매출금
② 민사집행법에 따라 채무자의 재산에 대한 경매가 취소된 압류채권
③ 채무자의 파산, 사망, 행방불명 등으로 인하여 회수할 수 없는 채권
④ 「채무자 회생 및 파산에 관한 법률」에 의한 법원의 면책결정에 따라 회수불능으로 확정된 채권

12 다음은 지급이자 손금불산입 규정을 정리한 표이다. 빈칸에 들어갈 소득처분으로 옳지 않은 것은?

구분	손금불산입액	소득처분
채권자불분명사채이자	해당 이자비용 전액	– 원천징수액 : (ㄱ) – 이 외의 잔액 : (ㄴ)
비실명 채권·증권이자	해당 이자비용 전액	
건설자금이자	해당 이자비용 전액	– 건설중인 자산 : (ㄷ) – 완성자산 : (ㄹ)
업무무관자산 등 관련이자	업무무관부동산 등에 해당하는 이자비용	– (ㄱ)

① ㄱ : 기타사외유출
② ㄴ : 상여
③ ㄷ : 유보
④ ㄹ : 기타

13 ㈜삼일은 시가 20,000,000원인 제품을 특수관계인인 ㈜삼일상사에 현금 5,000,000원에 판매하였다. ㈜삼일과 ㈜삼일상사에 필요한 세무조정으로 올바른 것은?

	㈜삼일	㈜삼일상사
①	(익금산입) 부당행위계산부인 15,000,000원(기타사외유출)	세무조정없음
②	(손금산입) 부당행위계산부인 15,000,000원(△유보)	(익금산입) 제품 15,000,000원(유보)
③	(익금산입) 부당행위계산부인 15,000,000원(기타사외유출)	(익금산입) 제품 15,000,000원(유보)
④	(손금산입) 부당행위계산부인 15,000,000원(유보)	세무조정없음

14 다음 중 법인세 과세표준 계산에 관한 설명으로 옳은 것은?

① 법인세 과세표준은 각 사업연도 소득의 범위에서 이월결손금, 소득공제, 비과세소득을 순차적으로 차감하여 계산한다.

② 과세표준을 계산함에 있어서 공제받지 못한 비과세소득은 다음 사업연도에 이월하여 15년간 공제받을 수 있다.

③ 소득공제란 법인세법에서 규정하는 요건에 해당하는 경우 법인의 소득금액에서 일정액을 공제하여 주는 제도를 말한다.

④ 모든 기업의 이월결손금은 당해 사업연도 소득금액 범위 내에서 전액 공제받을 수 있다.

15 다음 중 법인세법상 기납부세액에 해당하지 않는 것은?

① 중간예납세액   ② 감면분 추가납부세액

③ 원천납부세액   ④ 수시부과세액

16 다음 중 중소기업을 지원하기 위한 규정이 아닌 것은?

① 중소기업의 기업업무추진비 기본한도금액은 3,600만원×사업연도 월수/12 이다.

② 중소기업의 이월결손금 연간 공제한도는 각 사업연도소득의 100%이다.

③ 대손충당금 손금산입한도액 계산시 중소기업은 대손충당금 설정률을 2%로 할 수 있다.

④ 중소기업의 납부할 법인세액이 1천만원을 초과하는 때에는 납부기한이 경과한 날로부터 2개월 내에 법인세를 분납할 수 있다.

17 다음 중 소득세법에 관한 설명으로 옳지 않은 것은?

① 소득세는 거주자와 비거주자의 과세범위에 차이를 두고 있다.

② 소득세법상 거주자에 해당하는 경우 국내원천소득에 한하여 납세의무를 진다.

③ 거주자란 국내에 주소를 두거나 1과세기간 중 183일 이상의 거소를 둔 개인을 말한다.

④ 소득세법상 과세기간은 매년 1월1일부터 12월 31일까지 1년이 원칙이다.

18 다음 중 소득세법상 납세지에 관한 설명으로 옳은 것은?

① 거주자는 자유롭게 임의의 장소를 납세지로 선택할 수 있다.

② 비거주자의 납세지는 외국의 주소지로 하며, 외국 주소지가 없을 때에는 국내원천소득이 발생하는 장소로 한다.

③ 납세지의 지정은 국세청장 또는 관할지방국세청장의 직권에 의해서만 가능하다.

④ 거주자의 소득세 납세지는 원칙적으로 주소지, 주소가 없을 때에는 거소지로 한다.

19 다음 중 소득세법상 금융소득(이자소득과 배당소득)에 관한 설명으로 옳은 것은?

① 영업적으로 자금을 대여하고 수령하는 이자는 이자소득으로 구분된다.

② 이자소득은 필요경비를 인정하지 않고 1년동안 벌어들인 이자소득 총수입금액이 곧바로 이자소득 금액이 된다.

③ 배당소득 총수입금액에 Gross-up 금액을 차감하면 배당소득금액이 된다.

④ 금융소득의 종합과세 여부를 결정하는 금융소득 종합과세 기준금액은 4천만원이다.

20 다음 자료에 의하여 거주자 김삼일씨(복식부기의무자가 아님)의 2025년 사업소득금액을 계산하면 얼마인가?

1. 포괄손익계산서상 당기순이익
2. 포괄손익계산서상 당기순이익에 반영되어 있는 항목
   - (1) 대표자급여　　　　　　　　　　　　　　　　　　　2,000,000원
   - (2) 유형자산처분이익　　　　　　　　　　　　　　　　3,000,000원
   - (3) 이자수익(사업자금을 일시 예치하고 당기 수령함)　5,000,000원

① 24,000,000원　　　　　　　　　② 27,000,000원
③ 29,000,000원　　　　　　　　　④ 32,000,000원

21 다음 중 근로소득에 관한 설명으로 옳지 않은 것은?

① 광산근로자가 지급받는 입갱·발파수당은 과세소득이다.

② 식사와 그 밖의 음식물을 제공받지 않는 근로자가 받는 식사대 중 월 20만원 이하의 금액은 비과세소득이다.

③ 공무원이 국가 또는 지방자치단체로부터 공무수행과 관련하여 받는 상금과 부상 중 연 240만원 이내의 금액은 비과세소득이다.

④ 일직료·숙직료 또는 여비로서 실비변상정도의 금액은 비과세소득이다.

22 다음 중 소득세법상 비과세 연금소득으로 옳지 않은 것은?

① 국민연금법에 따라 받는 장애연금
② 산업재해보상보험법에 따라 받는 연금
③ 국민연금법에 따라 받는 유족연금
④ 공무원연금법에 따라 받는 퇴직연금

23 다음은 거주자 甲의 부양가족 자료이다. 자료를 이용하여 2025년의 자녀세액공제 금액을 계산하면 얼마인가?

> (1) 기본공제대상자에 해당하는 자녀 : 첫째A(12세), 둘째B(7세)
> (2) 올해 3월 쌍둥이 자매(자녀C와 자녀D)를 출산함

① 70만원
② 140만원
③ 165만원
④ 180만원

24 다음 중 소득세법상 양도소득세의 과세대상이 아닌 것은(단, 보기에 나열된 자산만을 양도하는 것으로 가정한다)?

① 부동산을 취득할 수 있는 권리의 양도
② 산업재산권의 양도
③ 비상장주식의 양도
④ 골프회원권의 양도

25 다음 중 소득세법상 신고·납부에 관한 설명으로 옳지 않은 것은?

① 종합소득이 있는 모든 거주자가 중간예납 대상자가 되는 것은 아니다.
② 공적연금소득만 있는 거주자는 소득세 확정신고를 하지 않아도 된다.
③ 예납적원천징수란 원천징수에 의해 납세의무가 종결되는 것으로 분리과세라고도 한다.
④ 납부할 세액이 1천만원을 초과하는 경우에는 2개월 이내에 분할납부할 수 있다.

26 다음 중 연말정산에 관한 설명으로 옳지 않은 것은?

① 연말정산은 다음 해 2월분 급여를 지급하는 때에 하여야 한다.

② 근로소득을 지급하는 모든 개인과 법인은 연말정산 할 의무가 있으나, 국가·지방자치단체는 연말정산할 의무가 없다.

③ 중도에 퇴직한 자의 연말정산은 퇴직한 달의 급여를 지급하는 때에 한다.

④ 다른 소득이 없는 근로소득자는 별도의 종합소득세 신고·납부 절차없이 연말정산으로 납세의무가 종결된다.

27 다음 중 원천징수를 하지 않는 소득은?

① 국내은행으로부터 지급받은 이자소득

② 개인이 국내상장회사 주식을 보유함에 따른 배당소득

③ 내국법인 근무에 따른 근로소득

④ 국내 상가건물 임대에 따른 사업소득

28 다음 중 일용근로자의 원천징수세액을 구하는 절차에 관한 설명으로 옳지 않은 것은(단, 지방소득세는 고려하지 않기로 한다)?

> 거주자 김삼일씨는 ㈜삼일의 건설현장에서 근로를 제공하고 일당 250,000원을 받았다.

번호	계산 절차	계산 내용
#	일급여액	250,000
①	일급여액에서 근로소득공제를 차감	(−) 100,000
#	과세표준	150,000
②	세율	원천징수세율 6%
#	산출세액	9,000
③	근로세액공제(55%)	(−) 4,950
#	원천징수세액	4,050
④	일용근로자의 경우 원천징수만으로 모든 납세의무가 종결된다.	

29 국내공장에서 제조된 양말이 부가가치세 포함 2,200원에 양말 도매상에게 팔렸고, 양말 도매상은 이윤을 붙여 부가가치세 포함 5,500원에 편의점에 판매하였다. 편의점에서 양말을 부가가치세 포함 8,800원에 소비자에게 판매하였다면, 상기 거래에서 최종소비자가 부담한 부가가치세 금액은 얼마인가?

① 200원

② 500원

③ 800원

④ 1,500원

30 다음 중 사업자등록에 관한 설명으로 옳지 않은 것은?

① 신규로 사업을 개시하는 사업자는 원칙적으로 사업장마다 사업개시일부터 20일 이내에 사업자등록을 하여야 한다.

② 사업자가 과세사업과 면세사업을 겸업할 경우에는 부가가치세법에 의한 사업자등록과 별개로 소득세법이나 법인세법에 의한 사업자등록을 하여야 한다.

③ 제조업의 사업개시일은 재화의 제조를 개시하는 날이며, 광업의 사업개시일은 광물의 채취·채광을 개시하는 날이다.

④ 2명 이상이 공동으로 사업을 하는 경우 공동사업자 중 1명을 대표자로 하여 대표자 명의로 사업자등록신청을 하여야 한다.

31 다음 중 부가가치세 과세대상에 관한 설명으로 옳은 것은?

① 주요 자재를 전혀 부담하지 않고 단순히 가공계약에 의하여 재화를 공급하는 경우에는 재화를 공급한 것으로 본다.

② 사업장별로 그 사업에 관한 모든 권리와 의무를 포괄적으로 승계시키는 사업의 포괄양도는 재화의 공급으로 본다.

③ 수출신고가 수리된 물품(수출신고가 수리된 물품으로서 선적되지 아니한 물품을 보세구역에서 반입하는 경우 포함)을 국내에 반입하는 것은 재화의 수입에 해당한다.

④ 재화를 인도하고 그 내가로서 다른 재화를 인도받거나 용역을 제공받는 교환계약에 의하여 재화를 인도 또는 양도하는 것은 재화의 공급으로 본다.

32 다음 중 면세에 관한 설명으로 옳지 않은 것은?

① 면세사업자는 부가가치세법상 사업자가 아니나 부가가치세법상 과세표준을 신고하여야 한다.

② 부동산임대용역은 원칙적으로 부가가치세 과세대상이나 주택 및 주택부수토지의 임대용역은 면세이다.

③ 영세율적용대상 재화를 공급하는 면세사업자는 면세포기를 할 수 있다.

④ 면세제도는 최종소비자의 부가가치세 부담을 경감시키지 위한 제도이지만, 면세 그 이전 단계에서 창출된 부가가치까지 면제하는 것은 아니므로 부분면세제도이다.

33 다음은 ㈜삼일의 2025년 제1기 예정신고기간의 공급내역이다. 2025년 제1기 예정신고기간의 부가가치세 과세표준 및 매출세액 신고금액으로 옳은 것은?

공급일자	공급가액 (부가가치세 미포함)	내역
1월 10일	20,000,000원	세금계산서 발행 매출액
1월 24일	40,000,000원	신용카드매출전표 발행 매출액
2월 9일	10,000,000원	내국신용장에 의한 공급 매출액
3월 18일	30,000,000원	해외 직수출 매출액

과세표준	매출세액
(a)	(b)

① (a) 90,000,000원, (b) 6,000,000원

② (a) 90,000,000원, (b) 9,000,000원

③ (a) 100,000,000원, (b) 6,000,000원

④ (a) 100,000,000원, (b) 10,000,000원

34 다음 자료는 부가가치세 과세사업을 영위하는 ㈜삼일의 제1기 예정신고기간의 거래내역이다. 제1기 예정신고기간의 과세표준을 계산하면 얼마인가?

> 매출액 : 20,000,000원(매출에누리액과 매출할인액 차감 전 금액임)
>
> 매출에누리액 : 2,000,000원
>
> 매출할인액 : 1,000,000원
>
> 위 매출액에 포함된 운송도중 파손된 반품액 : 1,000,000원
>
> 매출처로부터 받은 외상매출금 연체이자 : 500,000원

① 16,000,000원   ② 16,500,000원

③ 20,000,000원   ④ 20,500,000원

35 다음 자료로 일반과세사업자인 ㈜삼일의 부가가치세 매출세액을 계산하면 얼마인가?(단, 제시된 금액에는 부가가치세가 포함되어 있지 않다.)

> 제품 외상판매액   15,000,000원
>
> 비영업용 소형승용차(2,000CC) 매각대금   4,000,000원
>
> 화재로 인하여 소실된 제품   2,000,000원
>
> 대표자가 개인적으로 사용한 제품   800,000원
>
> (매입세액공제분으로 원가 800,000원, 시가 1,200,000원)

① 1,980,000원   ② 2,020,000원

③ 2,180,000원   ④ 2,220,000원

36 다음은 ㈜삼일의 부가가치세 제2기 예정신고기간(2025년 7월 1일 ~ 2025년 9월 30일)의 거래내역이다. 이 자료를 바탕으로 매입세액공제액을 계산하면 얼마인가(단, 세금계산서는 적법하게 수취하였고 매입액에는 부가가치세가 포함되어 있지 않다)?

ㄱ. 과세대상 상품 매입액	30,000,000원
ㄴ. 토지 조성을 위한 자본적 지출액	20,000,000원
ㄷ. 개별소비세법 제1조 제2항 제3호에 따른 승용차 유지비용	10,000,000원
ㄹ. 업무관련 없는 자산의 수선유지비	10,000,000원

① 2,000,000원   ② 3,000,000원

③ 4,000,000원   ④ 5,000,000원

37 다음 중 부가가치세 조기환급 대상으로 옳지 않은 것은?

① 골프용품 수출업체

② 제조업자가 사업설비를 신설하여 취득한 경우

③ 외국자동차 수입업자

④ 법원의 인가결정을 받은 회생계획을 이행 중인 회사

38 ㈜삼일은 2025년 제2기 부가가치세 예정신고를 하였으나 담당자 실수로 다음의 항목이 신고누락 되었으며, 전자세금계산서도 발급하지 못하였다. 이를 2025년 제2기 확정신고시에 전자세금계산서도 발급하고 신고납부하는 경우 적용될 가산세에 해당하지 않는 것은?

구분	공급가액	부가가치세액
국내제품 매출	30,000,000원	3,000,000원
원재료 매입	20,000,000원	2,000,000원

① 과소신고·초과환급신고가산세

② 납부지연가산세

③ 세금계산서 지연발급가산세

④ 매입처별세금계산서합계표 제출불성실가산세

39 다음 중 부가가치세법상 세금계산서에 관한 설명으로 옳은 것은?

① 전자세금계산서를 발급·전송한 사업자는 세금계산서합계표 제출의무가 면제된다.

② 전자세금계산서 의무발급 사업자는 법인사업자와 직전 연도의 사업장별 재화 및 용역의 공급가액(면세공급가엑 제외)의 합계액이 3억원 이상인 개인사업자이다.

③ 전자세금계산서 의무발급대상이 아닌 사업자는 전자세금계산서를 발급할 수 없다.

④ 전자세금계산서 의무발급 사업자가 전자세금계산서를 발급하였을 때에는 전자세금계산서 발급일까지 전자세금계산서 발급명세를 국세청장에게 전송하여야 한다.

40 일반과세자 중 재화·용역의 공급시 영수증을 발급해야 하는 업종이 아닌 것은?

① 음식점업

② 목욕·이발·미용업

③ 입장권을 발행하여 영위하는 사업

④ 제조업

01 다음 중 국세와 지방세에 관한 설명으로 옳지 않은 것은?

① 국세와 지방세는 모두 국가기관인 국세청에 납부한 후 각 지방자치단체에 교부한다.

② 법인세, 소득세, 상속세는 국세이며 취득세, 주민세, 재산세는 지방세이다.

③ 조세는 사용용도가 특별히 지정되었는지에 따라 보통세와 목적세로 분류되며 농어촌특별세는 목적세에 해당한다.

④ 국세는 국가가 부과하는 세금이며 지방세는 지방자치단체가 부과하는 세금이다.

02 다음 중 국세부과의 원칙에 관한 설명으로 옳은 것은?

① 국세부과의 원칙 중 신의성실의 원칙은 조세를 납부하는 국민에 대하여만 해당되며, 조세를 부과·징수하는 국가에는 적용되지 않는다.

② 국세를 조사·결정할 때 장부의 기록 내용이 사실과 다를 때에는 그 부분에 대해서만 정부가 조사한 사실에 따라 결정할 수 있다.

③ 조세는 소득의 형식적인 귀속자를 기준으로 부과하는 것이다.

④ 국가가 직접 조사하여 세금을 부과하는 경우, 조사한 사실을 해당 법인에게 통보하여서는 아니된다.

03 다음 중 결산상 비용으로 계상하는 경우에만 법인세법상 손금으로 인정되는 항목으로 옳지 않은 것은?

① 감가상각비   ② 대손충당금

③ 퇴직급여충당금   ④ 조세특례제한법상 준비금

04 다음 중 법인세법상 손익의 귀속시기에 관한 설명으로 옳지 않은 것은?

① 중소기업의 단기건설계약의 경우에는 결산상 진행기준으로 손익을 인식하였더라도 신고조정을 통해 인도기준으로 익금과 손금에 산입할 수 있다.

② 장기할부판매의 손익귀속시기는 원칙적으로 인도기준이 적용된다.

③ 한국채택국제회계기준을 따르는 법인의 경우에는 세법상 규정과 회계상의 손익 귀속시기를 선택적용 할 수 있다.

④ 중소기업의 장기할부판매의 경우에는 결산서상 인도기준으로 손익을 인식하였더라도 신고조정을 통해 회수기준으로 익금과 손금에 산입할 수 있다.

05 ㈜삼일은 경영부진으로 이월된 결손금을 보전하기 위해 대주주 김용산씨로부터 시가 4억원의 건물을 수증받아 이 중 7천만원을 이월결손금 보전에 충당하였다. ㈜삼일의 회계팀장이 4억원을 자산수증이익으로 처리하였을 경우 세부담을 줄이기 위해 필요한 세무조정은?

① (익금불산입)　자산수증이익　　70,000,000원 (기타)
② (익금불산입)　자산수증이익　330,000,000원 (△유보)
③ (익금산입)　　자산수증이익　　70,000,000원 (기타)
④ (익금산입)　　자산수증이익　400,000,000원 (유보)

06 다음 중 법인세법상 손금에 해당하지 않는 것은?

① 공장에서 사용하는 기계장치의 임차료
② 퇴직급여지급규정에 따라 지급한 대표이사에 대한 퇴직금
③ 업무용으로 사용 중인 화물자동차에 대한 수선비
④ 업무용 토지에 대한 공인감정기관의 평가에 따른 평가차손

07 다음은 ㈜삼일의 상여금 지급내역이다. 자료를 바탕으로 ㈜삼일에 필요한 세무조정으로 옳은 것은?

> 임원 상여금 지급액 : 80,000,000원 (임원 상여지급기준상 한도액 : 50,000,000원)
>
> 직원 상여금 지급액 : 50,000,000원 (직원 상여지급기준상 한도액 : 30,000,000원)

① (손금불산입) 상여금한도초과액　30,000,000원 (기타사외유출)

② (손금불산입) 상여금한도초과액　30,000,000원 (상여)

③ (손금불산입) 상여금한도초과액　50,000,000원 (기타사외유출)

④ (손금불산입) 상여금한도초과액　50,000,000원 (상여)

08 ㈜삼일은 당기 취득한 유가증권(단기매매증권)의 금액을 결산서상 시가로 평가하였다. 제25기(2025년 1월 1일 ~ 2025년 12월 31일)말 현재 취득원가와 시가는 다음과 같다. 당초에 법인세법상 유가증권의 평가방법이 원가법으로 신고된 경우 필요한 세무조정을 수행한다면, 이러한 유가증권의 세무조정이 각사업연도 소득금액에 미치는 영향은?

구분	취득원가	시가
주식 A	10,000,000원	12,000,000원
채권 B	20,000,000원	19,000,000원

① 1,000,000원 감소　　　　　② 1,000,000원 증가

③ 2,000,000원 감소　　　　　④ 2,000,000원 증가

09 다음은 법인세법상 건축물 등의 기준내용연수표 중 일부이다.

구분	대상자산	기준내용연수
1	차량 및 운반구(운수업, 기계장비 및 소비용품 임대업에 사용되는 것은 제외), 공구, 기구 및 비품	5년
2	선박 및 항공기(어업, 운수업, 기계장비 및 소비용품 임대업에 사용되는 것은 제외)	12년
3	철골·철근콘크리트조, 철근콘크리트조, 석조, 연와석조, 철골조의 모든 건물(부속설비를 포함한다)과 구축물	40년

㈜삼일은 상기 기준내용연수표를 이용하여 내용연수를 신고하고자 한다. 세금을 줄이기 위한 관점에서 볼 때, 소유하고 있는 건물(철근콘크리트조)의 내용연수를 얼마로 신고해야 하는가?

① 5년

② 12년

③ 30년

④ 40년

10 다음은 김삼일 회계사의 블로그에 올라온 법인세법상 기부금 관련 상담 사례이다. 사례에 대한 답변 중 옳지 않은 것은?

> 질문 1 : 저희 회사가 이번 사업연도에 일반기부금을 많이 지출하여 법정한도를 초과했는데요, 이렇게 손금불산입된 금액을 이월하여 다음 사업연도에 손금산입할 수 있는 것인지요?
> 답변 1 : 예, 일반기부금 한도초과액은 10년 이내에 종료하는 과세연도에 이월하여 한도액의 범위 내에서 손금산입됩니다.
>
> 질문 2 : 대표이사의 동창회에 기부를 했는데, 이것도 기부금으로 손금인정 받을 수 있습니까?
> 답변 2 : 법인의 업무와 관계없이 대표이사의 동창회에 기부금을 기부하는 경우는 비지정기부금에 해당되어 전액 손금불산입됩니다.
>
> 질문 3 : 저희 법인이 올해 12월에 특례기부금단체에 기부하기로 약정서를 작성하고 실제지급은 내년 1월에 지급하기로 했습니다. 이 경우 올해의 손금으로 인정 가능한가요?
> 답변 3 : 기부금의 귀속시기는 현금주의에 의합니다. 실제 지출일로 하여 기부금으로 인정되므로 상기 기부금의 경우 올해의 손금으로 인정되지 않습니다.
>
> 질문 4 : 저희 법인이 제조하는 냉장고를 특례기부금으로 기부하였습니다. 시가는 300만원, 장부가액은 200만원인데요, 이 경우 기부금 가액은 얼마로 하는 것입니까?
> 답변 4 : 현물로 기부하는 경우, 특례기부금에 해당되면 시가로 평가하되, 시가가 장부가액보다 낮은 경우에는 장부가액으로 평가합니다.

① 답변 1
② 답변 2
③ 답변 3
④ 답변 4

11 다음은 제조업을 영위하는 ㈜삼일의 제25기 사업연도(2025년 1월 1일 ~ 2025년 12월 31일)의 대손금 및 대손충당금과 관련된 자료이다. 당기말 대손충당금 한도초과액은 얼마인가?

> (1) 대손충당금 기말잔액 : 120만원
>
> (2) 당기 대손충당금 상계액 : 30만원 (이 중 24만원은 법인세법상 대손요건 불충족)
>
> (3) 세법상 대손충당금 설정대상 채권잔액
> ① 전기말 현재 : 1,200만원
> ② 당기말 현재 : 2,000만원

① 100만원

② 120만원

③ 150만원

④ 180만원

12 다음 중 법인세법상 채권자불분명 사채이자(원천징수하지 않음)의 손금불산입에 대한 소득처분으로 옳은 것은?

① 유보

② 대표자상여

③ 배당

④ 기타사외유출

13 다음 중 가지급금 인정이자 규정에 관한 대화로 옳지 않은 것은?

> 박대리 : 법인이 특수관계인에게 자금을 대여해 주는 경우에는 법인세법상 적정이자의 수취여
> 부와 상관없이 가지급금 인정이자를 익금산입하는 것입니다.
> 이대리 : 가지급금 인정이자의 계산시 이자율은 가중평균차입이자율을 사용하는 것이 원칙입
> 니다.
> 김사원 : 하지만, 가중평균차입이자율 적용이 불가능한 경우에는 해당 대여금 또는 차입금에
> 한정하여 당좌대출이자율을 적정이자율로 할 수 있습니다.
> 최사원 : 그런데, 당좌대출이자율을 시가로 선택한 경우에는 해당 사업연도와 이후 2개 사업연
> 도에는 당좌대출이자율을 시가로 사용해야 합니다.

① 박대리 ② 이대리
③ 김사원 ④ 최사원

14 다음 자료를 기초로 ㈜삼일의 제25기 사업연도(2025년 1월 1일 ~ 2025년 12월 31일)의
법인세 산출세액을 계산하면 얼마인가?

> ㄱ. 법인세비용차감전순이익 : 250,000,000원
> ㄴ. ㈜삼일은 자본금을 감자하면서 액면가액 5,000,000원인 주식에 대하여 주주에게
> 3,000,000원을 지급하고, 차액 2,000,000원을 영업외수익으로 처리하였다.
> ㄷ. ㈜삼일은 제25기에 파손·부패 등의 사유로 재고자산평가손실 30,000,000원을 계상하였다.
> ㄹ. 이월결손금 : 법인세과세표준 계산시 한번도 공제되지 않은 이월결손금의 발생 사업연도와
> 금액은 다음과 같다.
> − 제9기 10,000,000원
> − 제15기 25,000,000원
> ㅁ. 법인세율 : 과세표준 2억원 이하는 9%, 2억원 초과 200억 이하 분은 19%

① 17,370,000원 ② 20,470,000원
③ 22,370,000원 ④ 22,750,000원

15 다음 ㈜삼일의 제 25기(2025년 1월 일 ~ 2025년 12월 31일) 자료를 기초로 법인세 산출세액에서 공제되는 외국납부세액공제액을 계산하면 얼마인가?

> ㄱ. 외국에 납부한 법인세 금액　　　　　　　　　2,000,000원
> ㄴ. 법인세 산출세액　　　　　　　　　　　　　37,000,000원
> ㄷ. 과세표준에 포함된 국외원천소득　　　　　　30,000,000원
> ㄹ. 과세표준　　　　　　　　　　　　　　　　300,000,000원

① 3,500,000원　　　　　　　　　② 3,000,000원

③ 2,500,000원　　　　　　　　　④ 2,000,000원

16 다음 중 법인세법 상 주요 신고서식의 명칭과 그 설명에 관련된 내용으로 올바르게 이루어진 것은?

> 〈 서식의 내용 〉
> A. 소득처분 중 유보(또는 △유보)사항을 사후적으로 관리하는 표
> B. 세무조정사항을 요약하는 표
> C. 결산서상 당기순손익에서 출발하여 과세표준, 산출세액 및 차감납부할세액을 계산하는 과정을 요약하는 표

	별지 제3호 법인세과세표준 및 세액조정계산서	별지 제15호 소득금액조정합계표	별지 제50호 자본금과 적립금조정명세서(을)표
①	A	B	C
②	B	C	A
③	C	B	A
④	C	A	B

17 다음 중 우리나라 소득세법의 특징에 관한 설명으로 옳지 않은 것은?

① 납세자와 담세자가 동일한 직접세에 해당한다.

② 소득원천설에 따른 열거주의 과세방식을 취하고 있으므로, 소득세법에 열거되지 않은 소득은 어떠한 소득에 대해서도 소득세가 과세되지 아니한다.

③ 거주자의 경우 소득세의 납세지는 주소지가 원칙이며, 주소지가 없는 경우 거소지로 한다.

④ 법인세법과 달리 과세기간을 선택할 수 없고, 모든 개인에 대하여 매년 1월 1일부터 12월 31일까지 1년을 과세기간으로 동일하게 적용한다.

18 다음 중 소득세의 납세의무자에 관한 설명으로 옳지 않은 것은?

① 우리나라 사람으로서 외국에 근무하는 공무원은 거주자로 본다.

② 거주자 여부를 판정할 때 국적이나 영주권의 취득 등은 고려 요소가 아니다.

③ 거주자는 국내에서 벌어들인 소득 뿐 아니라 외국에서 벌어들인 소득에 대하여도 납세의무를 지게 된다.

④ 비거주자는 소득원천이 국내에 있는 소득에 대해서만 납세의무를 지는데, 이를 무제한 납세의무자라 한다.

19 다음 중 소득세법상 배당소득이 아닌 것은?

① 법인과세 신탁재산의 분배금

② 출자공동사업자의 손익분배비율에 해당하는 금액

③ 단기저축성보험의 보험차익

④ 집합투자기구로부터의 이익

20 다음은 김삼일씨의 2025년 사업소득에 포함된 부동산임대업의 소득 관련 자료이다. 이를 바탕으로 김삼일씨의 2025년 사업소득금액을 구하면 얼마인가?

> ㄱ. 김삼일씨는 상가건물 A를 2025년 3월 1일에 임대하고 매월 초 200,000원을 받기로 하였다.
>
> ㄴ. 상가건물 A의 2025년 소득세법상 인정되는 감가상각비 한도액은 600,000원이며, 감가상각비 600,000원을 결산상 비용으로 계상하였다.
>
> ㄷ. 상가건물 A의 2025년 관리비로 총 100,000원을 지출하였다.

① 1,000,000원

② 1,200,000원

③ 1,300,000원

④ 1,500,000원

21 근로소득자인 김삼일씨(35세, 과장)의 2025년 근로소득 관련 자료가 다음과 같을 때 소득세법상 총급여액을 계산하면 얼마인가(근무기간 : 2025년 1월 1일 ~ 2025년 12월 31일)?

급여	매월 2,500,000원
이사회 결의에 의해 지급받은 상여	연간 5,000,000원
미사용 연차수당 수령액	연간 1,200,000원
「고용보험법」에 따라 받은 실업급여	연간 5,000,000원
실비변상적 성격의 일직료·숙직료	매월 200,000원

① 31,200,000원

② 36,200,000원

③ 40,000,000원

④ 41,200,000원

22 다음 중 연금계좌 인출금에 대해 소득세법상 과세될 수 없는 소득은?

① 연금소득

② 퇴직소득

③ 기타소득

④ 근로소득

23 다음 중 소득세법상 종합소득금액에서 공제할 수 없는 것은?

① 유동화전문회사 등에 대한 지급배당소득공제
② 신용카드 등 사용금액에 대한 소득공제
③ 주택담보노후연금 이자비용 공제
④ 연금보험료공제

24 다음 중 소득세법상 양도소득에 관한 설명으로 옳지 않은 것은?

① 골프회원권을 양도하여 얻은 소득은 양도소득에 해당한다.
② 소액주주가 상장주식을 증권시장에서 양도하여 얻은 소득은 양도소득세 과세대상이
아니다.
③ 사업적으로 부동산을 판매하여 발생하는 소득은 사업소득에 해당하여 종합소득세로
과세한다.
④ 양도소득세 과세대상이 되는 양도란, 매도·교환 등으로 인하여 그 자산이 유·무상으
로 사실상 이전되는 것을 말한다.

25 다음 중 소득세의 신고납부에 관한 설명으로 옳지 않은 것은?

① 사업소득의 중간예납기간은 매년 1월 1일부터 6월 30일까지이다.
② 퇴직소득과 공적연금소득만 있는 자는 원천징수로 납세의무가 종결되므로 확정신고
를 하지 않아도 된다.
③ 당해연도의 종합소득과세표준이 없거나 결손금이 발생하였다면 종합소득 과세표준
확정신고의무는 면제된다.
④ 사업소득의 중간예납세액은 직전 과세기간 납부세액의 1/2로 결정하는 것을 원칙으
로 한다.

26 다음 중 연말정산에 관한 설명으로 옳지 않은 것은?

① 중도퇴직한 경우에는 퇴직한 달의 급여를 지급하는 때에 연말정산한다.

② 원천징수의무자는 연말정산한 다음 달 25일까지 법정서류를 관할세무서장에게 제출해야 한다.

③ 일반적인 경우 회사는 다음 해 2월분 급여를 지급하는 때에 연말정산을 하여야 한다.

④ 의사 등의 처방에 따라 의료기기를 직접 구입한 경우 해당 지출액은 의료비세액공제를 받을 수 있다.

27 다음 중 소득세법상 원천징수에 관한 설명으로 옳지 않은 것은?

① 정부는 원천징수를 통해 세원의 탈루를 최소화하고 조세수입을 조기에 확보할 수 있다.

② 원천징수의무자는 납세의무자에게 원천징수세액을 차감한 금액을 지급하게 된다.

③ 세금을 실제로 부담하는 납세의무자와 이를 신고·납부하는 원천징수의무자는 일치하지 않는다.

④ 원천징수의무자는 정부를 대신하여 원천징수 사무를 대행하게 되므로 원천징수와 관련하여 가산세가 존재하지 않는다.

28 다음 중 소득세법상 소득별 원천징수에 관한 설명으로 옳지 않은 것은?

① 은행이자에 대한 원천징수세율은 14%이다.

② 연금소득 중 연금외수령한 금액의 경우 원천징수세율은 15%이다.

③ 퇴직소득은 간이세액표에 의하여 원천징수 금액이 결정된다.

④ 양도소득은 원천징수를 하지 아니한다.

29 다음 중 부가가치세에 관한 설명으로 옳지 않은 것은?

① 부가가치세는 사업장 단위로 과세하는 것이 원칙이나, 세무서장의 승인을 받아 주된 사업장에서 다른 사업장의 부가가치세를 총괄하여 신고·납부 할 수 있다.
② 부가가치세는 10%의 단일비례세율로 과세된다.
③ 부가가치세법상 사업자란 '사업상 독립적으로 재화나 용역을 공급하는 자'를 말하며 영리목적 유무는 판단기준이 되지 않는다.
④ 임시사업장은 사업장으로 보지 않으며 기존 사업장에 포함되는 것으로 한다.

30 다음 중 부가가치세가 과세되는 경우가 아닌 것은?

① 세무상담을 무상으로 제공한 경우
② 부동산 임대회사가 특수관계인에게 무상으로 상가건물을 임대하는 경우
③ 위탁자가 변경되어 새로운 위탁자에게 신탁재산을 이전하는 경우
④ 가공계약에 있어서 주요 자재의 전부를 부담하지 않고 인도받은 재화를 단순히 가공해 준 경우

31 다음 중 부가가치세법상 재화와 용역의 공급시기에 관한 설명으로 옳지 않은 것은?

① 재화의 이동이 필요하지 아니한 경우의 공급시기는 재화가 이용가능하게 되는 때이다.
② 전기나 가스처럼 공급이 계속적으로 이루어지는 경우 재화가 인도되는 때를 공급시기로 본다.
③ 수출하는 재화는 수출재화의 선·기적일이 공급시기가 된다.
④ 2 과세기간에 걸쳐 부동산 임대용역을 제공하고 그 대가를 선불 또는 후불로 받는 경우의 공급시기는 예정신고기간 또는 과세기간의 종료일로 한다.

32 다음 영세율 적용대상 중 부가가치세법상 세금계산서 발급의무가 면제되는 항목으로 옳지 않은 것은?

① 직수출하는 재화

② 항공기의 외국항행 용역

③ 구매확인서에 의한 수출재화

④ 국외에서 국내사업장이 없는 외국법인에게 제공하는 용역

33 다음 중 부가가치세가 면세되는 재화 또는 용역만을 모은 것으로 옳은 것은?

a. 연탄 및 무연탄	b. 미가공 식료품
c. 택시 여객운송용역	d. 상가임대용역
e. 실내 도서열람 용역	f. 토지의 공급

① a, b, c, e   　　　② a, b, e, f

③ a, b, d, e, f 　　　④ b, e, f

34 다음은 부가가치세 과세사업을 영위하는 ㈜삼일의 제2기 예정신고기간의 거래내역이다. 제2기 예정신고기간의 과세표준을 계산하면 얼마인가(단, 주어진 금액은 부가가치세를 포함하지 않은 금액이다)?

(1) 매출액	55,000,000원 (아래 (2)와(3)을 차감 하기 전 금액임)
(2) 매출할인액	2,000,000원
(3) 매출에누리액	3,000,000원
(4) 파손 반품액	1,000,000원 (운송도중 파손된 제품으로 위 (1)의 매출액에 포함되지 않음)
(5) 외상매출금 연체이자	4,000,000원

① 45,000,000원 ② 46,000,000원
③ 49,000,000원 ④ 50,000,000원

35 부가가치세법상 외상매출금(부가가치세 포함)이 회수불능하게 된 경우 대손세액에 대한 처리방법을 재화를 공급하는 사업자와 공급받는 사업자 각각의 입장에서 바르게 설명한 것은?

	공급하는 사업자	공급받는 사업자
①	매출세액에서 차감	매입세액에 차감
②	매출세액에서 차감	매입세액에 가산
③	매출세액에서 가산	매입세액에 차감
④	매출세액에서 가산	매입세액에 가산

36 ㈜중앙운수는 우등고속버스사업과 시내버스사업에 공통으로 사용할 목적으로 수리설비를 2025년 3월 15일 1,000만원(부가가치세 제외)에 매입하였다. ㈜중앙운수의 공급가액 명세가 다음과 같을 때 제1기 예정신고 및 확정신고에 있어서 이 수리설비의 매입세액 중 불공제 되는 금액을 구하면 각각 얼마인가?

구분	우등 고속버스사업	시내버스사업	합계
2025.1.1.~ 3.31.	4억원	6억원	10억원
2025.4.1.~ 6.30.	2억원	8억원	10억원
합계	6억원	14억원	20억원

	예정신고시 불공제 매입세액	확정신고시 불공제 매입세액
①	60 만원	10 만원
②	60 만원	80 만원
③	60 만원	20 만원
④	20 만원	60 만원

37 다음 중 일반과세자의 부가가치세 신고와 납부에 관한 설명으로 옳지 않은 것은?

① 사업자가 폐업한 경우에는 폐업일이 속한 달의 다음달 25일 이내에 부가가치세를 신고하고 세액을 자진 납부 하여야 한다.

② 부가가치세법에서는 수출, 설비투자, 회생계획인가결정을 받은 기업 등의 재무구조 개선 지원을 지원할 위하여 조기환급제도를 두고 있다.

③ 부가가치세의 과세기간은 원칙적으로 1년이지만 각 과세기간을 6개월 단위로 구분하여 예정신고기간과 확정신고기간을 두고 있다.

④ 예정신고와 납부에 있어서는 해당 예정신고기간에 대한 과세표준과 납부세액으로 하되, 대손세액공제와 가산세는 제외하고 신용카드 발행 세액공제는 포함한다.

38 다음 중 국세기본법상 가산세가 아닌 것은?

① 무신고가산세　　　　　　　　② 미등록가산세

③ 과소신고·초과환급신고가산세　　④ 납부지연가산세

39 다음 중 수정세금계산서에 관한 설명으로 옳지 않은 것은?

① 면세 등 발급대상이 아닌 거래 등에 대하여 세금계산서를 발급한 경우에는 수정세금계산서를 발급할 수 있다.

② 공급가액이 거래 이후에 변경된 경우는 수정세금계산서를 발급사유에 해당한다.

③ 필요적 기재사항 등이 착오로 잘못 적힌 경우에는 처음에 발급한 세금계산서의 내용대로 세금계산서를 붉은색 글씨로 쓰거나 음(陰)의 표시를 하여 발급하고, 수정하여 발급하는 세금계산서는 검은색 글씨로 작성하여 발급한다.

④ 세금계산서를 발행하여야 하는 거래에 대하여 세금계산서를 발행하지 않은 경우에는 수정세금계산서를 발행하여야 한다.

40 다음 중 세금계산서의 발급시기에 관한 설명으로 옳지 않은 것은?

① 외상으로 물품을 판매하여 수령한 현금이 없더라도, 제품들이 실질적으로 판매되었다면 세금계산서를 발급하여야 한다.

② 재화나 용역의 공급시기가 되기 전에 세금계산서를 발급하고, 7일 이내에 대가를 지급받는 경우라도 정당한 세금계산서를 발급한 것으로 인정한다.

③ 재화 또는 용역의 공급시기 이후에 발급받은 세금계산서로서 해당 공급시기가 속하는 과세기간에 대한 확정신고기한까지 발급받은 경우 매입세액 공제가 가능하다.

④ 세금계산서는 거래 건별로 발급하여야 하는 것이 원칙이나, 일정기간의 거래액을 합계하여 그 다음달 말일까지 세금계산서를 발급할 수 있다.

01 조세를 실제로 부담하는 자와 조세를 납부하는 자가 동일한지 여부에 따라 직접세와 간접세로 구분할 수 있다. 다음 중 성격이 다른 하나는 무엇인가?

① 주세

② 부가가치세

③ 소득세

④ 개별소비세

02 다음은 국세청 인터넷 상담사례 내용이다.

> Q : 김삼일이라는 사람이 실제 사업을 하면서, 처남인 박삼이의 명의로 사업자등록을 한 경우, 해당 사업에서 발생한 소득은 누구의 것인가요?
>
> A : 김삼일이라는 사람이 실제 사업을 하면서, 처남인 박삼이의 명의로 사업자등록을 한 경우, 해당 사업에서 발생한 소득은 김삼일의 소득으로 간주하고 김삼일에게 세금을 부과·징수하도록 규정하고 있습니다. 감사합니다.

다음 국세부과의 원칙 중 위의 인터넷 상담사례 내용과 가장 관계 깊은 것은 무엇인가?

① 근거과세의 원칙

② 실질과세의 원칙

③ 신의성실의 원칙

④ 조세감면의 사후관리

03 다음 중 법인세법에 관한 설명으로 옳은 것은?

① 영리외국법인은 국내외원천소득에 대한 법인세 납세의무가 있다.

② 외국법인이란 외국의 법률에 따라 설립된 법인을 말한다.

③ 영리외국법인은 청산소득에 대한 법인세 납세의무가 있다.

④ 법령 또는 정관에 사업연도에 대한 규정이 없는 내국법인이 사업연도를 신고하지 아니하는 경우에는 매년 1월 1일부터 12월 31일까지를 그 법인의 사업연도로 한다.

04 다음 중 법인세법상 자산의 장기할부판매에 관한 설명으로 옳은 것은?

① 장기할부판매의 손익귀속시기는 해당 자산의 인도일을 원칙으로 한다.

② 장기할부판매란 자산이 인도된 후 최소 3회 이상 분할하여 판매대금을 수입하는 것을 말한다.

③ 법인의 결산서에 해당 사업연도에 회수하였거나 회수할 금액과 이에 대응하는 비용을 각각 수익과 비용으로 계상한 경우에도 인정하지 않는다.

④ 중소기업이 결산서상 인도기준으로 손익을 인식하였다면 신고조정을 통해 회수기일 도래기준으로 익금과 손금에 산입할 수 없다.

05 다음 자료에 의할 경우 ㈜삼일의 법인세법상 익금금액은 얼마인가?

ㄱ. 주식발행초과금	5,000,000원
ㄴ. 유형자산의 양도금액	3,000,000원
ㄷ. 법인세 환급액	2,000,000원
ㄹ. 자기주식소각으로 인한 감자차익	1,000,000원
ㅁ. 주주로부터 현금 수증으로 인한 자산수증이익	500,000원
ㅂ. 자기주식처분으로 인한 자기주식의 양도금액	500,000원

① 3,800,000원

② 4,000,000원

③ 4,500,000원

④ 5,500,000원

06 다음은 ㈜삼일의 제25기 손익계산서의 일부이다. 다음 중 ㈜삼일의 제25기 법인세 세무조정에 관한 설명으로 옳지 않은 것은?

손익계산서

제25기 2025년 1월 1일 ～ 2025년 12월 31일

㈜삼일 (단위: 원)

Ⅰ. 매출액	100,000,000
Ⅱ. 매출원가[*1]	68,000,000
Ⅲ. 매출총이익	32,000,000
…	…
Ⅵ. 영업외비용	6,400,000
1. 벌과금	350,000
2. 단기매매증권평가손실[*2]	900,000
3. 잡손실[*3]	800,000
…	…

*1 파손으로 인한 재고자산평가손실 5,000,000원이 포함된 금액

*2 단기매매증권평가손실은 보유하고 있는 상장주식의 주가하락으로 인한 것으로 주식발행법인에는 부도 등의 사유는 없다.

*3 대표이사의 소유주택이 파손되어 수리한 비용 600,000원이 포함된 금액

① 재고자산평가손실은 세무조정이 발생하지 않는다.

② 벌과금은 손금불산입으로 세무조정한다.

③ 단기매매증권평가손실은 세무조정이 발생하지 않는다.

④ 잡손실 중 600,000원은 업무무관경비이므로 손금불산입으로 세무조정한다.

07 ㈜삼일이 임원 및 직원에게 지급한 상여금은 다음과 같다. 손금불산입으로 세무조정해야 하는 금액의 합계는 얼마인가?

> ㄱ. 임원 상여금 지급액   100,000,000원(임원 상여지급 기준은 없음)
> ㄴ. 직원 상여금 지급액   50,000,000원(직원 상여지급 기준은 없음)

① 세무조정 금액 없음

② 50,000,000원

③ 100,000,000원

④ 150,000,000원

08 ㈜삼일은 결산서상 당기 취득한 재고자산의 금액을 시가로 평가하였으며, 평가로 인한 손익을 비용과 수익으로 계상하였다. 제25기(2025년 1월 1일 ~ 2025년 12월 31일)말 현재 취득원가와 시가는 다음과 같으며 법인세법상 재고자산의 평가방법이 저가법으로 신고된 경우, 재고자산에 대해 필요한 세무조정을 수행한다면 각 사업연도 소득금액이 어떻게 변하는가?

구분	취득원가	시가
원재료	15,000,000원	14,000,000원
제품	20,000,000원	22,000,000원

① 영향없음

② 1,000,000원 증가

③ 1,000,000 원 감소

④ 2,000,000원 감소

09 다음 중 법인세법상 유·무형자산의 감가상각에 관한 설명으로 옳지 않은 것은?

① 감가상각비는 원칙적으로 장부상 비용으로 계상한 경우에 상각범위액 내의 금액을 손금으로 인정한다.

② 법인세법상 감가상각은 회계기준의 적용을 존중하고 있으므로 법인세법의 규정과 맞지 않더라도 회계기준을 그대로 인정한다.

③ 법인세법은 잔존가액을 획일적으로 '0' 으로 규정하고 있다.

④ 법인은 감가상각자산의 내용연수를 결정할 때, 기준내용연수에 기준내용연수의 25%를 가감한 범위 내에서 감가상각자산의 내용연수를 선택할 수 있다.

10 다음 자료를 이용하여 ㈜삼일의 제25기(2025년 1월 1일 ~ 2025년 12월 31일) 기업업무추진비에 관한 세무조정을 수행하고자 할 때 기업업무추진비 손금산입한도액은 얼마인가(단, 특수관계인에 대한 매출은 없으며 문화기업업무추진비나 전통시장에서 지출한 기업업무추진비는 없다)?

손익계산서

제25기   2025년 1월 1일 − 2025년 12월 31일

㈜삼일   (단위: 원)

과목	금액
Ⅰ. 매출액	10,000,000,000
Ⅱ. 매출원가	2,000,000,000
Ⅲ. 매출총이익	8,000,000,000
Ⅳ. 판매비와관리비	7,500,000,000
Ⅴ. 영업이익	500,000,000
Ⅵ. 영업외수익	100,000,000
Ⅶ. 영업외비용	50,000,000
Ⅷ. 법인세비용차감전순이익	550,000,000

㈜삼일은 제조업을 영위하고 중소기업이 아니며, 세법상 손금한도를 계산하기 위한 수입금액 기준적용률은 다음과 같다.

수입금액	적용률
100억원 이하	0.3%
100억원 초과 500억원 이하	3천만원 + 100억 초과분 × 0.2%
500억원 초과	1억1천만원 + 500억 초과분 × 0.03%

① 30,000,000원   ② 36,000,000원

③ 42,000,000원   ④ 48,100,000원

11 다음 중 법인세법상 대손충당금에 관한 설명으로 옳지 않은 것은?

① 대손충당금은 법인이 보유하고 있는 채권의 회수가 불가능하게 될 가능성에 대비하여 설정하는 충당금으로 대손충당금을 손금으로 계상한 경우에는 전액 인정이 된다.

② 대손충당금의 손금산입은 결산조정사항이다.

③ 대손충당금 설정대상 채권에는 매출채권, 대여금, 미수금 등 기업회계기준에 의한 대손충당금 설정대상 채권이 해당된다.

④ 대손충당금 설정률은 1%와 법인의 대손실적률 중 큰 비율을 적용한다.

12 다음 중 법인세법상 지급이자에 관한 설명으로 옳은 것은?

① 차입금에 대한 이자비용은 원칙적으로 손금으로 인정되지 않는다.

② 채권자가 불분명한 이자비용은 이자비용의 50%만 손금으로 인정된다.

③ 비실명채권·증권의 이자는 전액 손금으로 인정된다.

④ 건설중인 자산에 대한 건설자금이자를 비용으로 회계처리한 경우 손금불산입한다.

13 다음 중 법인세법상 부당행위계산의 부인에 관한 설명으로 옳은 것은?

① 특수관계인에 해당하는 법인에 대한 가지급금인정이자는 익금산입하고 상여로 소득처분한다.

② 특수관계에 있는 법인으로부터 자산을 저가로 매입한 경우 시가와 매입가액의 차액을 익금산입한다.

③ 법인세법상 특수관계인에는 해당 법인의 출자자(소액주주 제외), 임원 및 계열회사 등이 있다.

④ 특수관계인이 아닌 자와의 거래로 법인의 조세부담이 부당하게 감소되는 경우 부당행위계산부인 규정을 적용할 수 있다.

14 다음 중 법인세 과세표준의 계산에 관한 설명으로 옳지 않은 것은?

① 법인세 과세표준 계산시 차감되는 이월결손금은 각 사업연도 개시일 전 15년(단, 2020년 1월 1일 전에 개시하는 사업연도 발생분은 10년) 이내에 개시한 사업연도에서 발생한 결손금이어야 한다.

② 중소기업인 법인의 이월결손금은 당해 사업연도 소득금액 범위 내에서 전액 공제받을 수 있다.

③ 이월결손금이란 법인의 이전 사업연도에 발생되어 해당 사업연도로 이월된 결손금을 말한다.

④ 과세표준을 계산함에 있어서 공제받지 못한 비과세소득은 다음 사업연도에 이월하여 공제된다.

15 법인세 결산을 담당하고 있는 김대리는 제25기 사업연도 법인세를 (I)과 같이 계산하였다. 김대리의 법인세 결산결과를 검토한 최과장은 (II) 자료가 누락된 것을 발견하여 산출세액을 수정하였다. 다음 중 최과장이 수정한 후의 산출세액은 얼마인가(단, 회사는 중소기업이 아니다)?

(I) 김대리가 계산한 산출세액	
− 과세표준	70,000,000원
− 세율	9%
− 산출세액	6,300,000원
(II) 최과장이 발견한 누락 자료	
− 기업업무추진비 한도초과액	20,000,000원
− 감가상각비 한도초과액	10,000,000원

① 8,000,000원   ② 9,000,000원

③ 10,000,000원   ④ 11,000,000원

16 다음 중 차감납부할세액 계산 시 공제되는 기납부세액이 아닌 것은?

① 재해손실세액공제

② 수시부과세액

③ 중간예납세액

④ 원천징수된 세액

17 다음 중 소득세에 관한 설명으로 옳지 않은 것은?

① 개인의 세금부담능력에 따라 과세되는 조세이다.

② 열거주의 과세방식(단, 이자소득·배당소득은 유형별 포괄주의)을 따르고 있다.

③ 납세자와 담세자가 다른 간접세이다.

④ 누진세율이 적용된다.

18 다음 중 종합과세와 분류과세에 관한 설명으로 옳지 않은 것은?

① 이자소득, 배당소득은 무조건 종합과세대상을 제외하고 4천만원 이하인 경우 분리과세한다.

② 종합과세는 원칙적으로 1년동안 개인이 벌어들인 모든 소득(분리과세·분류과세 대상 소득 제외)을 합산하여 과세하는 방법이다.

③ 분류과세는 각각의 소득을 합산하지 않고 원천에 따른 소득의 종류별로 별도로 과세하는 방법이다.

④ 퇴직소득과 양도소득은 장기간에 걸쳐 형성된 소득이 일정 시점에 실현되는 것으로 분류과세를 적용한다.

19 다음 중 이자소득에 관한 설명으로 옳지 않은 것은?

① 보통예금에 대한 이자소득의 수입시기는 원칙적으로 실제 이자를 지급받는 날이 된다.

② 무기명 채권에 대한 이자소득의 수입시기는 실제로 지급받은 날이다.

③ 해약으로 인하여 예금이자를 지급받는 경우에는 해약일에 이자를 수입한 것으로 본다.

④ 기명채권에 대한 이자소득의 수입시기는 실제로 지급받은 날이다.

20 다음 자료에 의하여 소득세법상 사업소득 총수입금액을 계산하면 얼마인가?

1. 총매출액	55,000,000원
(부가가치세 예수금 2,000,000원이 포함되고 매출에누리액과 매출환입액이 차감되지 않은 금액임)	
2. 매출에누리액	2,000,000원
3. 매출환입액	1,000,000원
4. 국세과오납금에 대한 환급금 이자	1,000,000원

① 47,000,000원

② 50,000,000원

③ 53,000,000원

④ 55,000,000원

21 다음 자료에 의하여 김상규씨의 2025년도 근로소득금액을 계산하면 얼마인가?

ㄱ. 총급여내역
- 매월급여　　2,000,000원(식사대, 차량유지비 제외)
- 연간상여　　2,500,000원(실제로 지급받은 상여금)
- 식사대　　　월 200,000원(식사를 제공받지 아니함)
- 차량유지비　월 150,000원(김상규씨 소유 차량을 본인이 직접 운전하여 회사의 업무
　　　　　　　수행에 이용하고 실제여비 대신 회사의 지급기준에 따라 받고있음)

ㄴ. 김상규씨는 2025년 3월 1일에 신규로 입사하여 2025년 12월 31일 현재 재직하고 있으며, 상기사항 이외의 근로소득은 없다.

ㄷ. 근로소득공제

총급여액	근로소득공제액
1,500만원 초과 4,500만원 이하	750만원 + 1,500만원초과액 × 15%
4,500만원 초과 1억원 이하	1,200만원 + 4,500만원초과액 × 5%
1억원 초과	1,475만원 + 1억원초과액 × 2%

① 13,875,000원
② 14,425,000원
③ 16,875,000원
④ 22,500,000원

22 다음 중 기타소득에 관한 설명으로 옳지 않은 것은?

① 기타소득금액은 기타소득의 총수입금액에서 필요경비를 공제한 금액을 의미한다.
② 일시적인 문예창작소득으로 수령한 기타소득은 총수입금액의 60%와 실제필요경비 중 큰 금액을 필요경비로 인정 받을 수 있다.
③ 순위경쟁하는 대회에서 입상자가 받은 상금은 총수입금액의 80%와 실제필요경비 중 큰 금액을 필요경비로 인정 받을 수 있다.
④ 복권당첨소득과 기타소득금액의 합계액이 300만원 이하인 경우에는 무조건 분리과세를 적용한다.

23 다음 자료에 의하여 근로소득이 있는 거주자 김삼일씨의 2025년도 보험료공제대상 금액은 얼마인가(소득공제와 세액공제 모두 포함)?

ㄱ. 국민건강보험료   800,000원(회사부담 400,000원 포함)
ㄴ. 고용보험료   1,000,000원(회사부담 500,000원 포함)
ㄷ. 장기저축성보험료   600,000원
ㄹ. 기본공제대상자인 아들(장애인, 소득 없음)을 위하여 지출한 장애인 전용
     보장성보험료   1,000,000원

① 1,800,000원

② 1,900,000원

③ 2,500,000원

④ 3,400,000원

24 다음 중 양도소득세 과세대상 자산으로 옳지 않은 것은?

① 사업에 사용하는 건물과 함께 양도하는 영업권

② 회원권 등 특정시설물 이용권

③ 사용하던 승용차

④ 비상장주식

25 다음 중 소득세의 신고·납부에 관한 설명으로 옳지 않은 것은?

① 중간예납세액이 50만원 미만일 경우에는 중간예납세액을 징수하지 아니한다.

② 정당한 사유없이 휴·폐업신고를 하지 않고 장기간 휴업 또는 폐업상태에 있는 등 조세포탈의 우려가 있다고 인정되는 경우에는 수시부과할 수 있다.

③ 6,000만원의 국내 배당소득이 있는 거주자는 배당소득 수령시에 원천징수세액을 부담하고, 종합소득확정신고시 다른 소득과 합하여 종합소득신고를 하여야 한다.

④ 모든 거주자는 중간예납의무가 있다.

26 ㈜삼일의 근로자 이영희씨가 개인적 사유로 2025년 9월 20일에 중도 퇴사하게 되었다. 퇴직자의 급여는 2025년 10월 10일에 지급한 경우 중도 퇴사자의 연말정산 시기로 옳은 것은?

① 2025년 9월 20일

② 2025년 9월 30일

③ 2025년 10월 10일

④ 2025년 12월 31일

27 다음 중 원천징수에 관한 설명으로 옳지 않은 것은?

① 원천징수로 납세의무가 종결되는지의 여부에 따라 완납적원천징수와 예납적원천징수로 나눈다.

② 원천징수제도는 과세당국은 조세수입을 조기에 확보할 수 있는 장점이 있고 납세의무자는 조세부담을 분산시킬 수 있는 장점이 있다.

③ 거주자의 양도소득은 원천징수 대상에 해당한다.

④ 원천징수의무자는 원칙적으로 원천징수한 세액을 그 징수일이 속하는 달의 다음달 10일까지 국세징수법에 의한 납부서와 함께 원천징수 관할세무서 등에 납부하여야 한다.

28 주권상장법인인 ㈜삼일은 결산이익과 관련된 배당으로 소액주주인 김철수씨에게 20,000,000원을 지급하려고 한다. 이때 주권상장법인인 ㈜삼일이 원천징수할 세액(특별징수할 개인지방소득세 포함)은 얼마인가?

① 2,800,000원

② 3,080,000원

③ 4,000,000원

④ 4,400,000원

29 다음은 부가가치세 세율 인상과 관련된 최근 신문기사 내용이다. 다음 중 부가가치세 세율 인상의 효과로 옳지 않은 것은?

> 증세 해법 뭐가 있나… 부가세 인상론 솔솔.
>
> (중략) 간접세인 부가가치세 등을 올리자는 주장도 있다. 부가가치세율(현재 10%)을 1% 포인트 더 올리면 연간 5조~7조원 가량을 추가로 확보할 수 있다. 한국재정학회가 주최한 조세관련학회 연합학술대회에서는 "부가가치세율을 중장기적으로 15%로 올려야 한다"라는 주장도 제기되었다. 현행 10%에 복지재정 몫으로 2% 포인트, 통일재원 마련을 위해 3% 포인트를 인상해야 한다는 것이다. (후략)

① 최종소비자가 부담하는 재화의 가격이 인상될 것이다.

② 최종소비자가 부담하는 수입재화의 가격에는 영향이 없을 것이다.

③ 외국의 소비자가 부담하는 수출재화의 가격에는 큰 영향을 주지 않을 것이다.

④ 부가가치세의 역진성이 심화될 것이다.

30 다음 중 부가가치세법상 사업자에 관한 설명으로 옳지 않은 것은?

① 사업자는 부가가치세 면세사업자와 부가가치세 과세사업자로 나뉜다.

② 과세사업자라 하더라도 면세대상 재화 또는 용역을 공급하는 경우에는 부가가치세가 면제된다.

③ 과세사업자는 거래규모와 업종에 따라 일반과세자와 간이과세자로 구분된다.

④ 면세사업자라도 사업자등록, 세금계산서 발급, 과세표준 신고 등의 부가가치세법상 제반 의무를 이행해야 한다.

31 다음 중 부가가치세법상 공급시기에 관한 설명으로 옳은 것은?

① 현금판매, 외상판매의 경우 재화가 인도되거나 이용가능하게 되는 때를 공급시기로 하며, 단기할부판매의 경우 대가의 각 부분을 받기로 한 때를 공급시기로 한다.

② 사업자가 재화 또는 용역의 공급시기가 되기 전에 대가의 전부 또는 일부를 받고, 그 받은 대가에 대하여 세금계산서를 발급하면 그 세금계산서를 발급하는 때를 공급시기로 본다.

③ 완성도기준지급 또는 중간지급조건부로 재화를 공급하는 경우에는 예정신고기간 또는 과세기간의 종료일을 공급시기로 한다.

④ 부동산임대용역에 대한 간주임대료 및 선·후불임대료의 경우 대가의 각 부분을 받기로 한 때를 공급시기로 한다.

32 다음 중 부가가치세법상 영세율 제도에 관한 설명으로 옳지 않은 것은?

① 영세율 제도는 부가가치세의 납세의무가 면제되는 완전면세제도에 해당하여 사업자 등록을 선택적으로 신청할 수 있다.

② 영세율 제도는 국제적 이중과세를 방지하는 목적으로 도입되었다.

③ 영세율 제도는 국제거래의 경우 재화와 용역의 소비지국에서 과세되도록 수출자의 과세표준에 영의 세율로 과세한다.

④ 영세율 제도의 도입으로 수출국의 입장에서는 수출경쟁력을 확보하는 결과를 얻게 한다.

33 다음 중 부가가치세법상 면세제도에 관한 설명으로 옳지 않은 것은?

① 부가가치세법상 면세제도는 면세 거래의 부가가치세를 면세하고 그 이전단계에서 창출된 부가가치까지 면세하는 완전면세제도에 해당한다.

② 면세사업자는 면세사업을 위해 매입한 재화나 용역에 대한 매입세액은 공제받지 못한다.

③ 면세제도는 주로 기초 생필품 또는 국민후생용역과 관련하여 최종소비자의 세부담을 줄이기 위하여 도입되었다.

④ 부가가치세법에서는 요건을 만족하는 경우에 제한적으로 면세를 포기할 수 있도록 한다.

34 다음은 ㈜삼일의 기계장치 판매와 관련된 내용이다. 2025년도 제2기 예정신고기간(2025년 7월 1일 ~ 2025년 9월 30일)의 부가가치세 과세표준은 얼마인가?

> 기계장치는 7월 15일에 할부로 판매하였으며, 총 할부대금 60,000,000원은 7월 15일부터 다음과 같이 회수하기로 하였나.
> – 2025년 7월 15일 : 10,000,000원
> – 2025년 8월 15일 : 10,000,000원
> – 2025년 9월 15일 : 10,000,000원
> – 2025년 10월 15일 : 10,000,000원
> – 2025년 11월 15일 : 10,000,000원
> – 2025년 12월 15일 : 10,000,000원

① 0원 ② 30,000,000원

③ 40,000,000원 ④ 60,000,000원

35 다음은 ㈜삼일의 2025년 제2기 확정신고기간의 공급내역이다. 2025년 제2기 확정신고기간의 부가가치세 과세표준을 계산하면 얼마인가?

구분	내역	비고
국내판매	33,000,000원 (부가가치세 포함)	세금계산서 발행분
	20,000,000원 (부가가치세 미포함)	신용카드매출전표 발행분
수출분	40,000,000원 (부가가치세 미포함)	내국신용장에 의한 공급분
	10,000,000원 (부가가치세 미포함)	해외 직수출분

① 50,000,000원   ② 60,000,000원

③ 90,000,000원   ④ 100,000,000원

36 ㈜삼일의 2025년 제1기 예정신고기간의 매입과 관련된 내역이 다음과 같을 때, 부가가치세 매입세액공제액은 얼마인가(공장부지 매입을 제외한 거래에 대하여는 적법하게 세금계산서를 발급받았으며, 매입액에는 부가가치세가 포함되어 있지 않다)?

ㄱ. 과세대상 원재료 매입		30,000,000원
ㄴ. 공장부지 매입		60,000,000원
ㄷ. 영업부 백차장이 법인카드로 지출한 기업업무추진비		400,000원
ㄹ. 토지정지비		30,000,000원

① 3,000,000원   ② 6,000,000원

③ 9,000,000원   ④ 9,400,000원

37 ㈜삼일의 다음 거래내역을 부가가치세신고서에 기록할 때 (A)에 기록될 금액은 얼마인가 ?

구분	금액
세금계산서 발행 국내매출액(VAT 미포함)	10,000,000원
신용카드매출전표 발행 국내매출액(VAT 포함)	22,000,000원
영수증 발행 국내매출액(VAT 포함)	5,500,000원
구매확인서에 의한 공급분(Local 수출분)	20,000,000원
직수출분	30,000,000원

신 고 내 용

구분				금액	세율	세액
과세표준 및 매출세액	과세	세 금 계 산 서 발 급 분	(1)		10/100	
		매 입 자 발 행 세 금 계 산 서	(2)		10/100	
		신용카드·현금영수증발행분	(3)		10/100	
		기 타(정규영수증외매출분)	(4)			
	영세율	세 금 계 산 서 발 급 분	(5)	(A)	0/100	
		기타	(6)		0/100	
	예정신고누락분		(7)			
	대손세액가감		(8)			
	합계		(9)			

① 10,000,000원 ② 20,000,000원
③ 30,000,000원 ④ 50,000,000원

38 다음 중 부가가치세법상 가산세에 관한 설명으로 옳지 않은 것은?

① 사업자등록을 하지 않은 경우 미등록가산세가 부과된다.

② 예정신고시 제출하지 않은 매출처별세금계산서합계표를 확정신고시 제출한 경우 가산세가 부과된다.

③ 세금계산서 발급시기가 지난 후 해당 재화용역의 공급시기가 속하는 과세기간에 대한 확정신고 기한까지 세금계산서를 발급한 경우에는 세금계산서 불성실 가산세가 부과되지 않는다.

④ 예정신고시 제출하여야할 매입처별세금계산서합계표를 확정신고시 제출하더라도 가산세가 부과되지 않는다.

39 다음 중 수정세금계산서를 발급할 수 없는 경우는?

① 작성연월일을 착오로 잘못 기재한 경우

② 공급한 재화 또는 용역이 반품 또는 환입된 경우

③ 재화 공급 후에 계약금이 변경된 경우

④ 과세를 면세로 잘못 알고 계산서를 교부한 경우

40 다음 중 전자세금계산서에 관한 설명으로 옳지 않은 것은?

① 전자세금계산서를 작성하는 경우에도 필요적 기재사항은 모두 기재하여야 한다.

② 전자세금계산서를 발행하는 경우에는 해당 세금계산서에 대한 보관의무가 면제된다.

③ 전자세금계산서의 발급명세를 국세청장에게 전송한 경우에도 세금계산서합계표 명세를 제출하여야 한다.

④ 전자세금계산서제도는 발급의무사업자가 부가가치세법이 정하는 전자적 방법으로 세금계산서를 발급하고 발급일의 다음 날까지 전자세금계산서 발급명세를 국세청장에게 전송하는 제도이다.

01 다음 중 납세의무의 확정방법에 관한 설명으로 옳지 않은 것은?

① 신고납세제도는 조세를 납부하여야 하는 자의 자진신고에 의하여 과세표준과 세액이 확정되는 제도이다.

② 부과과세제도는 국가 또는 지방자치단체의 결정에 따라 과세표준과 세액이 확정되는 제도이다.

③ 법인세와 부가가치세는 신고납세제도를 채택하고 있으며 상속세와 소득세는 부과과세제도를 채택하고 있다.

④ 신고납세제도를 채택하고 있는 경우에도 조세를 납부하여야 하는 자가 신고를 하지 아니하는 경우에는 국가 또는 지방자치단체가 과세표준과 세액을 결정한다.

02 다음 중 국세부과의 원칙에 관한 설명으로 옳지 않은 것은?

① 정부가 납세자의 국세를 감면한 후에는 납세자의 권리보호를 위해 사후관리를 하지 못하도록 하고 있다.

② 신의성실의 원칙은 조세를 납부하는 국민뿐만 아니라 조세를 부과·징수하는 국가에게도 적용된다.

③ 국세는 원칙적으로 법인이 관리하는 장부내용에 근거하여 객관적으로 부과·징수하여야 한다.

④ 국가는 국민에게 세금을 부과·징수하는 경우 거래의 형식보다 거래의 실질에 따라야 한다.

03 법인의 소득이 사외로 유출된 경우 소득의 귀속자와 그 소득처분 내용이 옳지 않은 것은?

① 출자자에게 귀속된 경우 : 배당

② 개인사업자에게 귀속된 경우 : 기타소득

③ 임원에게 귀속된 경우 : 상여

④ 다른 법인에게 귀속된 경우 : 기타사외유출

04 다음 중 법인세법상 손익의 귀속시기에 관한 설명으로 옳지 않은 것은?

① 법인세법에서는 권리의무확정주의에 따라 손익을 인식하며 세법상 규정이 없는 경우 회계상의 손익귀속시기를 따르고 있다.

② 중소기업의 장기할부판매는 신고조정을 통해 회수기일 도래기준으로 손익인식이 가능하다.

③ 계약 등에 의하여 임대료 지급기일이 매월 15일로 정하여진 경우 해당 지급약정일에 임대손익을 인식한다.

④ 장기용역손익은 용역 목적물의 인도일(용역제공완료일)에 손익을 인식한다.

05 다음은 ㈜삼일의 세무조정에 대한 세부항목이다. 이를 이용하여 [법인세 과세표준 및 세액조정계산서] 중 일부를 작성하고자 할 때 (가)에 해당하는 금액은 얼마인가?

ㄱ. 단기매매증권평가이익	2,000,000원
ㄴ. 임원상여금한도초과액	4,000,000원
ㄷ. 의제배당액	1,000,000원
ㄹ. 감가상각비 한도초과액	5,000,000원
ㅁ. 기업업무추진비 한도초과액	5,000,000원
ㅂ. 법인세 환급액	2,000,000원

법인세 과세표준 및 세액조정계산서

		결산서상 당기순이익
(가)	(+)	익금산입·손금불산입
	(−)	손금산입·익금불산입
		각사업연도소득금액

	(가)			(가)
①	15,000,000원		②	16,000,000원
③	17,000,000원		④	18,000,000원

06 다음 자료를 기초로 법인세법상 익금합계액을 계산하면 얼마인가?

ㄱ. 법인지방소득세환급액	7,000,000원
ㄴ. 감자차익	10,000,000원
ㄷ. 채무면제이익	3,000,000원
ㄹ. 부가가치세 매출세액	20,000,000원
ㅁ. 자산의 임대료	50,000,000원

① 33,000,000원　　　　　　② 40,000,000원
③ 53,000,000원　　　　　　④ 73,000,000원

07 다음 자료를 기초로 법인세법상 손금합계액을 계산하면 얼마인가?

ㄱ. 직원에게 급여지급기준을 초과하여 지급된 상여금	5,000,000원
ㄴ. 일반기부금 한도초과액	4,000,000원
ㄷ. 법인세비용	3,000,000원
ㄹ. 주식할인발행차금	20,000,000원
ㅁ. 판매한 제품에 대한 재료비	3,000,000원

①　7,000,000원　　　　　　②　8,000,000원
③ 15,000,000원　　　　　　④ 25,000,000원

08 다음 중 법인세법상 재고자산 및 유가증권의 평가에 관한 설명으로 옳은 것은?

① 재고자산의 평가방법은 저가법만을 인정하고 있다.

② 신설법인의 경우 재고자산 평가방법을 설립일이 속하는 사업연도 말일까지 신고하여야 한다.

③ 유가증권의 평가방법은 총평균법과 이동평균법만을 인정하고 있다.

④ 유가증권 평가방법을 변경하고자 하는 경우에는 적용하고자 하는 사업연도 종료일 이전 3개월이 되는 날까지 변경신고를 하여야 한다.

09 제조업을 영위하는 ㈜삼일은 기계장치를 2025년1월1일에 취득하였으나 이에 대한 감가상각방법을 신고하지 않았다. 다음 중 법인세법상 당해 사업연도(2025년1월1일 ~ 2025년12월31일)의 기계장치 감가상각범위액으로 옳은 것은(단, 법인세법상 내용연수는 10년이라고 가정한다.)?

ㄱ. 기계장치 취득가액 : 100,000,000원

ㄴ. 내용연수 10년 상각률 (정액법상각률 : 0.1, 정률법상각률 : 0.259)

① 0원

② 10,000,000원

③ 25,900,000원

④ 100,000,000원

10 다음 자료를 이용하여 법인의 기부금에 대한 세무조정을 하는 경우 발생할 수 있는 세무조정으로 옳은 것은?

일반기부금 지출액 : 2,000,000원 (손금산입 한도액 : 1,000,000원)

법인에 대한 비지정기부금 지출액 : 500,000원

① (손금불산입) 기부금 한도초과액　2,000,000원 (기타사외유출)

② (손금불산입) 기부금 한도초과액　1,000,000원 (기타사외유출)

③ (손금불산입) 비지정기부금　1,000,000원 (상여)

④ (손금불산입) 비지정기부금　2,000,000원 (상여)

11 다음은 제조업을 영위하는 ㈜삼일의 대손충당금 관련 자료이다. 다음 자료에 의할 경우 법인세법상 당해 사업연도(2025년 1월 1일 ~ 2025년 12월 31일)에 필요한 세무조정은(단, 당기 중 발생한 대손액에 대한 부인액은 없다)?

ㄱ. 대손충당금설정대상 채권금액	2,000,000,000원
ㄴ. 대손실적률	2%
ㄷ. 대손충당금	
− 기초잔액	30,000,000원
− 당기추가설정액	50,000,000원
− 기말잔액	46,000,000원
ㄹ. 대손충당금의 기초잔액 중 전기에 한도초과로 손금불산입된 금액	20,000,000원

	익금산입·손금불산입	익금불산입·손금산입
①	6,000,000원	20,000,000원
②	6,000,000원	0원
③	10,000,000원	20,000,000원
④	10,000,000원	0원

12 다음 중 법인세법상 지급이자 손금불산입에 관한 설명으로 옳지 않은 것은?

① 건설자금이자는 채권자불분명 사채이자보다 선순위로 손금불산입된다.

② 채권자불분명 사채이자는 대표자 상여로 소득처분하지만 원천징수액은 기타사외유출로 소득처분한다.

③ 당기에 건설 중인 자산에 대한 건설자금이자를 비용으로 회계처리한 경우 손금불산입하여 유보로 처분한다.

④ 업무무관자산 등 관련이자는 기타사외유출로 소득처분한다.

13 ㈜삼일상사가 특수관계인인 ㈜삼일공업에 시가 10억원인 토지를 6억원에 매각한 경우 ㈜삼일상사가 수행할 세무조정으로 옳은 것은(단, 법인의 법인세 부담이 부당하게 감소되었다는 기준은 시가와 대가와의 차액이 3억원 이상 이거나 시가의 5% 이상인 경우를 의미한다)?

① (익금산입) 부당행위계산부인 400,000,000원(유보)

② (익금산입) 부당행위계산부인 400,000,000원(배당)

③ (익금산입) 부당행위계산부인 400,000,000원(기타)

④ (익금산입) 부당행위계산부인 400,000,000원(기타사외유출)

14 다음은 제조업을 영위하는 ㈜삼일(중소기업임)의 제25 기(2025년 1월 1일 ~ 2025년 12월 31일) 법인세 과세표준과 관련된 자료이다. 이 자료를 이용하여 ㈜삼일의 제25기 법인세 과세표준을 계산하면 얼마인가?

(1) 각 사업연도 소득금액 : 100,000,000원

(2) 비과세소득 : 5,000,000원

(3) 이월결손금 : 60,000,000원(제23기 발생 분으로서 이후 공제되지 아니한 것임)

① 10,000,000원

② 25,000,000원

③ 35,000,000원

④ 40,000,000원

15 다음 자료를 기초로 중소기업인 ㈜삼일의 제 25기(2025년 1월 1일 ~ 2025년 12월 31일) 법인세 산출세액을 계산한 것으로 옳은 것은?

> ㄱ. 법인세비용차감전순이익 : 200,000,000원
>
> ㄴ. ㈜삼일은 기업업무추진비로 20,000,000원을 사용했지만 증빙서류를 수취하지 못하였다.
>
> ㄷ. 감가상각비는 30,000,000원이나 세무상 한도액은 20,000,000원이다.
>
> ㄹ. 교통사고 벌금 2,000,000원을 납부하고 비용으로 회계처리하였다.
>
> ㅁ. 이월결손금·비과세소득·소득공제는 없다.
>
> ㅂ. 법인세율 : 과세표준 2억원 이하는 9%, 2억원 초과 200억 이하 분은 19% 이다.

① 18,000,000원

② 21,800,000원

③ 23,700,000원

④ 24,080,000원

16 다음 중 법인세 신고 및 납부에 관한 설명으로 옳은 것은?

① 내국법인은 각 사업연도 소득에 대한 법인세를 사업연도 종료일이 속하는 달의 말일부터 2개월 이내에 신고하여야 한다.

② 외부감사대상 법인이 신고기한 연장을 신청하는 경우 1개월의 범위에서 연장을 허용한다.

③ 각 사업연도 소득금액이 없는 경우에는 신고할 필요가 없다.

④ 법인세는 분납이 없으므로 일시에 납부해야 한다.

17 다음 중 소득세법에 관한 설명으로 옳지 않은 것은?

① 소득세는 원칙적으로 열거주의 과세방식을 취하고 있다.

② 소득세는 개인의 부담능력에 따라 과세되는 조세이다.

③ 퇴직소득과 양도소득은 다른 소득과 합산하지 않고 분류하여 과세한다.

④ 소득세는 거주자와 비거주자의 과세범위에 차이를 두고 있지 않다.

18 다음 중 소득세법상 과세기간에 관한 설명으로 옳지 않은 것은?

① 거주자가 폐업한 경우에는 1월 1일부터 폐업한 날까지를 과세기간으로 하여 소득세를 과세한다.

② 거주자가 주소 또는 거소의 국외이전으로 인하여 비거주자가 되는 경우에는 1월 1일부터 출국한 날까지를 과세기간으로 하여 소득세를 과세한다.

③ 거주자가 사망한 경우에는 1월 1일부터 사망한 날까지를 과세기간으로 하여 소득세를 과세한다.

④ 원칙적으로 소득세는 1월 1일부터 12월 31일까지를 과세기간으로 하여 소득세를 과세한다.

19 다음 중 소득세가 과세되지 않는 금융소득으로 옳은 것은?

① 단기저축성보험의 보험차익
② 법인세법에 따라 배당으로 처분된 금액
③ 공익신탁의 이익
④ 의제배당

20 다음 중 소득세법상 사업소득금액과 법인세법상 각 사업연도 소득금액에 관한 설명으로 옳지 않은 것은?

① 법인세법에 따르면 소득의 종류를 구분하지 않고 모든 소득을 각 사업연도 소득에 포함하여 과세한다.

② 개인사업의 대표자에게 지급하는 급여는 필요경비에 산입되지 않지만, 법인의 대표자에게 지급하는 급여는 법인의 손금에 산입된다.

③ 소득세법상 복식부기의무자가 아닌 사업자의 유형자산 처분손익은 사업소득의 총수입금액과 필요경비에 산입하지 않는다.

④ 소득세법상 개인사업의 대표자는 퇴직급여충당금 설정대상이 된다.

21 다음 중 소득세법상 비과세 근로소득으로 옳지 않은 것은?

① 일직료·숙직료 또는 여비로서 실비변상정도의 지급액
② 6세 이하 자녀의 보육과 관련하여 지급하는 월 30만원 이내의 금액
③ 광산근로자가 받는 입갱수당 및 발파수당
④ 근로자가 제공받는 식사·기타 음식물

22 다음 중 소득세법상 연금과 관련된 설명으로 옳지 않은 것은?

① 국민연금 등 공적연금의 연금기여금 납입액에 대해서는 전액 소득공제를 인정하고 있다.
② 개인연금과 같은 사적연금은 기여금 납입시에는 아무런 공제를 받지 못한다.
③ 연금소득금액은 연금소득 총수입금액에서 연금소득공제를 차감한 금액이다.
④ 연금소득공제의 한도는 연 900만원이다.

23 거주자 박삼일씨의 자녀가 다음과 같을 때 박삼일씨가 적용할 수 있는 자녀세액공제금액은 얼마인가?

첫째 : 박일남(만 13세, 남)
둘째 : 박이남(만 11세, 남)
셋째 : 박삼녀(만 6세, 여)

① 350,000원   ② 500,000원
③ 550,000원   ④ 850,000원

24 다음 중 소득세법상 양도소득 과세대상으로 옳지 않은 것은?

① 골프회원권 등 특정시설물 이용권의 양도
② 대주주에 해당하지 아니하는 거주자의 주권상장법인 주식의 장내 양도
③ 아파트당첨권의 양도
④ 비상장주식의 양도

25 다음 중 과세표준 확정신고 의무에 관한 설명으로 옳지 않은 것은?

① 근로소득만 있는 자는 연말정산으로 납세의무 종결이 가능하다.
② 퇴직소득만 있는 자는 원천징수로 납세의무 종결이 가능하다.
③ 분리과세이자소득 및 분리과세배당소득만 있는 자는 확정신고를 하지 않아도 된다.
④ 퇴직소득과 공적연금소득만 있는 자는 확정신고를 하여야 한다.

26 다음 중 근로소득의 연말정산에 관한 설명으로 옳지 않은 것은?

① 12월 1일에 중도퇴사한 근로자의 퇴직하는 달의 급여를 12월 31일에 지급한 경우 다음 해 2월에 연말정산을 하면 된다.
② 계속근로자의 연말정산은 다음 해 2월분 급여를 지급하는 때에 한다.
③ 근로소득을 지급하는 자가 연말정산의무자이다.
④ 다른 소득이 없는 근로소득자는 별도의 종합소득세 신고·납부 절차없이 연말정산으로 납세의무가 종결된다.

27 다음 중 소득세법상 원천징수에 관한 설명으로 옳지 않은 것은?

① 정부는 원천징수제도를 통해 징세비용 절약과 징수사무의 간소화를 기할 수 있다.
② 모든 원천징수의무자는 예외없이 원천징수한 세액을 그 징수일이 속하는 달의 다음 달 10일까지 납세지에 납부해야 한다.
③ 원천징수의무자는 납세의무자에게 원천징수세액을 차감한 금액을 지급하게 된다.
④ 정부는 원천징수를 통해 세원의 탈루를 최소화 할 수 있다.

28 다음 중 소득세법상 근로소득 원천징수 제도에 관한 설명으로 옳지 않은 것은?

① 소득세법은 매월 지급되는 급여액에 대해 간이세액표를 통하여 원천징수할 금액을 결정하도록 하고 있다.
② 상여를 지급하는 때에는 지급대상 기간이 있는 상여와 지급대상 기간이 없는 상여로 나누어 원천징수세액을 계산하도록 하고 있다.
③ 일용근로자가 아닌 근로자에 대한 근로소득 원천징수는 예납적 원천징수에 해당한다.
④ 일용근로자에 대해서는 원천징수를 하지 않아도 된다.

29 다음 중 부가가치세법상의 사업자에 관한 설명으로 옳지 않은 것은?

① 사업자는 부가가치세 과세사업자와 부가가치세 면세사업자로 나눌 수 있다.
② 과세사업과 면세사업을 함께 영위하는 겸영사업자는 면세사업자로 분류하고 있다.
③ 과세사업자는 매출액의 규모와 업종에 따라 일반과세자와 간이과세자로 구분할 수 있다.
④ 면세사업자는 부가가치세가 면세되는 재화 또는 용역을 공급하는 사업자를 말한다.

30 다음 중 사업자등록에 관한 설명으로 옳지 않은 것은?

① 신규로 사업을 개시하는 사업자는 원칙적으로 사업장마다 사업개시일부터 20일 이 내에 사업자등록을 신청하여야 한다.

② 과세사업과 면세사업을 겸영하는 사업자는 부가가치세법에 의한 사업자등록을 하여 야 한다.

③ 공동으로 사업을 하는 경우에는 공동사업자 모두의 명의로 사업자등록신청을 하여 야 한다.

④ 사업자등록을 하게 되면 사업자등록번호가 부여된 사업자등록증을 발급받게 된다.

31 다음 중 부가가치세의 과세대상에 관한 설명으로 옳지 않은 것은?

① 부가가치세 과세대상인 재화에는 어음·수표 등의 화폐대용증권을 포함하지 아니한다.

② 고용관계에 의해 근로를 제공하는 것도 과세대상인 용역의 공급으로 본다.

③ 재화의 수입에 있어서는 해당 수입자가 사업자인지 여부에 관계없이 부가가치세가 과세된다.

④ 부동산을 담보로 제공하는 경우에는 부가가치세를 과세하지 않는다.

32 다음 중 부가가치세법상 영세율과 면세에 관한 설명으로 옳지 않은 것은?

① 면세의 목적이 기초 생필품 또는 국민후생용역과 관련한 최종소비자의 세부담 완화 에 있다면 영세율의 목적은 소비지국 과세에 있다.

② 면세사업자는 면세를 포기하지 않는 한 영세율을 적용받을 수 없다.

③ 영세율제도를 적용받는 사업자에게는 부가가치세법을 위반해도 가산세를 부과하지 않는다.

④ 영세율제도는 당해 거래단계에서 창출된 부가가치뿐만 아니라 그 이전 단계에서 창 출된 부가가치에 대하여도 과세되지 않는 효과가 있으므로 완전면세제도라고 한다.

33 다음 중 부가가치세법상 영세율과 면세에 관한 설명으로 옳지 않은 것은?

① 모든 면세사업자는 선택에 따라 면세를 포기할 수 있다.

② 면세사업자는 부가가치세법상 사업자가 아니기 때문에 세금계산서 발급 등의 의무가 없다.

③ 영세율 적용 사업자는 재화 매입 시 부담한 매입세액을 환급받을 수 있다.

④ 영세율 적용을 받더라도 사업자등록, 세금계산서 발급 등 납세의무자로서의 의무를 이행해야 한다.

34 다음 중 제1기 예정신고기간의 부가가치세 매출세액 과세표준으로 옳은 것은?

공급일자	공급가액 (부가가치세 미포함)	공급조건
1월 8일	10,000,000원	상품의 공급가액, 대금의 결제조건에 따라 감액한 매출에누리 5,000,000원을 차감하지 않은 금액임
1월 29일	30,000,000원	제품의 공급가액, 불량 발생으로 감액한 매출환입 10,000,000원을 차감한 금액임
2월 16일	30,000,000원	제품의 공급가액, 공급대가의 지급 지연으로 수령한 연체이자 10,000,000원을 제외한 금액임
3월 2일	20,000,000원	해외직수출 매출액

① 70,000,000원 ② 75,000,000원

③ 80,000,000원 ④ 85,000,000원

35 부가가치세 과세사업을 영위하는 ㈜삼일은 2025년에 기계를 새로 구입하면서 그동안 사용하던 기계장치를 매각하였다. 계약서상 조건이 다음과 같다면, 기계장치 매각과 관련한 2025년 제2기 예정신고기간의 과세표준은 얼마인가?

> 대금은 다음과 같이 지급한다.
> - 2025년 7월 15일 계약금 20,000,000원
> - 2025년 10월 15일 중도금 30,000,000원
> - 2026년 1월 30일 잔금 10,000,000원
> - 잔금을 수령한 이후 기계장치를 인도한다.

① 10,000,000원 ② 20,000,000원
③ 50,000,000원 ④ 60,000,000원

36 다음은 ㈜삼일의 부가가치세 제1기 예정신고기간(2025년 1월 1일 ~ 2025년 3월 31일)의 거래내역이다. 이 자료를 바탕으로 매입세액공제액을 계산하면 얼마인가(단, 상품매입액에는 부가가치세가 포함되어 있고 그 외에는 부가가치세가 포함되어 있지 않으며, 세금계산서를 적법하게 발급받았다)?

> ㄱ. 과세대상 상품 매입액   22,000,000원
> ㄴ. 면세사업용 소모품 매입액   11,000,000원
> ㄷ. 거래처 명절선물구입액   8,000,000원
> ㄹ. 직원야근 식사구입액   1,000,000원

① 2,100,000원 ② 2,800,000원
③ 2,900,000원 ④ 3,000,000원

37 다음 자료는 ㈜삼일의 거래내역이다. ㈜삼일의 부가가치세신고서상 (ㄱ)과 (ㄴ)에 기록될 금액은 각각 얼마인가?

구분				금액	세율	세액
과세표준 및 매출세액	과세	세금계산서 발급분	(1)	(ㄱ)	10/100	
		매입자발행세금계산서	(2)		10/100	
		신용카드·현금영수증 발행분	(3)		10/100	
		기타(정규영수증 외 매출분)	(4)			
	영세율	세금계산서 발급분	(5)	(ㄴ)	0/100	
		기 타	(6)		0/100	
	예 정 신 고 누 락 분		(7)			
	대 손 세 액 가 감		(8)			
	합 계		(9)		㉮	

구분	금 액
세금계산서 발급분 국내매출액	300,000,000원
현금영수증 발급분 국내매출액	80,000,000원
미국 A회사와 수출계약에 따른 직수출액	50,000,000원
내국신용장에 의한 공급	120,000,000원

	(ㄱ)	(ㄴ)
①	380,000,000원	50,000,000원
②	380,000,000원	120,000,000원
③	300,000,000원	50,000,000원
④	300,000,000원	120,000,000원

38 다음 중 부가가치세법상 가산세에 관한 설명으로 옳지 않은 것은?

① 부가가치세와 관련하여 적용 가능한 가산세 규정은 국세기본법과 부가가치세법에서 규정하고 있다.

② 국세기본법에서는 신고 및 납부와 관련된 가산세에 대하여 규정하고 있다.

③ 부가가치세법상 미등록가산세는 과세사업자가 사업개시일부터 20일 이내에 사업자등록을 신청하지 않은 경우 부과하는 가산세이다.

④ 사업자가 아닌 자가 재화 또는 용역을 공급하지 아니하고 세금계산서를 발급하는 경우에는 사업자가 아니므로 가산세를 적용하는 경우는 없다.

39 다음 중 부가가치세법상 수정세금계산서에 관한 설명으로 옳지 않은 것은?

① 공급시기에 세금계산서를 발급하지 않았더라도 수정사유가 발생한 경우 수정세금계산서를 발급할 수 있다.

② 사업자는 기존에 발행한 세금계산서 사항에 대해 정정사유가 발생한 경우 수정세금계산서를 발행할 수 있다.

③ 수정세금계산서는 부가가치세법상 경정처분을 받기 전까지 수정하여 발급할 수 있다.

④ 세금계산서의 필요적 기재사항 등을 착오로 잘못 적은 경우 처음에 발급한 세금계산서의 내용대로 세금계산서를 붉은색 글씨로 쓰거나 음(陰)의 표시를 하여 발급하고, 수정하여 발급하는 세금계산서는 검은색 글씨로 작성하여 발급한다.

40 다음 중 세금계산서에 관한 설명으로 옳지 않은 것은?

① 세금계산서 발행·교부시 필요적 기재사항을 기재하지 않으면 세금계산서불성실가산세가 적용된다.

② 임의적 기재사항이 일부라도 기재되지 아니하거나 기재된 사항이 사실과 다를 때에는 세금계산서 불성실가산세가 부과된다.

③ 부가가치세법상 납세의무자라도 사업자등록을 하지 않으면 세금계산서를 발급할 수 없다.

④ 면세사업자는 부가가치세법상 사업자가 아니므로 세금계산서를 발급할 수 없다.

01 사용용도가 지정되어 있는 조세를 목적세라고 한다. 다음 중 목적세에 해당하는 조세를 모두 고르면?

> ㄱ. 교육세 ㄴ. 상속세 ㄷ. 법인세
> ㄹ. 농어촌특별세 ㅁ. 부가가치세

① ㄱ, ㄴ

② ㄱ, ㄹ

③ ㄴ, ㄹ

④ ㄷ, ㅁ

02 다음 중 국세부과의 원칙에 관한 설명으로 옳지 않은 것은?

① 정부가 납세자의 국세를 감면한 후에는 그 감면의 취지를 성취하거나 국가정책을 수행하기 위하여 필요하다고 인정하면 세법이 정하는 바에 따라 감면세액에 상당하는 자금 또는 자산의 운용범위를 정할 수 있다.

② 신의성실의 원칙은 조세를 납부하는 국민뿐만 아니라 조세를 부과·징수하는 국가에게도 적용된다.

③ 국세는 원칙적으로 납세의무자가 장부를 갖추어 기록하고 있는 경우에는 장부내용에 근거하여 부과·징수하여야 한다.

④ 국가는 국민에게 세금을 부과·징수하는 경우 거래의 실질보다 거래의 형식에 따라야 한다.

03 다음 중 법인종류별 납세의무의 범위에 관한 설명으로 옳은 것은?

① 외국영리법인의 경우 국내·외원천소득에 대하여 과세한다.

② 외국의 국가와 지방자치단체에 대해서는 법인세를 부과하지 않는다.

③ 비영리법인의 경우 청산소득 및 토지 등 양도소득에 대하여 과세한다.

④ 내국비영리법인의 경우 국내·외원천소득 중 수익사업에서 발생한 소득에 대하여 과세한다.

04 다음 중 법인세법상 손익의 귀속시기에 관한 설명으로 옳지 않은 것은?

① 법인이 수행하는 계약기간 1년 이상의 건설공사 : 진행기준

② 제조업을 영위하는 법인이 국내 은행에 예치한 정기예금의 이자 : 이미 경과한 기간에 대한 이자는 해당 사업연도의 익금으로 함

③ 유형자산인 토지의 양도손익 : 대금청산일, 소유권이전등기일, 인도일, 사용수익일 중 가장 빠른 날

④ 임대료 지급기간이 1년을 초과하는 임대손익 : 이미 경과한 기간에 대응하는 임대료 상당액과 비용은 이를 각각 당해 사업연도의 익금과 손금으로 함

05 ㈜삼일은 2025년 7월 1일에 자기주식(취득가액 4,000,000원으로 취득시 자산으로 계상함)을 5,000,000원에 처분하고 다음과 같이 회계처리하였다. 이 경우 ㈜삼일의 세무조정으로 옳은 것은?

| (차) 현금 | 5,000,000원 | (대) 자기주식(자산) | 4,000,000원 |
| | | 자기주식처분이익(자본잉여금) | 1,000,000원 |

① (익금산입) 자기주식처분이익 1,000,000원(기타)

② (익금산입) 자기주식처분이익 1,000,000원(유보)

③ (익금불산입) 자기주식처분이익 1,000,000원(기타)

④ (익금불산입) 자기주식처분이익 1,000,000원(△유보)

06 다음 중 법인세법상 손금항목을 모두 고른 것은?

> ㄱ. 임원에게 급여지급기준을 초과하여 지급한 상여금
> ㄴ. 주식할인발행차금
> ㄷ. 양도한 유형자산의 장부가액
> ㄹ. 벌과금
> ㅁ. 판매한 제품의 원료의 매입가액

① ㄱ, ㄴ
② ㄱ, ㄹ
③ ㄷ, ㅁ
④ ㄴ, ㄹ

07 법인세법에서는 조세정책적인 목적 등으로 일정한 한도까지만 손금으로 인정하고 이를 초과하는 금액은 손금으로 인정하지 않는 항목들을 규정하고 있다. 다음 중 이에 해당하지 않는 것은?

① 사용자부담 고용보험료
② 일반기부금
③ 임원에게 지급한 퇴직급여
④ 특례기부금

08 다음 중 법인세법상 재고자산의 평가방법에 관한 설명으로 옳지 않은 것은?

① 재고자산평가방법상 원가법에는 개별법, 선입선출법, 총평균법, 이동평균법, 매출가격환원법만 있으므로 후입선출법은 세법상 적법한 평가방법으로 인정되지 아니한다.
② 저가법이란 재고자산을 원가법과 시가로 평가한 가액 중 낮은 가액으로 평가하는 방법을 말한다.
③ 신설법인은 법인의 설립일이 속하는 사업연도의 과세표준 신고기한 내에 재고자산의 평가방법을 신고하여야 한다.
④ 재고자산평가방법을 변경하고자 하는 법인은 변경할 재고자산평가방법을 적용하고자 하는 사업연도 종료일 이전 3개월 이내에 변경신고를 하여야 한다.

09 ㈜삼일의 제25기 사업연도(2025년 1월 1일 ~ 2025년 12월 31일)의 비품의 감가상각비에 대한 세무조정으로 옳은 것은?

(1) ㈜삼일은 제24기 초에 비품을 10,000,000원에 취득하였으며, 감가상각방법은 정액법, 내용연수는 5년(상각률 0.2)으로 신고하였다.

(2) 제24기와 제25기 사업연도의 비품에 대한 감가상각비 계상액과 상각범위액은 다음과 같다.

구분	제24기 사업연도	제25기 사업연도
감가상각비 계상액	3,000,000원	1,300,000원
감가상각 범위액	2,000,000원	2,000,000원
상각부인액(△시인부족액)	1,000,000원	△ 700,000원

(3) 제24기 사업연도에 대한 세무조정은 적법하게 하였다.

① (손금산입)　　　700,000원(△유보)
② (손금산입)　　　300,000원(△유보)
③ (손금불산입)　　700,000원(기타)
④ 세무조정 없음

10 ㈜삼일의 제25기 사업연도(2025년 1월 1일 ~ 2025년 6월 30일)의 기업업무추진비 한도액으로 옳은 것은?

(1) ㈜삼일은 중소기업에 해당하지 않으며, 제25기 사업연도의 기업회계기준에 따른 매출액은 500억원(특수관계인에 대한 매출액은 없음)이다.

(2) ㈜삼일의 기업업무추진비에는 문화기업업무추진비와 전통시장기업업무추진비는 없다.

(3) 수입금액 적용률은 다음과 같다.

수입금액	적용률
100억원 이하	0.3%
100억원 초과 500억원 이하	3천만원 + 100억원 초과분 × 0.2%
500억원 초과	1억 1천만원 + 500억원 초과분 × 0.03%

(4) ㈜삼일은 사업연도를 12월말에서 6월말로 변경하였다. 이에 따라 제25기 사업연도는 종전의 사업연도 개시일(2025년1월 1일)부터 변경된 사업연도 개시일 전날(2025년 6월 30일)까지 6개월이 되었다.

① 116,000,000원   ② 122,000,000원
③ 128,000,000원   ④ 146,000,000원

11 다음은 제조업을 영위하는 ㈜삼일의 대손충당금 관련 자료이다. 이 자료를 이용하여 ㈜삼일의 제25기 사업연도(2025.1.1.~2025.12.31.)의 대손충당금 한도초과액을 계산하면 얼마인가?

> (1) 당기말 대손충당금 설정대상 채권가액 : 300,000,000원
>
> (2) 대손실적률 : 0.5%
>
> (3) 대손충당금 계정의 내역
>
> 대손충당금
>
> | 매출채권 | 1,000,000원* | 기초잔액 | 2,000,000원 |
> |---|---|---|---|
> | 기말잔액 | 4,000,000원 | 당기설정액 | 3,000,000원 |
> | 계 | 5,000,000원 | 계 | 5,000,000원 |
>
> * 대손요건을 충족함

① 1,000,000원

② 1,200,000원

③ 1,500,000원

④ 한도초과액 없음

12 다음 중 법인세법상 지급이자 손금불산입에 관한 설명으로 옳지 않은 것은?

① 채권자가 불분명한 사채의 이자는 손금불산입하여 원천징수세액은 기타사외유출로, 잔액은 상여로 소득처분한다.

② 완성된 상각대상자산에 대한 건설자금이자를 이자비용으로 회계처리한 경우에는 이를 감가상각한 것으로 보아 감가상각시부인 대상에 포함한다.

③ 건설중인 상각대상자산에 대한 건설자금이자를 이자비용으로 회계처리한 경우에는 손금불산입하고 유보로 소득처분한다.

④ 업무무관자산 등 관련 이자는 손금불산입하고 유보로 소득처분한다.

13 ㈜삼일은 일반거래처에 30,000,000원에 판매하는 제품을 모기업(지분율 70%)인 ㈜용산에게 10,000,000원에 판매하였다. 이 경우 ㈜삼일이 수행할 세무조정으로 옳은 것은?

① (익금산입) 부당행위계산부인 10,000,000원(기타사외유출)

② (익금산입) 부당행위계산부인 20,000,000원(기타사외유출)

③ (손금산입) 부당행위계산부인 10,000,000원(배당)

④ (손금산입) 부당행위계산부인 20,000,000원(배당)

14 다음은 중소기업인 ㈜삼일의 제25기(2025년 1월 1일 ~ 2025년 12월 31일) 현재 이월결손금에 대한 자료이다. 결손금 및 이월결손금과 관련된 설명으로 옳지 않은 것은?

ㄱ. 제21기 사업연도의 세무상 이월결손금		4,000,000원
ㄴ. 제25기 각사업연도소득금액		5,000,000원

① 결손금이란 사업연도의 손금총액이 익금총액보다 큰 경우 그 차액을 말하며, 이월결손금이란 그 다음 사업연도로 이월된 결손금을 말한다.

② 중소기업은 이월결손금을 각 사업연도 소득금액의 95%를 한도로 공제한다.

③ 각 사업연도 개시일 전 15년(2020.1.1. 전에 개시하는 사업연도 발생분 10년) 이내에 개시한 사업연도에서 발생한 결손금이 공제대상이다.

④ 과세표준을 계산할 때 이월결손금은 비과세소득이나 소득공제보다 먼저 공제한다.

15 다음 자료로 ㈜삼일(중소기업임)의 제25기(2025년 1월 1일 ~ 2025년 12월 31일) 법인세 산출세액을 계산하면 얼마인가?

ㄱ. 각 사업연도 소득금액   300,000,000원

ㄴ. 공제가능 이월결손금   20,000,000원

ㄷ. 소득공제   10,000,000원

ㄹ. 세액공제   5,000,000원

ㅁ. 세율 : 과세표준 2억원 초과 200억원 이하인 경우

     → 18,000,000원 + 2억원을 초과하는 금액의 19%

① 26,300,000원   ② 28,300,000원

③ 31,300,000원   ④ 32,300,000원

16 다음 중 세법에 따른 조세감면을 적용받는 경우라도 과다한 조세감면은 조세형평에 어긋나므로 일정한도의 세액은 납부하도록 하는 제도에 해당하는 것은?

① 수시부과제도   ② 연결납세제도

③ 최저한세제도   ④ 부당행위계산의 부인제도

17 다음 중 소득세에 관한 설명으로 옳지 않은 것은?

① 세대의 세금부담능력에 따라 과세하기 위하여 세대별 소득을 합산하여 과세한다.

② 열거주의 과세방식(단, 이자소득·배당소득은 유형별 포괄주의)을 따르고 있다.

③ 납세자와 담세자가 같을 것으로 예정된 조세이므로 직접세에 해당한다.

④ 일정금액까지는 낮은 세율을 적용하고, 일정금액을 초과하는 금액은 높은 세율을 적용하는 초과누진세율을 채택하고 있다.

18 다음 중 소득세법상 납세의무자와 관련된 설명으로 옳지 않은 것은?

① 거주자란 국내에 주소를 두거나 183일 이상의 거소를 둔 개인을 말한다.

② 거주자 여부를 판정할 때는 국적이나 영주권 취득 등을 고려하지 아니한다.

③ 거주자가 아닌 개인을 비거주자라 하며, 우리나라 과세당국은 비거주자에 대하여는 국내원천소득에 대한 과세권이 있다.

④ 대한민국 국민인 내국법인의 임직원이 국외사업장에 파견된 경우 그 임직원은 비거주자로 본다.

19 다음 중 소득세법상 배당소득이 아닌 것은?

① 내국법인으로 보는 신탁재산으로부터 받는 분배금

② 출자공동사업자의 손익분배비율에 해당하는 금액

③ 비영업대금의 이익

④ 집합투자기구로부터의 이익

20 다음 중 사업소득과 각 사업연도 소득에 관한 설명으로 옳지 않은 것은?

① 소득세법은 원칙적으로 소득원천설에 의하여 과세하나, 법인세법은 순자산증가설에 의하여 과세한다.

② 소득세법에 따르면 개인사업의 대표자는 퇴직급여충당금의 설정대상에 해당하지 아니한다.

③ 법인세법에 따르면 법인의 대표자에게 지급하는 보수는 법인의 손금에 해당한다.

④ 개인사업자가 사업상의 운영자금을 일시 예금하여 발생한 이자는 사업소득에 해당한다.

21 공장에서 근무하는 생산직 근로자인 김삼일 씨의 2025년의 급여내역은 다음과 같다. 김삼일 씨의 2025년 총급여액을 계산하면 얼마인가?

> (1) 급　여 : 18,000,000원
> (2) 상여금 :　3,000,000원
> (3) 연장근로수당 : 4,000,000원(월정액급여와 직전 과세기간의 총급여액은 비과세요건을 충족함)
> (4) 식사대 : 3,600,000원(매월 30만원씩 지급받고 있으며 식사는 제공받지 않고 있음)
> (5) 사택제공이익 : 1,200,000원

① 23,800,000원　　　　　　　② 25,000,000원

③ 26,200,000원　　　　　　　④ 27,400,000원

22 다음 중 소득세법상 소득구분으로 옳지 않은 것은?

① 연금계좌에 납입시 세액공제받은 금액을 연금형태로 지급받는 경우 : 연금소득

② 계약의 위약 또는 해약으로 인하여 받는 위약금 : 기타소득

③ 복권당첨소득 : 기타소득

④ 이연퇴직소득을 연금수령한 소득 : 퇴직소득

23 다음은 거주자 현소희(여성)의 2025년 종합소득공제 관련 자료이다. 현소희 씨가 공제받을 수 있는 인적공제액으로 옳은 것은?

구분	나이	소득	비고
본인	30세	총급여액 45,000,000원	근로소득금액 33,000,000원임
부친	71세	총급여액 5,000,000원	장애인
배우자	29세	소득 없음	
장녀	3세	소득 없음	

① 6,000,000원　　　　　　　② 7,500,000원

③ 8,500,000원　　　　　　　④ 9,000,000원

24 다음 중 소득세법상 양도소득의 범위에 포함되지 않는 것은?

① 아파트당첨권을 양도한 경우
② 상가 건물과 함께 영업권을 양도한 경우
③ 국공채를 양도한 경우
④ 골프회원권을 양도한 경우

25 종합소득금액이 있는 거주자는 종합소득과세표준을 다음연도 5월 1일부터 5월 31일까지 신고해야 한다. 다음 중 과세표준확정신고를 반드시 해야 하는 거주자는 누구인가(단, 거주자는 제시된 소득 외의 다른 소득은 없으며, 원천징수 및 연말정산은 적법하게 되었다)?

① 로또복권에 당첨되어 세금을 공제하고 10억원을 수령한 한재수 씨
② 일용근로소득이 있는 김일용 씨
③ 해당 과세기간 중 퇴사한 뒤 미용실을 개업하여 사업소득이 발생한 김파마 씨
④ 분리과세대상 배당소득을 수령한 신주식 씨

26 2025년 7월 5일에 퇴직한 김삼일씨의 급여를 2025년 8월 13일에 지급한 경우 김삼일씨의 연말정산세액의 납부기한으로 옳은 것은?

① 2025년 9월 5일   ② 2025년 9월 10일
③ 2025년 10월 5일   ④ 2025년 10월 10일

27 다음 중 근로소득에 대한 연말정산과 관련된 설명으로 옳지 않은 것은?

① 근로소득만 있는 사람은 연말정산으로 납세의무가 종결된다.

② 원천징수의무자는 연말정산한 다음 달 10일까지 법정서류를 관할세무서장에게 제출해야 한다.

③ 일반적인 경우 회사는 다음 해 1월분 급여를 지급하는 때에 연말정산을 하여야 한다.

④ 의사 등의 처방에 따라 의료기기를 직접 구입한 경우 해당 지출액은 의료비세액공제를 받을 수 있다.

28 다음 중 일반적인 근로자에 대한 연말정산 절차와 계산방법으로 옳지 않은 것은?

	연말정산 절차	계산 방법
①	총급여액 계산	근로자가 1년간 받은 총급여액을 계산
②	근로소득금액 계산	소득세법에 따른 근로소득공제액과 표준소득공제를 총급여액에서 차감하여 근로소득금액을 계산
③	종합소득과세표준 계산	종합소득금액에서 인적공제, 특별소득공제 및 조세특례제한법상 소득공제를 차감하여 과세표준을 계산
④	산출세액 계산	종합소득과세표준에 소득세 기본세율을 곱하여 산출세액 계산

29 다음 중 부가가치세의 일반적인 특징에 관한 설명으로 옳지 않은 것은?

① 부가가치세는 소비를 대상으로 하는 일반소비세이다.

② 부가가치세는 납세의무자의 인적사정을 고려하는 인세이다.

③ 영세율 대상이 아닌 경우 부가가치세의 세율은 10% 이다.

④ 부가가치세는 사업자가 납세의무를 지나 조세부담이 전가되어 최종소비자에게 귀착될 것으로 예정된 간접세이다.

30 다음의 거래에서 ㈜용산과 ㈜종로가 창출한 총부가가치를 계산하면 얼마인가?

> ㈜용산은 원재료를 10,000원에 구입하여 제품을 생산한 후 20,000원에 ㈜종로에게 판매하고, ㈜종로는 이 제품을 30,000원에 김삼일에게 판매하였다.

① 10,000원 ② 20,000원

③ 30,000원 ④ 40,000원

31 다음 중 부가가치세의 과세대상에 해당하는 것은?

① 어음·수표와 같은 화폐대용증권을 공급한 경우

② 특수관계인에 대한 세무자문용역을 무상공급한 경우

③ 주식·채권과 같은 유가증권을 공급한 경우

④ 열병합발전소에서 열을 공급한 경우

32 다음 중 부가가치세 영세율과 면세제도에 관한 설명으로 옳은 것은?

① 부가가치세 면세제도는 부가가치세의 소비지국과세원칙을 구현하기 위한 것이다.

② 부가가치세 영세율 제도는 역진성을 완화하기 위한 것이다.

③ 부가가치세 면세사업자는 매입세액을 공제받을 수 없다.

④ 부가가치세 영세율 제도는 수출에 대해서만 0%의 세율을 적용하므로 부분면세제도이다.

33 다음 보기 중 부가가치세가 면제되는 재화·용역의 공급은 모두 몇 개인가?

> ㄱ. 수돗물의 공급 ㄴ. 연탄의 공급
> ㄷ. 고속철도에 의한 여객운송용역 ㄹ. 주택임대용역
> ㅁ. 토지의 공급 ㅂ. 자동차운전학원의 교육용역

① 3개 ② 4개
③ 5개 ④ 6개

34 다음은 과세사업을 영위하는 ㈜삼일의 2025년 1월 1일부터 3월 31일까지의 공급내역이다. 다음 중 2025년 제1기 예정신고기간의 부가가치세 매출세액으로 옳은 것은?

공급일자	공급가액 (부가가치세 미포함)	내역
2025년 1월 7일	1,200,000원	제품 외상판매금액으로 판매대금회수는 4월 예정
2025년 2월 15일	6,000,000원	제품을 20개월 할부로 판매하고 2월부터 매월 300,000원씩 회수하기로 함
2025년 3월 29일	3,000,000원	제품의 현금판매금액임

① 360,000원 ② 480,000원
③ 900,000원 ④ 1,020,000원

35 다음은 과세사업자인 ㈜삼일의 2025년 제2기 예정신고기간(2025년7월 1일 ~ 2025년 9월 30일)의 거래내역이다. ㈜삼일의 2025년 제2기 예정신고기간의 부가가치세 과세표준은 얼마인가?

(1) 매출액 : 100,000,000원

   (매출에누리 2,000,000원과 매출할인 1,000,000원이 차감되지 않은 금액임)

(2) 매출처의 외상매출금 지급지연으로 받은 연체이자 3,000,000원

(3) 거래처에 배송 중에 교통사고로 파손된 제품 4,000,000원(시가 6,000,000원)

① 97,000,000원　　　　　② 100,000,000원

③ 103,000,000원　　　　　④ 104,000,000원

36 일반과세자 ㈜삼일의 2025년 제2기 예정신고기간(2025년7월 1일 ~ 2025년 9월 30일) 세금계산서 수취내역이다. 2025년 제2기 예정신고기간의 매입세액공제액으로 옳은 것은?

일자	내역	공급가액	부가가치세
7월 10일	원재료 구입	100,000,000원	10,000,000원
7월 12일	거래처 접대용 물품 구입	2,000,000원	200,000원
8월 15일	생산직 직원들의 작업복 구입	4,000,000원	400,000원
9월 10일	영업부에서 사용할 개별소비세 과세대상 자동차 (정원 5인승 승용차, 배기량 2,000cc) 구입	30,000,000원	3,000,000원

① 10,000,000원　　　　　② 10,400,000원

③ 13,000,000원　　　　　④ 13,600,000원

37 다음 중 부가가치세 신고와 납부에 관한 설명으로 옳지 않은 것은?

① 사업자는 원칙적으로 각 예정신고기간 또는 과세기간의 말일로부터 20일 이내에 부가가치세를 신고하고 세액을 자진납부하여야 한다.
② 예정신고누락분과 가산세가 있을 경우 확정신고시 추가하여 신고한다.
③ 사업자가 폐업한 경우에도 별도의 부가가치세 신고절차가 필요하다.
④ 대손세액공제는 확정신고시 적용하므로 예정신고시에는 적용할 수 없다.

38 다음 중 부가가치세 관련 가산세에 관한 설명으로 옳지 않은 것은?

① 미등록가산세는 과세사업자가 사업자등록을 신청하지 않은 경우 부과하는 가산세이다.
② 예정신고시 제출하여야 할 매출처별세금계산서합계표를 확정신고시 제출하면 지연제출가산세를 적용한다.
③ 부가가치세에 적용가능한 가산세는 부가가치세법에서만 규정하고 있다.
④ 과소신고·초과환급신고가산세와 납부지연가산세는 중복하여 적용될 수 있다.

39 다음 중 세금계산서의 필요적 기재사항이 아닌 것은?

① 공급하는 사업자의 등록번호와 성명 또는 명칭
② 공급받는 자의 등록번호
③ 공급품목, 단가 및 수량
④ 공급가액과 부가가치세액

40 다음 중 부가가치세법상 세금계산서 발급의무가 면제되는 항목으로 옳지 않은 것은?

① 직수출하는 재화
② 택시운송사업자가 운송용역을 공급한 경우
③ 내국신용장에 의한 수출재화
④ 목욕업을 영위하는 사업자가 목욕용역을 공급한 경우

01 다음 중 부과과세제도를 채택하고 있는 조세를 짝지은 것은?

> ㄱ. 부가가치세   ㄴ. 상속세   ㄷ. 증여세
> ㄹ. 법인세   ㅁ. 소득세

① ㄱ, ㄴ

② ㄴ, ㄷ

③ ㄱ, ㄷ

④ ㄷ, ㅁ

02 다음 중 국세부과의 원칙에 관한 설명으로 옳지 않은 것은?

① 국세부과의 원칙 중 신의성실의 원칙은 조세를 부과·징수하는 국가에 대하여만 적용되며, 조세를 신고·납부하는 국민에게는 적용되지 않는다.

② 국민에게 세금을 부과·징수하는 경우 거래의 형식보다 거래의 실질에 따라야 한다.

③ 납세의무자가 세법에 따라 장부를 갖추어 기록하고 있는 경우에는 해당 국세 과세표준의 조사와 결정은 그 장부와 이와 관계되는 증거자료에 의하여야 한다.

④ 장부의 기록·내용이 사실과 다를 때에는 그 부분에 대해서만 정부가 조사한 사실에 따라 조사·결정할 수 있다.

03 다음 중 법인세법에 관한 설명으로 옳지 않은 것은?

① 비영리외국법인은 토지 등 양도소득에 대한 법인세 납세의무가 있다.

② 법령 또는 정관 등에 사업연도에 관한 규정이 없는 내국법인은 따로 사업연도를 정하여 관할 세무서장에게 신고하여야 하나, 그 법인이 사업연도를 신고하지 아니한 경우에는 매년 1월 1일부터 12월 31일까지를 그 법인의 사업연도로 한다.

③ 지방자치단체가 수익사업을 영위하여 획득한 소득에 대해서는 법인세 납세의무가 없으나, 토지 등 양도소득에 대해서는 법인세 납세의무가 있다.

④ 비영리법인은 미환류소득에 대한 법인세의 납세의무가 없다.

04 다음 중 법인세법상 손익의 귀속시기에 관한 설명으로 옳지 않은 것은?

① 금융기관인 법인이 수입하는 이자수익의 귀속시기 : 실제 수입된 날(선수입이자는 제외)

② 임대료 지급기간이 1년을 초과하는 경우로서 계약 등에 의하여 임대료 지급일이 정하여진 경우 임대손익의 귀속시기 : 지급약정일

③ 상품·제품 이외의 자산 판매손익의 귀속시기 : 해당 자산의 대금청산일, 소유권이전 등기일(또는 등록일), 인도일 또는 사용수익일 중 가장 빠른 날

④ 상품·제품 판매손익의 귀속시기 : 상품·제품의 인도일

05 다음 자료로 법인세법상 익금불산입금액의 합계액을 계산하면 얼마인가?

ㄱ. 법인지방소득세의 환급액	1,000,000원
ㄴ. 국세 과오납금 환급금에 대한 이자	2,000,000원
ㄷ. 주식발행초과금	4,000,000원
ㄹ. 자기주식의 양도금액	5,000,000원

① 3,000,000원

② 4,000,000원

③ 6,000,000원

④ 7,000,000원

06 다음 중 법인세법상 손금불산입항목을 모두 고른 것은?

ㄱ. 우리사주조합의 운영비	ㄴ. 벌과금
ㄷ. 잉여금의 처분을 손비로 계상한 금액	ㄹ. 임직원의 직장회식비

① ㄱ, ㄴ

② ㄱ, ㄹ

③ ㄴ, ㄷ

④ ㄴ, ㄹ

07 다음 자료로 법인세법상 손금으로 인정되는 금액의 합계액을 계산하면 얼마인가?

ㄱ. 징벌적 손해배상금 중 실제 발생한 손해를 초과하여 지급한 금액	3,000,000원
ㄴ. 직원에게 지급한 상여금한도초과액	1,000,000원
ㄷ. 대주주인 임원이 사용하는 사택의 유지관리비	4,000,000원
ㄹ. 업무무관경비	2,000,000원
ㅁ. 사용자부담 국민건강보험료	5,000,000원

① 5,000,000원   ② 6,000,000원

③ 7,000,000원   ④ 9,000,000원

08 다음 중 법인세법상 재고자산 및 유가증권의 평가에 관한 설명으로 옳지 않은 것은?

① 신설법인은 당해 법인의 설립일이 속하는 사업연도의 법인세 과세표준 신고기한까지 재고자산평가방법을 신고하여야 한다.

② 법인은 재고자산의 종류별로 또는 법인의 영업장별로 각각 다른 재고자산 평가방법을 적용할 수 있다.

③ 법인세법상 재고자산평가방법에는 원가법과 저가법이 있다.

④ 유가증권은 개별법(주식에 한함), 총평균법 또는 이동평균법 중 법인이 신고한 방법에 의해 평가한다.

09 ㈜삼일의 제25기 사업연도(2025년 1월 1일 ~ 2025년 12월 31일) 비품의 감가상각비에 대한 세무조정으로 옳은 것은?

(1) ㈜삼일은 제24기 초에 비품을 10,000,000원에 취득하였으며, 감가상각방법은 정액법, 내용연수는 5년(상각률 0.2)으로 신고하였다.

(2) 비품에 대한 감가상각비와 상각범위액은 다음과 같다.

구분	제24기 사업연도	제25기 사업연도
감가상각비 계상액	1,000,000원	2,700,000원
감가상각범위액	2,000,000원	2,000,000원
상각부인액(△시인부족액)	△1,000,000원	700,000원

① (손금불산입) 700,000원(유보)
② (손금산입) 700,000원(△유보)
③ (손금산입) 300,000원(△유보)
④ 세무조정 없음

10 ㈜삼일의 제25기 사업연도(2025년 1월 1일 ~ 2025년 12월 31일)의 기업업무추진비 한도액으로 옳은 것은?

(1) ㈜삼일은 중소기업이며, 제25기 사업연도의 기업회계기준에 따른 매출액은 100억원(특수관계인에 대한 매출액은 없음)이다.

(2) ㈜삼일의 기업업무추진비에는 문화기업업무추진비와 전통시장기업업무추진비는 없다.

(3) 수입금액 적용률은 다음과 같다.

수입금액	적용률
100억원 이하	0.3%
100억원 초과 500억원 이하	3천만원 + 100억원 초과분 × 0.2%
500억원 초과	1억 1천만원 + 500억원 초과분 × 0.03%

① 42,000,000원
② 66,000,000원
③ 72,000,000원
④ 84,000,000원

11 다음 중 대손 사유가 발생한 날이 속하는 사업연도의 손금으로 처리해야 하는 신고조정사항(강제조정사항)에 해당하지 않는 것은?

① 상법에 따른 소멸시효가 완성된 외상매출금
② 민사집행법에 따라 채무자의 재산에 대한 경매가 취소된 압류채권
③ 부도발생일부터 6개월 이상 지난 수표 또는 어음상의 채권 및 중소기업의 외상매출금(부도발생일 이전에 것에 한한다)
④ 「채무자 회생 및 파산에 관한 법률」에 의한 법원의 회생계획인가결정에 따라 회수불능으로 확정된 채권

12 다음 중 법인세법상 지급이자에 관한 설명으로 옳지 않은 것은?

① 차입금에 대한 이자비용은 원칙적으로 손금으로 인정된다.
② 채권자가 불분명한 사채이자는 전액 손금불산입된다.
③ 비실명채권·증권의 이자는 전액 손금불산입된다.
④ 건설이 완료된 감가상각 자산에 대한 건설자금이자를 비용으로 회계처리한 경우 전액 손금불산입한다.

13 다음은 ㈜삼일의 제25기(2025년 1월 1일 ~ 2025년 12월 31일)의 가지급금인정이자 계산과 관련한 자료이다. 다음 자료를 이용하여 ㈜삼일의 필요한 세무조정으로 옳은 것은(단, 세부담을 최소화 하도록 세무조정할 것)?

> ㄱ. 대표이사에 대한 가지급금적수 : 3,650,000,000원
> ㄴ. 당좌대출이자율 : 4.6% (㈜삼일은 제24기부터 당좌대출이자율을 적용하였다)
> ㄷ. 가중평균차입이자율 : 5%
> ㄹ. 정기예금이자율 : 3.5%
> ㅁ. 무이자 대여임

① (익금산입) 가지급금인정이자 350,000원(상여)
② (익금산입) 가지급금인정이자 460,000원(상여)
③ (익금산입) 가지급금인정이자 500,000원(상여)
④ 세무조정 없음

14 다음은 법인세 과세표준 계산시 이월결손금이 각 사업연도 소득금액에서 차감되기 위한 조건이다. 다음의 빈칸에 들어갈 숫자로 가장 옳은 것은?

> 가. 각 사업연도 개시일 전 (ㄱ)년(2020년 1월 1일 전에 개시하는 사업연도 발생분은 10년) 이내에 개시한 사업연도에 발생한 결손금이어야 한다.
> 나. 당기 이전까지 과세표준 계산시 차감되지 않은 이월결손금이어야 한다.
> 다. 이월결손금은 각 사업연도 소득금액의 (ㄴ)% (중소기업 등 법 소정기업은 각 사업연도 소득금액의 100%)를 한도로 공제한다.

	ㄱ	ㄴ		ㄱ	ㄴ
①	15	60	②	15	80
③	20	80	④	20	80

15 다음 자료를 바탕으로 중소기업인 ㈜삼일의 제25기 사업연도(2025년 1월 1일 ~ 2025년 12월 31일) 법인세 산출세액을 계산하면 얼마인가?

ㄱ. 각 사업연도 소득금액	400,000,000원
ㄴ. 비과세소득	100,000,000원
ㄷ. 제24기 발생 이월결손금	20,000,000원
ㄹ. 소득공제	80,000,000원

ㅁ. 법인세율은 과세표준 2억원 이하에 대해서는 9%, 2억원 초과 200억원 이하분에 대해서는 19% 이다.

① 18,000,000원
② 20,000,000원
③ 22,000,000원
④ 24,000,000원

16 다음 중 법인세 신고 및 납부와 관련된 설명으로 옳은 것은?

① 내국법인은 각 사업연도 소득에 대한 법인세를 사업연도 종료일이 속하는 달의 말일부터 4개월 이내에 신고하여야 한다.

② 외부감사대상 법인이 신고기한 연장을 신청하는 경우 3개월의 범위에서 연장을 허용한다.

③ 내국법인은 각 사업연도 소득금액이 없거나 결손금이 있는 경우에도 법인세 과세표준과 세액을 신고하여야 한다.

④ 법인세는 분납이 없으므로 금액의 크기에 관계없이 일시에 납부해야 한다.

17 다음 중 소득세법상 과세기간에 관한 설명으로 옳지 않은 것은?

① 소득세법상 과세기간은 1월 1일부터 12월 31일까지 1년으로 한다.

② 거주자가 폐업한 경우 과세기간은 1월 1일부터 폐업일까지로 한다.

③ 거주자가 주소 또는 거소를 국외로 이전하여 비거주자가 되는 경우의 과세기간은 1월 1일부터 출국한 날까지로 한다.

④ 거주자가 사망한 경우 과세기간은 1월 1일부터 사망한 날까지로 한다.

18 다음 중 소득세법과 관련된 설명으로 옳지 않은 것은?

① 소득세법은 순자산증가설을 원칙으로 하되 소득원천설을 일부 채택하고 있다.

② 소득세 확정신고는 과세표준과 세액을 확정하는 효력이 있다.

③ 비거주자는 국내원천소득에 대해서만 납세의무를 진다.

④ 거주자의 소득세 납세지는 그 주소지로 하되, 주소지가 없는 경우에는 그 거소지로 한다.

19 다음은 2025년 한 해 동안 각 거주자가 얻은 소득에 대해 나눈 대화 내용이다. 소득세법상 소득의 종류가 나머지와 다른 사람은 누구인가?

> 이철수 : 3년 전에 가입했던 저축성보험의 만기가 도래하여 보험금을 수령했는데, 납부했던 보험료보다 3,000,000원이나 더 받았어.
>
> 김영수 : 나는 공동사업의 출자공동사업자로 사업소득 중 손익분배비율에 해당하는 금액 400,000원이 발생했어.
>
> 이순희 : 그렇군. 나는 올해 초 ㈜서울에서 발행한 채권을 구입하고 액면이자율 5%에 해당하는 이자 500,000원을 수령했어.
>
> 김영희 : 아 그래? 나는 작년에 우연히 친구에게 20,000,000원을 대여해주었는데 올해 초에 친구가 24,000,000원을 갚았어. 아예 자금대여업이나 한번 해볼까?

① 이철수　　　　　　　　　② 김영수

③ 이순희　　　　　　　　　④ 김영희

20 다음 중 소득세법상 사업소득금액과 법인세법상 각 사업연도 소득금액의 차이에 관한 설명으로 옳지 않은 것은?

① 개인사업의 대표자에게 지급하는 급여는 필요경비로 인정되지 않지만, 법인의 대표자에게 지급하는 급여는 법인의 손금으로 인정된다.

② 사업자금을 일시 예치하여 발생하는 예금이자는 법인세법상 각 사업연도 소득금액에 포함되지 않지만 소득세법상 사업소득금액에는 포함된다.

③ 개인사업의 대표자는 퇴직급여충당금의 설정대상이 아니지만, 법인의 대표자는 퇴직급여충당금 설정대상이다.

④ 유형자산인 건물의 양도소득은 법인세법상 각 사업연도 소득금액에 포함되지만, 소득세법상 사업소득금액에는 포함되지 않는다.

21 공장에서 근무하는 생산직 근로자인 김삼일 씨의 2025년 급여내역은 다음과 같다. 김삼일 씨의 2025년 총급여액을 계산하면 얼마인가?

(1) 급여	18,000,000원
(2) 상여금	5,000,000원
(3) 연장근로수당	3,000,000원
(월정액급여와 직전 과세기간의 총급여액은 비과세요건을 충족함)	
(4) 식사대	3,600,000원
(매월 30만원씩 지급받고 있으며 식사를 별도로 제공받고 있음)	
(5) 사택제공이익	1,200,000원

① 24,800,000원　　　　② 25,200,000원

③ 27,200,000원　　　　④ 27,800,000원

22 다음 중 소득세법상 기타소득에 포함되지 않는 것은?

① 사례금

② 복권당첨으로 수령한 금액

③ 연금계좌에서 연금형태로 인출(연금수령)하는 경우의 소득

④ 계약의 위약 또는 해약으로 수령한 위약금과 배상금

23 다음은 거주자 도지현(여성)의 2025년 종합소득공제 관련 자료이다. 도지현 씨가 공제받을 수 있는 인적공제액으로 옳은 것은?

구분	나이	소득	비고
본인	30세	총급여액 45,000,000원	근로소득금액 33,000,000원임
부친	70세	총급여액 6,000,000원	장애인
배우자	31세	소득 없음	
장녀	5세	소득 없음	

① 4,500,000원   ② 6,000,000원

③ 7,500,000원   ④ 9,000,000원

24 다음 중 소득세법상 양도소득에 관한 설명으로 옳지 않은 것은?

① 개인이 사업적으로 부동산을 판매하여 발생한 소득은 양도소득에 해당하지 아니한다.

② 양도소득세의 과세대상이 되는 양도란 매도, 교환 등으로 인하여 그 자산이 유상으로 사실상 이전되는 것을 말한다.

③ 주권상장법인의 주식양도에 대해서는 장내거래는 대주주 소액주주에 관계없이 양도소득세를 과세하지 아니한다.

④ 양도시기는 원칙적으로 해당 자산의 대금을 청산한 날로 한다.

25 다음 중 과세표준 확정신고 의무에 관한 설명으로 옳지 않은 것은?

	소득유형	신고의무
①	근로소득만 있는 자	연말정산으로 납세의무 종결 가능
②	퇴직소득만 있는 자	퇴직소득 확정신고 방법으로만 납세의무 종결 가능
③	연말정산대상이 아닌 사업소득만 있는 자	종합소득 확정신고의 방법으로만 납세의무 종결 가능
④	근로소득과 종합과세대상 기타소득만 있는 자	종합소득 확정신고의 방법으로만 납세의무 종결 가능

26 ㈜삼일의 근로자 이영희씨가 개인적 사유로 2025년 9월 10일에 중도 퇴사하게 되었다. 퇴직하는 달의 급여는 2025년 10월 10일에 지급하였다. 이영희씨에 대한 연말정산세액의 납부기한으로 옳은 것은?

① 2025년 9월 10일 ② 2025년 10월 10일
③ 2025년 11월 10일 ④ 2025년 12월 10일

27 일반적으로 소득이 발생하면 소득의 지급자가 원천징수를 하게 된다. 다음 소득 중 거주자에게 지급할 때 원천징수를 하지 않는 소득으로 옳은 것은?

① 양도소득 ② 이자소득
③ 배당소득 ④ 근로소득

28 ㈜삼일의 일용근로자인 김철수씨가 일당으로 500,000원을 지급받은 경우 ㈜삼일이 원천징수하여야 할 소득세를 계산하면 얼마인가?

① 9,450원 　　　　　　② 11,550원

③ 12,600원 　　　　　　④ 21,000원

29 다음 중 부가가치세법에 관한 설명으로 옳지 않은 것은?

① 부가가치세는 소비를 과세대상으로 하는 일반소비세이다.

② 매출액에서 매입액을 공제한 방식으로 납부(환급)세액을 계산하는 전단계거래액공제법을 채택하고 있다.

③ 납세의무자와 담세자가 일치하지 않을 것으로 예정된 간접세이다.

④ 제조·도매·소매 등 거래의 각 단계에서 과세하는 다단계거래세이다.

30 다음 중 부가가치세의 납세의무자와 관련된 설명으로 옳지 않은 것은?

① 다른 사람에게 고용되어 있는 종업원은 사업자에 해당하지 아니한다.

② 재화·용역의 공급에 대한 부가가치세의 납세의무자는 사업자이며, 사업자가 아닌 자는 납세의무를 부담하지 않는다.

③ 부가가치세법상 사업자란 사업목적이 영리이든 비영리이든 관계없이 '사업상 독립적으로 재화나 용역을 공급하는 자'를 말한다.

④ 부가가치세 과세사업자는 면세대상 재화·용역을 공급하는 경우에도 부가가치세가 과세된다.

31 다음 중 부가가치세 과세대상에 해당하지 않는 것은?

① 현물출자를 위한 재화의 인도
② 조세물납을 위한 재화의 인도
③ 가공계약에 의한 재화의 인도
④ 재화의 인수 대가로 다른 재화를 인도한 교환거래

32 다음 중 영세율에 관한 설명으로 옳지 않은 것은?

① 영세율이란 재화 또는 용역의 공급에 대하여 "0"의 세율을 적용하는 것을 말한다.
② 면세사업자가 면세재화를 수출하는 경우 영세율을 적용받기 위해서는 면세포기를 하여야 한다.
③ 내국신용장으로 재화를 공급하는 경우에는 영세율이 적용된다.
④ 사업자가 재화를 수출해서 영세율이 적용되는 경우에도 매입세액을 공제받지 못한다.

33 다음 보기 중 부가가치세가 면세되는 재화·용역의 공급은 모두 몇 개인가?

ㄱ. 혈액	ㄴ. 도서열람용역
ㄷ. 미용목적 성형수술	ㄹ. 토지의 공급
ㅁ. 수돗물	ㅂ. 우등고속버스에 의한 여객운송용역

① 2개　　　　　　　　　② 3개
③ 4개　　　　　　　　　④ 5개

34 ㈜삼일이 상가를 다음과 같은 조건으로 임대한 경우 2025년 제2기 예정신고기간(2025년 7월 1일 ~ 2025년 9월 30일)의 과세표준으로 옳은 것은?

> ㄱ. 임대기간 : 2025년 7월1일 ~ 2027년 6월 30일
>
> ㄴ. 임대료 : 2025년 7월부터 매월 말일에 1,000,000원씩 받기로 함
>
> ㄷ. 임대보증금 : 365,000,000원
>
> ㄹ. 정기예금이자율 : 3.1%
>
> ㅁ. 간주임대료 2025년 제2기 예정신고기간의 일수는 92일임

① 5,852,000원 ② 7,250,000원

③ 10,305,000원 ④ 14,315,000원

35 다음은 과세사업을 영위하는 ㈜삼일의 2025년 제2기 예정신고기간(2025년 7월 1일~ 2025년 9월 30일)의 거래내역이다. ㈜삼일의 2025년 제2기 예정신고기간의 부가가치세 과세표준은 얼마인가?

> ㄱ. 매출액 90,000,000원(매출에누리 2,000,000원과 매출할인 1,000,000원이 차감된 금액임)
>
> ㄴ. 위의 매출액 중 반품액 3,000,000원
>
> ㄷ. 거래처에 배송 중에 교통사고로 파손된 제품 4,000,000원(시가 6,000,000원)

① 83,000,000원 ② 87,000,000원

③ 89,000,000원 ④ 90,000,000원

36 일반과세자 ㈜삼일의 2025년 제2기 예정신고기간(2025년 7월 1일 ~ 2025년 9월 30일) 세금계산서 수취내역이다. 2025년 제2기 예정신고기간의 매입세액공제액으로 옳은 것은?

일자	내역	공급가액	부가가치세
7.10	기계장치 구입	90,000,000원	9,000,000원
7.14	거래처 접대용 물품 구입	4,000,000원	400,000원
8.19	생산직 직원들의 작업화 구입	2,000,000원	200,000원
9. 5	토지 조성을 위한 자본적지출	1,000,000원	100,000원
9.30	원재료 구입	30,000,000원	3,000,000원

① 3,200,000원

② 3,600,000원

③ 12,000,000원

④ 12,200,000원

37 다음 중 일반과세자의 부가가치세 신고·납부·환급에 관한 설명으로 옳지 않은 것은?

① 대손세액공제는 예정신고시 또는 확정신고시 매출세액에서 공제할 수 있다.

② 예정신고를 하는 때에 누락된 금액을 확정신고를 하는 때에 신고할 수 있다.

③ 일반환급의 경우 예정신고 시에는 환급세액이 발생하여도 이를 환급하지 아니한다.

④ 수출을 지원하기 위하여 영세율 적용대상인 때에는 조기환급 할 수 있다.

38 다음 중 부가가치세법상 가산세에 관한 설명으로 옳지 않은 것은?

① 세금계산서의 발급시기가 지난 후 해당 재화 또는 용역의 공급시기가 속하는 과세기간에 대한 확정신고기한까지 세금계산서를 발급받아 매입세액공제를 받은 경우에는 가산세가 부과된다.

② 사업자가 아닌 자가 재화 또는 용역을 공급하지 아니하고 세금계산서를 발급한 경우에는 가산세가 부과된다.

③ 예정신고를 할 때 제출하지 못한 매출처별세금계산서합계표를 해당 예정신고기간이 속하는 과세기간에 확정신고를 할 때 제출하는 경우에는 가산세가 부과된다.

④ 예정신고를 할 때 제출하지 못한 매입처별세금계산서합계표를 해당 예정신고기간이 속하는 과세기간에 확정신고를 할 때 제출하는 경우에는 가산세가 부과된다.

39 다음 중 세금계산서의 필요적 기재사항인 것은?

① 단가와 수량
② 공급연월일
③ 공급하는 자의 주소
④ 공급받는 자의 등록번호

40 다음 중 수정세금계산서 발급사유에 해당하지 않는 것은?

① 공급가액을 과다기재한 경우
② 작성연월일을 잘못 기재한 경우
③ 부가가치세 과세대상을 면세대상으로 잘못 판단하여 계산서를 발급한 경우
④ 영세율 대상을 10% 세율로 잘못 기재한 경우

01 다음 중 조세에 관한 설명으로 옳지 않은 것은?

① 법인세·소득세·상속세는 직접세에 해당한다.
② 조세는 국가가 규정하는 법의 내용을 근거로 국민에게 징수하는 것으로 법에서 정하는 요건에 해당하는 국민은 자신의 의사와 관계없이 조세를 납부하여야 한다.
③ 국가는 법의 규정에 근거하지 아니하고 필요에 따라 국민으로부터 세금을 자유롭게 부과·징수할 수 없다.
④ 조세는 납세의무자의 인적사항이 고려되는지 여부에 따라 목적세와 보통세로 구분할 수 있다.

02 다음 중 가산세에 관한 설명으로 옳지 않은 것은?

① 가산세는 세법에서 규정한 의무를 위반한 자에게 부과한다.
② 역외거래에서 발생한 부정행위로 인한 무신고 가산세율은 60%를 적용하고, 이 외의 거래에서 발생한 부정행위로 인한 무신고 가산세율은 30%를 적용한다.
③ 공통적으로 적용할 수 있는 신고 및 납부와 관련된 가산세는 체계적이고 통일적으로 규정하기 위하여 국세기본법에서 규정하고 있다.
④ 부정행위로 인한 초과환급신고에 대한 가산세율은 부정행위로 인하여 초과신고한 환급세액의 40%(역외거래에서 발생한 부정행위로 인한 경우 60%)이다.

03 다음 중 법인세법에 관한 설명으로 옳은 것은?

① 비영리내국법인도 청산소득에 대해서 법인세법상 법인세 납세의무를 부담한다.
② 법인세의 과세권자인 국가의 입장에서 납세지란 법인세를 부과·징수하는 기준이 되는 장소를 의미한다.
③ 법인의 사업연도는 2년 이내에서 법인이 자율적으로 정할 수 있다.
④ 국내에서 사업을 영위하는 모든 법인은 내국법인에 해당한다.

04 다음 중 법인세법상 자산의 취득가액에 관한 설명으로 옳은 것은?

① 매입한 자산의 취득가액에는 취득세와 같은 부대비용은 포함되지 않는다.

② 자기가 제조한 자산의 취득가액에는 원재료비와 노무비를 포함하되 운임 등의 경비
   는 취득부대비용이더라도 포함하지 않는다.

③ 증여로 취득한 자산의 취득가액은 취득 당시의 시가로 한다.

④ 자기가 건설한 자산의 취득가액에는 원재료비와 보험료 등의 경비를 포함하되 노무
   비는 포함하지 않는다.

05 다음 자료를 기초로 법인세법상 익금금액을 계산하면 얼마인가?

ㄱ. 자기주식의 양도금액	5,000,000원
ㄴ. 감자차익	10,000,000원
ㄷ. 법인세 환급액	3,000,000원
ㄹ. 자산수증이익(이월결손금 없음)	20,000,000원
ㅁ. 임대료수익	30,000,000원

① 50,000,000원　　　　　　　　② 55,000,000원

③ 58,000,000원　　　　　　　　④ 65,000,000원

06 다음 자료를 기초로 법인세법상 손금불산입 금액을 계산하면 얼마인가?

ㄱ. 직원 상여금	3,000,000원
ㄴ. 벌과금	2,000,000원
ㄷ. 잉여금의 처분을 손비로 계상한 금액	30,000,000원
ㄹ. 업무용 건물의 재산세	3,000,000원

① 5,000,000원　　　　　　　　② 8,000,000원

③ 32,000,000원　　　　　　　　④ 35,000,000원

07 다음은 법인이 임원 또는 사용인을 위하여 지출한 복리후생비를 나열한 것이다. 손금에 해당하는 항목의 합계액을 계산하면 얼마인가?

직장어린이집 운영비	1,000,000원
파견근로자를 위한 직장회식비	1,800,000원
지배주주인 임원에 대한 사택유지비	2,000,000원
국민건강보험료(사용자부담분)	700,000원

① 2,800,000원 　　　　② 3,000,000원

③ 3,500,000원 　　　　④ 5,500,000원

08 ㈜삼일은 당기에 단기매매증권을 3,000,000원에 취득한 후 결산 시 기업회계기준에 따라 단기매매증권을 공정가치인 3,300,000원으로 평가하여 다음과 같이 회계처리하였다. 다음 중 이에 대해 필요한 세무조정으로 옳은 것은?

(차) 단기매매증권　300,000원	(대) 단기매매증권평가이익(당기손익)　300,000원	

① (익금불산입)　　단기매매증권　　300,000원(△유보)

② (익금불산입)　　단기매매증권　3,000,000원(△유보)

③ 　(익금산입)　　단기매매증권　　300,000원(유보)

④ 　(익금산입)　　단기매매증권　3,000,000원(유보)

09 다음 자료를 이용하여 ㈜삼일의 제25기(2025년 1월 1일 ~ 2025년 12월 31일) 건물에 대한 법인세법상 감가상각범위액을 계산하면 얼마인가?

ㄱ. 취득시기	2022년 7월 1일
ㄴ. 취득원가	40,000,000원
ㄷ. 기초 감가상각누계액	16,000,000원
(상각부인누계액 : 6,000,000원)	
ㄹ. 신고내용연수	10년
ㅁ. 감가상각방법	정액법

① 800,000원

② 2,400,000원

③ 3,400,000원

④ 4,000,000원

10 ㈜삼일의 제25기 사업연도(2025년 1월1일 ~ 2025년 12월 31일)의 기업업무추진비 한도 초과액이 28,000,000원이라고 할 때, 다음 자료를 이용하여 기업업무추진비 지출액을 계산하면 얼마인가?

ㄱ. 제25기의 기업업무추진비는 모두 법정증빙서류를 구비하였다.

ㄴ. 매출액은 500억원이며 특수관계인에 대한 매출액, 문화기업업무추진비와 전통시장에서 지출한 기업업무추진비는 없다.

ㄷ. ㈜삼일은 제조업을 영위하고 있으나 중소기업은 아니다. 법인세법 상 손금한도를 계산하기 위한 수입금액 기준적용률은 다음과 같다.

수입금액	적용률
100억원 이하	0.3%
100억원 초과 500억원 이하	3천만원 + 100억원 초과분 × 0.2%
500억원 초과	1억1천만원 + 500억원 초과분 × 0.03%

① 100,000,000원

② 105,000,000원

③ 145,000,000원

④ 150,000,000원

11 다음은 제조업을 영위하는 ㈜삼일의 대손충당금 관련 자료이다. 이를 기초로 ㈜삼일의 대손충당금 한도초과액을 계산하면 얼마인가?

> ㄱ. 당기 말 현재 대손설정대상 채권금액   1,000,000,000원
> ㄴ. 대손실적률   0.9%
> ㄷ. 대손충당금
>   기초 잔액   10,000,000원
>   당기추가설정액   25,000,000원
>   기말 잔액   15,000,000원
> * 당기 중 발생한 대손액 중 세법상 부인액은 없다.

① 5,000,000원
② 6,000,000원
③ 10,000,000원
④ 15,000,000원

12 다음 중 법인세법상 지급이자에 관한 설명으로 옳지 않은 것은?

① 법인의 차입금에 대하여 지급하는 이자비용은 원칙적으로 손금으로 인정된다.
② 채권자불분명사채이자에 대해서는 해당 이자비용 전액을 손금불산입한다.
③ 건설자금이자에 해당하는 금액은 전액 손금불산입하고 대표자상여로 처분한다.
④ 업무무관부동산 관련 이자비용은 손금불산입하고 기타사외유출로 처분한다.

13 ㈜삼일은 특수관계법인인 ㈜용산에게 2025년 초에 자금을 대여하고 2025년에 100,000원의 이자를 받아 손익계산서상 수익으로 인식하였다. 이와 관련된 추가자료가 다음과 같은 경우 ㈜삼일이 2025년에 수행해야 할 세무조정으로 옳은 것은?

> ㄱ. 가지급금적수 : 3,650,000,000원   ㄴ. 당좌대출이자율 : 4.6%

① (익금산입) 가지급금인정이자 360,000원 (기타사외유출)
② (손금산입) 가지급금인정이자 460,000원 (기타)
③ (익금산입) 가지급금인정이자 460,000원 (기타사외유출)
④ (손금산입) 가지급금인정이자 360,000원 (기타)

14 다음은 법인세의 계산구조이다. (ㄱ) ~ (ㄹ)에 관한 설명으로 옳지 않은 것은?

	각 사 업 연 도 소 득 금 액	
(−)	이 월 결 손 금	···· (ㄱ)
(−)	비 과 세 소 득	···· (ㄴ)
(−)	소 득 공 제	···· (ㄷ)
	과 세 표 준	
(×)	세 율	···· (ㄹ)
	산 출 세 액	
(−)	세 액 공 제	
(−)	세 액 감 면	
(+)	가 산 세	
(+)	감 면 분 추 가 납 부 세 액	
	총 부 담 세 액	
(−)	기 납 부 세 액	
	차 감 납 부 할 세 액	

① (ㄱ) : 법인세 과세표준 계산시 차감되는 이월결손금은 발생한 사업연도에 관계없이 15년간 이월하여 차감한다.

② (ㄴ) : 법인세법상 비과세소득에는 공익신탁의 신탁재산에서 생기는 소득이 있다.

③ (ㄷ) : 소득공제는 법인세법에서 규정한 요건에 해당하는 경우 법인의 소득금액에서 일정액을 공제하는 제도이다.

④ (ㄹ) : 법인세법상 최고세율은 24% 이다.

15 다음 자료를 기초로 ㈜삼일의 제 25기 사업연도(2025년 1월 1일 ~ 2025년 12월 31일)의 법인세 산출세액을 계산하면 얼마인가(단, 주어진 자료 외에는 없는 것으로 가정한다)?

> ㄱ. 법인세비용차감전순이익 : 250,000,000원
> ㄴ. ㈜삼일은 제25기에 단기매매증권 관련하여 영업외수익으로 단기매매증권평가이익 5,000,000원, 단기매매증권처분이익 10,000,000원을 계상하였다.
> ㄷ. ㈜삼일은 업무무관자산을 구입하고 관리비 5,000,000원을 비용으로 계상하였다.
> ㄹ. 법인세의 세율(발췌)
>
> | 과세표준 | 세율 |
> |---|---|
> | 2억원 이하 | 과세표준 × 9% |
> | 2억원 초과 200억원 이하 | 18,000,000 + 2억원을 초과하는 금액 × 19% |

① 25,000,000원

② 27,500,000원

③ 30,000,000원

④ 32,000,000원

16 제조업을 영위하는 중소기업인 ㈜삼일의 제 25기(2025년 1월 1일 ~ 2025년 12월 31일)의 차감납부할 세액이 30,000,000원인 경우 법인세 신고 및 납부에 관한 설명으로 옳지 않은 것은?

① ㈜삼일은 2026년 3월 31일까지 법인세를 신고해야 한다.

② ㈜삼일이 외부감사대상 법인으로서 신고기한을 연장하는 경우에는 1개월의 범위 내에서 신고기한을 연장할 수 있다.

③ ㈜삼일은 법인세액을 분납할 수 있다.

④ ㈜삼일이 납부세액을 분납하는 경우 분납세액의 납부기한은 2026년 4월 30일이다.

17 다음 중 소득세에 관한 설명으로 옳지 않은 것은?

① 소득세는 개인의 세금부담능력에 따라 과세되는 세금이다.

② 개인 사업자는 1년을 초과하지 않는 범위 내에서 선택에 의해 과세기간을 임의로 정할 수 있다.

③ 거주자란 국내에 주소를 두거나 183일 이상의 거소를 둔 개인을 말한다.

④ 거주자는 국내외 원천소득에 대해 소득세를 납부하며, 비거주자는 국내원천소득에 대해서만 소득세를 납부한다.

18 다음 중 소득세의 납세지에 관한 설명으로 옳지 않은 것은?

① 납세지는 개인이 소득세를 납부하는 장소를 말한다.

② 사업소득이 있는 거주자가 사업장 소재지를 납세지로 신청한 경우 국세청장 또는 관할 지방국세청장은 납세지를 지정할 수 있다.

③ 비거주자의 경우 소득세의 납세지는 주된 국내사업장 소재지로 하며, 국내사업장이 없을 때에는 거소지로 한다.

④ 거주자의 경우 소득세의 납세지는 원칙적으로 주소지로 한다.

19 다음 중 배당소득에 관한 설명으로 옳지 않은 것은?

① 배당소득은 필요경비가 인정되지 않는다.

② 기명주식의 배당소득 수입시기는 잉여금처분결의일이다.

③ 법인세법에 의하여 처분된 배당(인정배당)도 배당소득에 해당한다.

④ 공동사업에서 발생한 소득금액 중 출자공동사업자의 손익분배비율에 해당하는 금액은 배당소득에 해당하지 아니한다.

20 다음은 김삼일씨의 2025년 사업소득에 포함된 부동산임대소득 관련 자료이다. 이를 바탕으로 김삼일씨의 2025년 사업소득 총수입금액을 계산하면 얼마인가?

> ㄱ. 상가건물 A를 2025년 1월 1일에 임대하고 매월 초 5,000,000원을 받기로 하였다.
>
> ㄴ. 상가건물 A의 2025년 감가상각비는 3,000,000원이며, 정액법으로 상각하고 있다.
>
> ㄷ. 상가건물 A의 2025년 관리비로 1,000,000원을 지출하였다.

① 56,000,000원　　　　　　　② 57,000,000원

③ 59,000,000원　　　　　　　④ 60,000,000원

21 김삼일씨의 2025년 급여내역이 다음과 같을 때 소득세법상 총급여액을 계산하면 얼마인가 (단, 제시된 내용 외에는 없는 것으로 가정한다)?

> | | |
> |---|---|
> | 급여 | 매월　3,000,000원 |
> | 식사대 | 매월　　200,000원 |
> | (별도로 월 300,000원 상당의 식사를 제공받음) | |
> | 자가운전보조금 | 매월　　250,000원 |
> | 상여 | 연간　5,000,000원 |
> | 연차수당 | 연간　1,000,000원 |
>
> 김삼일씨는 연중 계속 근무하였으며, 소유 차량을 회사업무 수행에 사용하고 그에 소요된 실제 비용을 지급받지 않았다.

① 42,600,000원　　　　　　　② 43,800,000원

③ 45,000,000원　　　　　　　④ 47,400,000원

22 다음은 거주자 김삼일의 2025년 소득자료이다. 과세될 기타소득 총수입금액의 합계액은 얼마인가(단, 모든 소득은 국내에서 발생한 것으로 사업성이 없으며 다른 사항은 고려하지 않는다)?

계약의 위약으로 인해 받는 위약금	3,000,000원
광업권의 양도로 인한 대가	5,000,000원
토지매각대금	6,000,000원
일시적인 문예창작소득	4,000,000원

① 7,000,000원　　　　　　　　② 8,000,000원

③ 11,000,000원　　　　　　　　④ 12,000,000원

23 다음은 거주자 甲의 부양가족 자료이다. 자료를 이용하여 자녀세액공제 금액을 계산하면 얼마인가?

> (1) 기본공제대상자에 해당하는 자녀 : 첫째A(12세), 둘째B(7세)
> (2) 올해 3월 쌍둥이 자매(자녀C와 자녀D)를 출산함

① 70만원　　　　　　　　② 165만원

③ 175만원　　　　　　　　④ 180만원

24 다음 거주자 박철수씨의 2025년 거래내역 중 양도소득세 과세대상을 모두 고르면?

> ㄱ. 보유 중인 비상장주식 1,000주(지분율 0.01%) 전부를 10,000,000원에 매도하였다.
> ㄴ. 서울 지역에 1년 동안 보유하던 아파트(1세대 1주택에 해당하지 아니함)를 3억원에 양도
> 하였다.
> ㄷ. 보유하고 있던 자동차를 중고자동차 매매상에 처분하고 8,000,000원을 수령하였다.
> ㄹ. 보유하고 있던 골프회원권을 양도하고 5,000,000원을 수령하였다.

① ㄱ, ㄹ

② ㄱ, ㄴ, ㄹ

③ ㄴ, ㄹ

④ ㄱ, ㄷ, ㄹ

25 다음 중 과세표준 확정신고 의무에 관한 설명으로 옳지 않은 것은?

① 퇴직소득 및 연말정산대상 사업소득만 있는 자는 종합소득 확정신고의 방법으로만 납세의무 종결이 가능하다.

② 공적연금소득만 있는 자는 확정신고를 하지 않아도 된다.

③ 분리과세연금소득 및 분리과세기타소득만 있는 자는 확정신고를 하지 않아도 된다.

④ 퇴직소득만 있는 자는 원천징수로 납세의무 종결이 가능하다.

26 매월 원천징수세액을 납부하고 있는 ㈜삼일의 근로자 김철수씨가 개인적 사유로 인해 2025년 10월 5일에 중도퇴사를 하였고, ㈜삼일은 2025년 10월 31일에 마지막 달의 급여를 지급하였다. 소득세법상 김철수씨의 연말정산에 관한 설명으로 옳은 것은?

① 김철수씨에 대한 연말정산은 2025년 11월 30일까지 수행하고 세액은 2025년 12월 10일까지 납부한다.

② 김철수씨에 대한 연말정산은 2026년 2월에 수행하고, 세액은 2026년 3월 10일까지 납부한다.

③ 김철수씨는 중도퇴사자이므로 ㈜삼일이 연말정산을 수행할 필요는 없다.

④ 김철수씨에 대한 연말정산은 2025년 10월 31일에 수행하고, 세액은 2025년 11월 10일까지 납부한다.

27 다음 자료로 원천징수 등 납부지연가산세를 계산한 것으로 옳은 것은?

> 개인사업을 영위하고 있는 김삼일씨는 바쁜 업무에 시달리느라 직원에 대한 근로소득 원천징수 세액을 납부기한내에 납부하지 못하였다.
>
> - 납부하지 못한 세액 : 5,000,000원
> - 납부기한의 다음날부터 자진납부일까지 기간 : 200일

① 150,000   ② 220,000

③ 370,000   ④ 420,000

28 ㈜삼일은 직원 서비스교육을 위해 외부강사 김철수씨를 초빙하여 2025년 10월 31일에 강사료 7,000,000원을 지급하였다. 다음 중 해당 강사료의 원천징수 및 신고에 대해 옳지 않은 설명을 하고 있는 사람은 누구인가(해당 강사료가 기타소득인 경우 필요경비는 60%, 원천징수세율은 20% 이다)?

> 최부장 : 김철수씨가 계속·반복적으로 독립적인 지위에서 강의를 하는 경우에는 사업소득으로 원천징수될 수 있습니다.
> 박차장 : 김철수씨에게 지급하는 소득이 기타소득에 해당하는 경우에는 560,000원의 소득세를 원천징수하여 납부하면 됩니다.
> 이과장 : 네, 만약 우리 회사가 김철수씨에게 지급되는 강사료를 사업소득으로 원천징수하는 경우에는 기타소득으로 원천징수하는 경우와 다른 원천징수 세율이 적용되어야 합니다.
> 김사원 : 김철수씨에게 지급하는 강사료가 기타소득에 해당하고 2025년에 다른 기타소득이 없는 경우 김철수씨는 해당 강사료를 무조건 종합소득에 합산해야 합니다.

① 최부장   ② 박차장

③ 이과장   ④ 김사원

29 국내공장에서 제조된 양말이 부가가치세 포함 2,200원에 양말 도매상에게 팔렸고, 양말 도매상은 이윤을 붙여 부가가치세 포함 5,500원에 편의점에 판매하였다. 편의점에서 양말을 부가가치세 포함 8,800원에 소비자에게 판매하였다면, 상기 거래에서 편의점이 창출한 부가가치 금액은 얼마인가?

① 3,000원

② 3,300원

③ 8,000원

④ 8,800원

30 다음 중 부가가치세의 특징으로 옳은 것은?

① 납세의무자와 담세자가 일치하지 않는 직접세이다.

② 납세의무자의 인적 사정을 고려하지 않는 인세이다.

③ 제조·도매 거래단계에서는 과세하지 않고, 소매 거래단계에서만 과세하는 소매세이다.

④ 소비를 과세대상으로 하는 일반소비세이다.

31 다음 중 부가가치세 과세대상에 관한 설명으로 옳은 것은?

① 주식·사채 등의 유가증권은 부가가치세가 과세되는 재화이다.

② 대가를 받지 않고 타인에게 용역(특수관계인에 대한 사업용 부동산 임대용역 제외)을 공급하는 경우에는 부가가치세가 과세되지 않는다.

③ 수출신고를 마치고 선적이 완료된 물품을 국내로 다시 반입하는 경우에는 부가가치세가 과세되지 않는다.

④ 재화의 수입에 있어서는 해당 수입자가 사업자인 경우에만 부가가치세가 과세된다.

32 다음 중 부가가치세법상 영세율 제도에 관한 설명으로 옳지 않은 것은?

① 영세율 제도는 해당 거래단계에서 창출된 부가가치뿐만 아니라 그 이전단계에서 창출된 부가가치에 대해서도 과세되지 않는 효과를 나타낸다.

② 영세율 제도는 일반적으로 재화나 용역을 외국에 공급하는 거래에 적용한다.

③ 면세사업자는 면세를 포기하더라도 영세율을 적용받을 수 없다.

④ 영세율 제도는 재화와 용역의 공급에 대하여 0의 세율로 과세하는 것을 말한다.

33 다음 중 영세율과 면세에 관한 설명으로 옳은 것은?

① 영세율 적용 사업자는 부가가치세법상 과세표준신고의무를 이행해야 하지만 면세사업자는 부가가치세법상 과세표준신고의무가 없다.

② 영세율의 목적은 기초 생필품 또는 국민후생용역과 관련한 최종소비자의 세부담 완화에 있다.

③ 면세가 적용되는 경우 매입세액이 공제되므로, 매입세액이 최종소비자에게 전가되지 않는다.

④ 영세율은 부분면세제도이나, 면세는 완전면세제도이다.

34 다음 자료는 부가가치세 과세사업을 영위하는 ㈜삼일의 2025년 제1기 예정신고기간의 거래내역이다. 제1기 예정신고기간의 과세표준을 계산하면 얼마인가?

> 매출액 : 25,000,000원(매출에누리액과 매출할인액 차감 전 금액임)
> 매출에누리액 : 3,000,000원
> 매출할인액 : 2,000,000원
> 위 매출액 중 운송도중 파손된 반품액 : 4,000,000원
> 매출처로부터 받은 외상매출금 연체이자 : 500,000원(위 매출액에 포함되지 않음)

① 16,000,000원 ② 19,500,000원
③ 20,000,000원 ④ 20,500,000원

35 다음 자료는 부동산업을 영위하는 김삼일씨의 2025년 제1기 예정신고기간의 거래내역이다. 김삼일씨의 2025년 제1기 예정신고기간 부가가치세 과세표준은 얼마인가?

구분	공급가액	비고
상가 임대료	1,100,000원	부가가치세 포함
주택 임대료	4,000,000원	부가가치세 불포함
상가매각대금	5,000,000원	부가가치세 별도(토지가액 2,000,000 원 포함)

① 1,000,000원
② 4,000,000원
③ 8,000,000원
④ 10,000,000원

36 다음은 ㈜삼일의 2025년 제2기 예정신고기간(2025년 7월 1일 ~ 2025년 9월 30일)의 매입내역(부가가치세 제외 금액)이다. 자료를 바탕으로 매입세액공제액을 계산하면 얼마인가(단, 판매비와 관리비는 전액 부가가치세 과세대상이고, 부가가치세 과세대상에 대해서는 적법하게 세금계산서를 발급받았다)?

ㄱ. 원재료 매입액 : 200,000,000원

ㄴ. 트럭 구입액 : 40,000,000원

ㄷ. 공장 건물과 토지 구입액 : 건물 200,000,000원, 토지 100,000,000원

ㄹ. 판매비와 관리비 지출액 : 50,000,000원(기업업무추진비 20,000,000원 포함)

① 40,000,000원
② 47,000,000원
③ 49,000,000원
④ 50,000,000원

37 다음은 기계 제조업을 영위하는 ㈜삼일의 2025년 제1기 확정신고를 위한 매출 관련 자료이다. ㈜삼일의 2025년 제1기 부가가치세 확정신고서상 과세표준란의 (ㄱ), (ㄴ), (ㄷ), (ㄹ)에 들어갈 금액으로 올바르게 짝지어진 것은(단, 수출분은 적절한 증빙을 수령하였다)?

<table>
<tr><td colspan="7" align="center">신 고 내 용</td></tr>
<tr><td colspan="4" align="center">구분</td><td>금액</td><td>세율</td><td>세액</td></tr>
<tr><td rowspan="10">과세표준 및 매출세액</td><td rowspan="4">과세</td><td>세 금 계 산 서 발 급 분</td><td>(1)</td><td>(ㄱ)</td><td></td><td></td></tr>
<tr><td>매 입 자 발 행 세 금 계 산 서</td><td>(2)</td><td></td><td></td><td></td></tr>
<tr><td>신용카드·현금영수증발행분</td><td>(3)</td><td>(ㄴ)</td><td></td><td></td></tr>
<tr><td>기 타(정규영수증외매출분)</td><td>(4)</td><td></td><td></td><td></td></tr>
<tr><td rowspan="2">영세율</td><td>세 금 계 산 서 발 급 분</td><td>(5)</td><td>(ㄷ)</td><td></td><td></td></tr>
<tr><td>기   타</td><td>(6)</td><td>(ㄹ)</td><td></td><td></td></tr>
<tr><td colspan="2">예정신고누락분</td><td>(7)</td><td></td><td></td><td></td></tr>
<tr><td colspan="2">대손세액가감</td><td>(8)</td><td></td><td></td><td></td></tr>
<tr><td colspan="2" align="center">합계</td><td>(9)</td><td></td><td></td><td></td></tr>
</table>

구분	금액
세금계산서 발행 국내매출액(VAT 포함)	22,000,000원
신용카드매출전표 발행분(VAT 미포함)	16,500,000원
현금영수증 발행(VAT 포함)	1,100,000원
내국신용장에 의한 공급분(Local 수출분)	15,000,000원
직수출분	30,000,000원

	(ㄱ)	(ㄴ)	(ㄷ)	(ㄹ)
①	20,000,000원	16,000,000원	15,000,000원	30,000,000원
②	20,000,000원	17,500,000원	15,000,000원	30,000,000원
③	35,000,000원	16,000,000원	30,000,000원	30,000,000원
④	35,000,000원	17,500,000원	30,000,000원	15,000,000원

38 다음 중 부가가치세법상 가산세에 관한 설명으로 옳지 않은 것은?

① 제출한 매입처별세금계산서의 기재사항 중 공급가액을 사실과 다르게 과다기재하여 신고한 경우 매입처별세금계산서합계표 제출불성실가산세가 부과된다.
② 과세사업자가 사업개시일부터 20일 이내에 사업자등록을 신청하지 않은 경우 미등록 가산세가 적용된다.
③ 발급한 세금계산서의 필요적 기재사항의 전부 또는 일부가 착오 또는 과실로 적혀있지 아니한 경우에는 세금계산서 불성실가산세가 부과되지 않는다.
④ 예정신고시 제출하지 않은 매입처별세금계산서합계표를 확정신고시 제출한 경우에는 매입처별세금계산서합계표 제출불성실가산세가 부과되지 않는다.

39 다음 대화에서 부가가치세법상 옳지 않은 설명을 하고 있는 사람은 누구인가?

> 김부장 : 아시다시피 우리회사도 전자세금계산서를 발행하고 있는데, 이에 대한 여러분의 의견을 듣고 싶습니다.
> 이차장 : 전자세금계산서제도는 발급의무 사업자가 대통령령이 정하는 전자적 방법으로 세금계산서를 발급하는 제도이며, 전자세금계산서 의무발급대상자가 아닌 사업자는 원하더라도 전자세금계산서를 발급할 수 없습니다.
> 박과장 : 법인사업자는 공급가액 규모와 관계없이 모두 전자세금계산서 의무발급사업자에 해당합니다.
> 양대리 : 저는 전자세금계산서에 대한 부가가치세법상 필요적 기재사항이 기존의 세금계산서와 다르지 않아 발급에 큰 어려움은 없다고 봅니다.
> 정사원 : 그래도 전자세금계산서로 인해서 세금계산서 보관의무가 면제되고 세금계산서합계표 제출의무도 면제되어 납세협력비용이 절감되는 것 같습니다.

① 이차장
② 박과장
③ 양대리
④ 정사원

40 다음 중 세금계산서 작성과 관련된 설명으로 옳지 않은 것은?

① 공급받는 자가 일반소비자인 경우에 세금계산서상 "공급받는 자의 등록번호"에는 주민등록번호를 기재한다.

② 공급받는 자의 성명과 명칭은 필요적기재사항이다.

③ 제품을 판매하고 총 55,000원(부가가치세 포함)을 수령하였다면, "공급가액"에는 50,000원을 기재한다.

④ 제품을 판매하고 총 55,000원(부가가치세 포함)을 수령하였다면, "세액"에는 5,000원을 기재한다.

01 다음 중 조세의 기본개념에 관한 설명으로 옳지 않은 것은?

① 과세표준이란 세법에 따라 직접적으로 세액산출의 기초가 되는 과세대상의 수량 또는 가액을 말한다.
② 국민은 세법규정에 근거하지 않은 세금에 대해서도 납부할 의무가 있다.
③ 국가 또는 지방자치단체가 국민에게 부과·징수하는 세금의 대상이 되는 소득·재산 등을 세원이라 한다.
④ 과세표준에 세율을 곱하여 산출된 금액을 산출세액이라고 한다.

02 다음 중 국세부과의 원칙에 관한 설명으로 옳지 않은 것은?

① 실질과세의 원칙 : 국가는 국민에게 세금을 부과·징수하는 경우 거래의 형식보다 실질에 따라야 한다.
② 신의성실의 원칙 : 국민은 국가의 원활한 운영을 위하여 자신의 소득에 대한 세금을 성실하게 납부할 의무가 있으며 신의성실은 국민에게만 적용되는 원칙이다.
③ 근거과세의 원칙 : 납세자가 세법에 따라 장부를 갖추어 기록하고 있는 경우에는 해당 국세과세표준의 조사와 결정은 그 장부와 이에 관계되는 증거자료에 의하여야 한다.
④ 조세감면의 사후관리 : 세액을 감면 받은 후 사후관리 규정을 따르지 아니하면 국가는 감면을 취소하고 세액을 추징할 수 있다.

03 다음 중 법인세법상 납세의무자와 법인세 과세대상 소득의 구분이 옳지 않은 것은?

① 영리내국법인 : 국내외원천의 모든 소득, 청산소득, 토지 등 양도소득, 미환류소득
② 영리외국법인 : 국내원천소득, 토지 등 양도소득
③ 비영리내국법인 : 국내원천소득 중 일정한 수익사업에서 발생한 소득, 토지 등 양도소득
④ 비영리외국법인 : 국내원천소득 중 수익사업소득, 토지 등 양도소득

04 다음 중 법인세법상 손익의 귀속시기에 관한 설명으로 옳지 않은 것은?

① 금융회사의 이자수익(선수입이자 제외)은 약정에 의해 받기로 한 날을 원칙적인 귀속시기로 한다.

② 결산을 확정함에 있어서 이미 경과한 기간에 대응하는 임대료 상당액과 이에 대응하는 비용을 당해 사업연도의 수익과 손비로 계상한 경우 이미 경과한 기간에 대응하는 임대료 상당액과 비용은 이를 각각 당해 사업연도의 익금과 손금으로 한다.

③ 장기할부판매손익은 원칙적으로 해당 판매물의 인도일을 귀속시기로 한다.

④ 건설·제조·기타 용역의 제공으로 인한 익금과 손금은 작업진행률을 기준으로 하여 계산한 수익과 비용을 각각 해당 사업연도의 익금과 손금에 계상하는 것을 원칙으로 한다.

05 다음 자료에 의할 경우 ㈜삼일의 법인세법상 익금금액은 얼마인가?

ㄱ. 주식발행초과금	1,000,000원
ㄴ. 유형자산의 양도금액	4,000,000원
ㄷ. 법인지방소득세의 환급액	1,000,000원
ㄹ. 자기주식처분으로 인한 자기주식의 양도금액	500,000원

① 2,000,000원   ② 2,500,000원

③ 4,500,000원   ④ 5,500,000원

06 다음 자료를 기초로 법인세법상 손금금액을 계산하면 얼마인가?

> ㄱ. 특례기부금(한도 : 5,000,000원) 4,000,000원
> ㄴ. 법인세비용 3,000,000원
> ㄷ. 주식할인발행차금 10,000,000원
> ㄹ. 판매한 제품에 대한 재료비 3,000,000원

① 7,000,000원   ② 10,000,000원

③ 13,000,000원   ④ 20,000,000원

07 다음 중 법인세법상 업무용승용차 관련비용에 관한 설명으로 옳지 않은 것은?

① 운수업에서 수익창출을 위해 직접적으로 사용하는 자동차는 업무용승용차에서 제외된다.

② 업무용승용차 관련 비용은 내국법인이 업무용승용차를 취득하거나 임차하여 해당 사업연도에 손금에 산입하거나 지출한 감가상각비, 임차료 등을 말하며, 자동차세, 통행료는 이에 해당하지 않는다.

③ 내국법인의 업무용승용차 관련비용 중 업무사용금액에 해당하지 않는 금액은 손금불산입한다.

④ 업무용승용차란 개별소비세 과세대상이 되는 승용자동차를 말한다.

08 ㈜삼일은 결산서상 당기 취득한 재고자산의 금액을 시가로 평가하였으며, 평가로 인한 손익을 비용과 수익으로 계상하였다. 제25기(2025년 1월 1일 ~ 2025년 12월 31일)말 현재 취득원가와 시가는 다음과 같으며 법인세법상 재고자산의 평가방법이 저가법으로 신고된 경우, 재고자산에 대해 필요한 세무조정을 수행한다면 각 사업연도 소득금액이 어떻게 변하는가?

구분	취득원가	시가
반제품	20,000,000원	24,000,000원
제 품	30,000,000원	29,000,000원

① 1,000,000원 증가   ② 2,000,000원 증가

③ 2,000,000원 감소   ④ 4,000,000원 감소

09 다음 자료에 의할 경우 ㈜삼일의 제25기(2025년 1월 1일 ~ 2025년 12월 31일)에 감가 상각방법으로 정액법과 정률법을 적용할 때의 감가상각범위액은 각각 얼마인가(다만, 법인 세를 면제·감면 받지 않았음)?

제23기 초에 취득가액 6,000,000원인 기계장치를 구입하였으며, 이 기계장치에 대한 자료는 다음과 같다.

가. 제24기 말 감가상각누계액 2,000,000원(상각부인액은 없음)

나. 내용연수 : 5년

다. 상각률 : 정액법 0.2, 정률법 0.451

	정액법	정률법
①	1,000,000원	1,353,000원
②	1,000,000원	1,804,000원
③	1,200,000원	1,353,000원
④	1,200,000원	1,804,000원

10 다음 자료를 이용하여 중소기업인 ㈜삼일의 제25기(2025년 1월 1일 ~ 2025년 12월 31일) 기업업무추진비에 관한 세무조정을 수행하고자 할 때 기업업무추진비 한도초과액은 얼마인가(단, 특수관계인에 대한 매출은 없으며 문화기업업무추진비나 전통시장에서 지출한 기업업무추진비는 없다)?

손익계산서

제25기 : 2025년 1월 1일 ~ 2025년 12월 31일

㈜삼일 (단위: 원)

과목	금액
Ⅰ. 매출액	10,000,000,000
Ⅱ. 매출원가	2,000,000,000
Ⅲ. 매출총이익	8,000,000,000
Ⅳ. 판매비와관리비	7,500,000,000
Ⅴ. 영업이익	500,000,000
Ⅵ. 영업외수익	100,000,000
Ⅶ. 영업외비용	50,000,000
Ⅷ. 법인세비용차감전순이익	550,000,000

㈜삼일은 제조업을 영위하고 있으며, 판매비와 관리비에는 전액 신용카드를 사용한 기업업무추진비가 1억원 포함되어 있다. 세법상 손금한도를 계산하기 위한 수입금액 기준적용률은 다음과 같다.

수입금액	적용률
100억원 이하	0.3%
100억원 초과 500억원 이하	3천만원 + 100억 초과분 × 0.2%
500억원 초과	1억1천만원 + 500억 초과분 × 0.03%

① 30,000,000원 ② 32,000,000원

③ 34,000,000원 ④ 40,100,000원

11 다음 중 법인세법상 대손충당금에 대한 설명으로 옳지 않은 것은?

① 대손충당금의 손금산입은 신고조정사항이다.

② 대손충당금 설정대상 채권에는 매출채권, 대여금, 미수금 등 기업회계기준에 의한 대손충당금 설정대상 채권이 해당된다.

③ 대손충당금 설정률은 1%와 법인의 대손실적률 중 큰 비율을 적용한다.

④ 대손충당금 기말잔액과 한도액을 비교하여, 한도초과액은 손금불산입(유보)으로 세무조정한다.

12 다음 중 법인세법상 지급이자 손금불산입에 관한 설명으로 옳은 것은?

① 채권자불분명 사채이자는 전액 손금불산입하고 원천징수액을 포함한 전액을 대표자 상여로 처분한다.

② 비실명 채권·증권의 이자는 전액 손금불산입 하고 원천징수액을 포함한 전액을 기타 사외유출로 처분한다.

③ 건설중인 자산에 대한 건설자금이자를 비용으로 회계처리한 경우 손금불산입하여 유보로 소득처분한다.

④ 업무무관자산 등 관련이자는 전액 손금불산입하고 유보로 처분한다.

13 ㈜삼일은 특수관계인인 대표이사 김영희씨로부터 시가 12억원인 건물(취득가액 10억원)을 24억원에 매입하였다. ㈜삼일은 20년 동안 동 건물을 감가상각하기로 하였고 당기 감가상각비로 1억2천만원을 계상하였다. 이와 관련한 세무상 설명으로 옳지 않은 것은(단, 감가상각비 한도는 고려하지 않는다)?

① 김영희씨는 이 거래로 인하여 소득세를 추가로 부담하여야 한다.

② 특수관계인과의 거래를 통해 과다하게 지급한 12억원을 세무상 건물의 자산가액으로 인정할 수 없으므로 매입 시 12억원을 손금산입(△유보)으로 처분한다.

③ 위 거래를 통하여 김영희 씨가 얻은 양도차익 14억원을 익금산입하여 상여로 소득처분힌다.

④ 당기에 계상한 감가상각비 1억 2천만원 중 6천만원은 손금불산입(유보)으로 처분한다.

14 다음은 중소기업인 ㈜삼일의 제25기(2025년1월1일 ~ 2025년12월31일) 법인세신고를 위한 자료이다. 자료에 의하여 올바른 세무조정을 수행한 경우에 과세표준을 계산하면 얼마인가(단, 위 자료 이외에 각 사업연도 소득금액 계산에 영향을 미치는 항목은 없다)?

ㄱ. 법인세비용차감전순이익 : 250,000,000원

ㄴ. ㈜삼일은 유상증자를 통해 액면가액 5,000,000원인 주식을 10,000,000원에 발행하고 발행한 차액 5,000,000원을 영업외수익으로 계상하였다.

ㄷ. ㈜삼일은 업무무관자산을 구입하고 관리비 5,000,000원을 판매비와 관리비로 계상하였다.

ㄹ. 비과세소득 : 10,000,000원(영업외수익으로 계상됨)

ㅁ. 이월결손금 : 법인세과세표준 계산시 공제되지 않은 이월결손금의 발생사업연도와 금액은 다음과 같다.
  – 제21기 : 20,000,000원

① 220,000,000원　　　　② 230,000,000원
③ 240,000,000원　　　　④ 250,000,000원

15 다음 자료를 기초로 ㈜삼일의 제 25기(2025년 1월 1일 ~ 2025년 12월 31일) 법인세 산출세액을 계산하면 얼마인가?

ㄱ. 법인세비용차감전순이익 : 200,000,000원

ㄴ. ㈜삼일은 대표이사에게 특별상여금 20,000,000원을 지급하고 비용으로 계상하였다. 정관에 따른 상여금의 지급기준은 10,000,000원이다.

ㄷ. ㈜삼일은 대표이사의 동창회에 기부금 10,000,000원을 지급하고 비용으로 계상하였다.

ㄹ. 제25기에 인식할 이월결손금, 비과세소득 및 소득공제는 없다.

ㅁ. 법인세율 : 과세표준 2억원 이하는 9%, 2억원 초과 200억 이하 분은 19%

① 20,000,000원　　　　② 21,800,000원
③ 22,750,000원　　　　④ 23,130,000원

16 다음 중 세법에 따른 조세감면을 적용받는 경우라도 과다한 조세감면은 조세형평에 어긋나므로 일정한도의 세액은 납부하도록 하는 제도에 해당하는 것은?

① 수시부과제도 ② 연결납세제도

③ 최저한세제도 ④ 부당행위계산의 부인제도

17 다음 중 우리나라의 소득세에 관한 설명으로 옳지 않은 것은?

① 법인과 달리 개인은 소득세법상 과세기간을 선택할 수 없다.

② 소득세는 거주자와 비거주자의 과세범위에 차이를 두고 있으며, 거주자에 해당하는 지는 국적이나 영주권으로 판단하지 않는다.

③ 납세의무자가 외국으로 이전하는 경우에는 1월 1일부터 출국일까지를 1과세기간으로 한다.

④ 거주자란 국내에 주소를 두거나 1과세기간 중 180일 이상의 거소를 둔 개인을 말한다.

18 다음 중 소득세법상 과세방법에 관한 설명으로 옳지 않은 것은?

① 금융소득은 2천만원 이하인 경우 무조건 종합과세대상 금융소득을 제외하고는 분리과세한다.

② 종합과세는 원칙적으로 1년동안 개인이 벌어들인 모든 소득(분리과세·분류과세 대상 소득 제외)을 합산하여 과세하는 방법이다.

③ 모든 분류과세대상 소득은 소득을 지급하는 자가 소득을 지급할 때 정해진 세금을 미리 징수하여 대신 납부함으로써 납세의무가 종결하게 된다.

④ 분류과세는 각각의 소득을 합산하지 않고 원천에 따른 소득의 종류별로 별도로 과세하는 방법이다.

19 다음은 거주자의 금융소득 발생내역이다. 거주자의 2025년 소득의 종류와 금융소득 과세 대상금액으로 옳지 않은 것은?

- 김순희씨는 ㈜삼일에서 발행한 채권 20,000,000원을 2025년 1월 1일에 취득하였다. 동 채권의 액면이자율은 10% 이며, ㈜삼일은 2025년 12월 31일 채권에 대한 이자를 지급하여 김순희씨는 액면이자율에 해당하는 금액을 수령하였다.
- 이철수씨는 친한 친구에게 자금 50,000,000원을 빌려주었고 그에 대해 이자 10,000,000원을 지급 받았다. (이철수씨는 대금업을 영위하지 않는다.)
- 박영희씨는 2024년 3월부터 ㈜서울 주식 5,000,000원을 구입하여 투자를 시작하였고, 2025년 3월에 현금배당 1,500,000원을 수령하였다.
- 김영수씨는 2025년 7월에 자동차보험 가입 후 사고가 발생하여 보험금 1,500,000원을 수령하였다.

		소득의 종류	과세대상금액
①	김순희	이자소득	2,000,000원
②	이철수	이자소득	10,000,000원
③	박영희	배당소득	1,500,000원
④	김영수	배당소득	1,500,000원

20 다음 자료에 의하여 거주자 김삼일씨(복식부기의무자가 아님)의 2025년 사업소득금액을 계산하면 얼마인가?

1. 손익계산서상 당기순이익	30,000,000원
2. 손익계산서상 당기순이익에 반영되어 있는 항목	
(1) 대표자급여	3,000,000원
(2) 업무용차량 처분이익	2,000,000원
(3) 이자수익(사업자금을 일시 예치하고 당기 수령함)	5,000,000원

① 25,000,000원   ② 26,000,000원

③ 28,000,000원   ④ 33,000,000원

21 김삼일씨의 2025년 급여내역이 다음과 같을 때 총급여액을 계산하면 얼마인가(김삼일씨는 연중 계속 근무하였으며, 아래 사항 이외의 근로소득은 없다)?

> ㄱ. 급여 : 20,000,000원(급여에는 아래에 제시된 내역은 미포함)
>
> ㄴ. 상여 : 8,000,000원
>
> ㄷ. 식사 : 2,400,000원(월 200,000원에 해당하는 사내급식을 제공받은 내역)
>
> ㄹ. 자가운전보조금 : 3,000,000원(월 250,000원)
>
>   김삼일씨 소유차량을 업무수행에 이용하고 그에 소요된 실제비용을 지급받지 않음

① 28,000,000원   ② 28,600,000원

③ 30,400,000원   ④ 31,000,000원

22 거주자 김삼일씨의 2025년 기타소득 관련 자료가 다음과 같은 경우 기타소득금액을 계산하면 얼마인가(단, 세부담 최소화를 가정한다)?

> ㄱ. 일시적인 인적용역을 제공하고 받은 대가   30,000,000원
> ㄴ. 적정한 증빙자료에 의해 확인된 필요경비(실제필요경비)   19,000,000원
> ㄷ. 의제필요경비율   60%

① 11,000,000원   ② 12,000,000원

③ 18,000,000원   ④ 30,000,000원

23 근로자 김삼일씨는 2025년 1년 동안 매월 40만원(비과세급여는 없음)씩 급여를 받고 있는 배우자가 기본공제 대상자에 해당되는지 여부에 대하여 상담을 의뢰하였다. 올바르게 상담한 내용에 해당하는 것은(단, 다른 소득은 존재하지 않는다)?

① 총급여액이 480만원이면 근로소득금액이 100만원을 초과하므로 기본공제대상에서 제외된다.

② 총급여액이 480만원이면 근로소득금액이 100만원을 초과하지만 기본공제대상이 된다.

③ 총급여액의 크기와 무관하게 소득이 조금이라도 있다면 기본공제대상에서 제외된다.

④ 배우자는 소득과 관계없이 기본공제대상이 된다.

24 다음 중 소득세법상 퇴직소득에 관한 설명으로 옳지 않은 것은?

① 퇴직소득은 근로자가 퇴직으로 인하여 받게 되는 소득을 말한다.

② 소득세법이 정한 일정 한도를 초과하는 임원 퇴직금은 근로소득에 속한다.

③ 퇴직소득 중 근로의 제공에 따른 부상과 관련하여 받는 퇴직급여는 비과세한다.

④ 종업원이 임원이 된 경우에는 퇴직급여를 실제로 받지 않아도 퇴직으로 본다.

25 다음 중 소득세법상 중간예납에 관한 설명으로 옳지 않은 것은?

① 소득세법상 사업소득이 있는 거주자는 중간예납 대상자에 해당한다.

② 중간예납세액이 50만원 미만일 경우 중간예납세액을 징수하지 아니한다.

③ 관할세무서장은 10월 1일부터 10월 15일까지의 기간내에 중간예납세액을 서면으로 알려야 하며, 납부기한은 10월 31일까지이다.

④ 중간예납세액은 직전 과세기간의 과세실적을 기준으로 직전 과세기간 납부세액의 1/2을 중간예납세액으로 결정하는 것을 원칙으로 한다.

26 다음 중 소득세법상 연말정산에 관한 설명으로 옳지 않은 것은?

① 연말정산 결과 이미 원천징수납부한 세액이 연말정산에 따라 계산된 정확한 세액보다 많은 경우 환급이 발생한다.

② 일반적인 경우 회사는 다음해 2월분 급여를 지급하는 때에 연말정산을 하여야 한다.

③ 중도에 퇴직한 자의 연말정산 세액은 퇴직한 달의 급여를 지급하는 날이 속하는 월의 말일까지 납부해야 한다.

④ 근로소득 외 다른 소득이 없는 경우에는 종합소득세 확정신고를 할 필요없이 연말정산만 하면 된다.

27 다음 중 소득세법상 원천징수에 관한 설명으로 옳지 않은 것은?

① 납세의무자의 입장에서 원천징수는 세금의 부담을 분산시키는 효과가 있다.

② 원천징수의무자는 납세의무자에게 원천징수세액을 차감한 금액을 지급하게 된다.

③ 세금을 실제로 부담하는 납세의무자와 이를 신고·납부하는 원천징수의무자는 일치하지 않는다.

④ 소득을 지급하는 자가 개인인 경우에는 소득을 지급받는 자가 법인인 때에도 소득세법에 따라 원천징수를 한다.

28 다음 중 원천징수의 사례로 옳지 않은 것은?

① 복권당첨소득(기타소득) 1억원 지급 시 20%의 세율로 소득세 원천징수

② 법인이 개인사업자에게 의료·보건용역에 대한 대가(사업소득) 500만원 지급 시 3%의 세율로 소득세 원천징수

③ 개인주주에게 현금배당(배당소득) 5,000만원 지급 시 14%의 세율로 소득세 원천징수

④ 종업원에게 상여금(근로소득) 500만원 지급 시 2.7%의 세율로 소득세 원천징수

29 다음 중 부가가치세법에 관한 설명으로 옳은 것은?

① 우리나라의 부가가치세 과세방법은 전단계세액공제법에 의하고 있다.

② 부가가치세는 납세의무자와 담세자가 동일하므로 직접세에 해당한다.

③ 현행 부가가치세는 소비지국과세원칙을 채택하고 있으므로 수출하는 재화에 대하여 면세가 적용된다.

④ 부가가치세는 납세의무자의 인적사정을 고려하는 인세이다.

30 다음 중 부가가치세법에 관한 설명으로 옳지 않은 것은?

① 사업장별로 부가가치세를 과세하는 것을 원칙으로 하고 있다.

② 부가가치세는 납세의무자의 신고에 의하여 납세의무가 확정되는 신고납세제도를 채택하고 있다.

③ 비영리법인도 부가가치세법상 납세의무자가 될 수 있다.

④ 면세사업만을 영위하는 사업자는 부가가치세법에 의한 사업자등록을 해야한다.

31 다음 중 부가가치세 과세대상에 관한 설명으로 옳은 것은?

① 주요 자재를 전혀 부담하지 않고 단순히 가공계약에 의하여 재화를 공급하는 경우에는 재화를 공급한 것으로 본다.

② 사업장별로 그 사업에 관한 모든 권리와 의무를 포괄적으로 승계시키는 사업의 포괄양도는 원칙적으로 재화의 공급으로 보지 않는다.

③ 수출신고가 수리된 물품으로서 선적된 물품을 국내에 반입하는 것은 재화의 수입에 해당하지 않는다.

④ 특수관계가 없는 자에게 사업용 부동산의 임대용역을 무상으로 공급하는 것은 용역의 공급으로 본다.

32 다음 중 부가가치세법상 영세율에 관한 설명으로 옳지 않은 것은?

① 영세율이 적용되면 해당 거래단계에서 창출된 부가가치에 대해서 과세되지 않는 효과를 가져오며, 이전 단계에 대해서도 부가가치세가 과세되지 아니한다.

② 면세사업자는 면세포기 절차에 따라 영세율을 적용 받을 수 있다.

③ 부가가치세가 과세되지 않으므로 모든 영세율 거래에서 세금계산서 발급의무가 면제된다.

④ 세율이 0%이므로 부가가치세를 부담하지 않지만, 사업자등록과 같은 납세의무자로서의 의무는 이행해야 한다.

33 다음 중 부가가치세가 면세되는 재화 또는 용역의 개수로 옳은 것은?

1. 수돗물	5. 신문광고용역
2. 국민주택의 공급	6. 도서(도서대여용역 포함)·신문·잡지
3. 연탄과 무연탄	7. 우등고속버스에 의한 여객운송용역
4. 시내버스 운송용역	8. 주택과 이에 부수되는 토지의 임대용역

① 4개
② 5개
③ 6개
④ 7개

34 다음 자료를 바탕으로 제1기 예정신고기간(1월 1일 ~ 3월 31일)의 부가가치세 과세표준을 계산하면 얼마인가?

공급일자	공급가액 (부가가치세 미포함)	공급조건
1월 7일	10,000,000원	단기할부, 공급일부터 매월 7일에 2,000,000원씩 회수하는 조건
1월 28일	40,000,000원	장기할부, 공급일부터 매월 28일에 1,000,000원씩 회수하는 조건
2월 15일	30,000,000원	외상판매, 공급일부터 6개월 이후에 대가 지급
3월 1일	30,000,000원	완성도기준공급, 3월에 공급을 개시하였고 3월 한 달간의 진행률은 30%임. 계약에 따라 공급가액 중 진행률에 해당하는 금액을 매월 말에 지급받기로 함

① 48,000,000원   ② 52,000,000원
③ 59,000,000원   ④ 81,000,000원

35 다음은 부가가치세 과세사업을 영위하는 ㈜삼일의 제2기 예정신고기간(7월 1일 ~ 9월 30일)의 거래내역이다. 제2기 예정신고기간의 과세표준을 계산하면 얼마인가(단, 주어진 금액은 부가가치세를 포함하지 않은 금액이다)?

구분	금액
(1) 매출액	55,000,000원 (아래 (2)와(3)이 차감 된 금액임)
(2) 매출할인액	2,000,000원
(3) 매출에누리액	3,000,000원
(4) 파손 반품액	2,000,000원 (운송도중 파손된 제품으로 (1)의 매출액에 포함되어 있음)
(5) 외상매출금 연체이자	4,000,000원 ((1)의 매출액에 포함되어 있지 않음)

① 48,000,000원   ② 50,000,000원
③ 52,000,000원   ④ 53,000,000원

36 다음은 전자제품 제조업을 영위하는 ㈜삼일의 2025년 제2기 예정신고기간의 매입세액에 대한 자료이다. ㈜삼일의 매입세액공제액은 얼마인가(제시된 거래에 대해서는 적법하게 세금계산서를 수취하였다)?

전자부품(원재료) 수입 관련 매입세액	20,000,000원
기계구입 관련 매입세액	7,000,000원
기업업무추진비 관련 매입세액	1,000,000원
개별소비세 과세대상 자동차의 유지비 관련 매입세액	2,000,000원

① 20,000,000원 ② 22,000,000원
③ 27,000,000원 ④ 28,000,000원

37 다음 중 일반과세자의 부가가치세 신고·납부·환급에 관한 설명으로 옳지 않은 것은?

① 조기환급은 수출을 지원하기 위한 것으로 영세율 적용대상 외에는 조기환급을 신청할 수 없다.

② 예정신고를 하는 때에 누락된 금액을 확정신고를 하는 때에 신고할 수 있다.

③ 일반환급의 경우 예정신고 시에는 환급세액이 발생하여도 이를 환급하지 아니한다.

④ 조기환급 받고자 하는 사업자는 조기환급기간이 끝난 날부터 25일 이내에 영세율등 조기환급신고를 해야한다.

38 다음 중 부가가치세법상 가산세에 대한 설명 중 옳지 않은 것은?

① 예정신고시 제출하지 아니한 매출처별세금계산서합계표를 확정신고시 제출하는 경우 가산세가 적용된다.

② 사업자가 아닌 자가 재화 또는 용역을 공급하지 아니하고 세금계산서를 발급하거나 재화 또는 용역을 공급받지 아니하고 세금계산서를 발급받은 경우는 사업자가 아니므로 가산세를 부과하지 않는다.

③ 제출한 매입처별세금계산서합계표의 기재사항 중 공급가액을 사실과 다르게 과다하게 기재하여 신고한 경우에는 매입처별세금계산서합계표 제출불성실가산세가 부과된다.

④ 발급한 세금계산서의 필요적 기재사항의 전부 또는 일부가 착오 또는 과실로 적혀 있지 않은 경우에는 세금계산서불성실가산세가 부과된다.

39 다음 중 부가가치세법상 세금계산서에 관한 설명으로 옳은 것은?

① 전자세금계산서를 발급·전송한 사업자는 세금계산서 보관의무가 면제된다.

② 전자세금계산서 의무발급 사업자는 법인사업자와 직전 연도의 사업장별 재화 및 용역의 공급가액(면세공급가액 제외)의 합계액이 2억원 이상인 개인사업자이다.

③ 전자세금계산서 의무발급대상이 아닌 사업자는 전자세금계산서를 발급할 수 없다.

④ 전자세금계산서 의무발급 사업자가 전자세금계산서를 발급하였을 때에는 전자세금계산서 발급일까지 전자세금계산서 발급명세를 국세청장에게 전송하여야 한다.

40 다음 일반과세자 중 재화·용역의 공급시 영수증을 발급해야 하는 업종이 아닌 것은?

① 숙박업
② 목욕·이발·미용업
③ 입장권을 발행하여 영위하는 사업
④ 도매업

삼일회계법인 자격시험
www.samilexam.com

13320

ISBN 979-11-6784-418-7

NCS 국가직무능력표준
National Competency Standards

2025년 개정사항 반영

국가공인
회계관리1급

기출문제집

삼일회계법인 저

정답 및 해설

삼일회계법인
삼일인포마인

2024 년
1회 　2024년 1월 27일 시행

01	②	02	①	03	②	04	②	05	④
06	④	07	①	08	①	09	③	10	④
11	③	12	①	13	②	14	③	15	④
16	③	17	③	18	③	19	③	20	②
21	③	22	②	23	②	24	②	25	④
26	①	27	①	28	④	29	③	30	③
31	②	32	①	33	③	34	④	35	①
36	②	37	③	38	④	39	①	40	②

01 ② 현재 및 잠재의 투자자와 채권자가 합리적 의사결정을 하기 위해서는 투자 또는 자금대여 등에서 기대되는 미래 현금유입을 예측하여야 한다. 그러므로 재무보고는 투자 또는 자금대여 등으로부터 받게 될 미래 현금의 크기, 시기 및 불확실성을 평가하는데 유용한 정보를 제공하여야 한다.

02 ① 질적특성을 갖춘 정보라 하더라도 정보 제공 및 이용에 소요될 사회적 비용이 정보 제공 및 이용에 따른 사회적 효익을 초과한다면 그러한 정보 제공은 정당화 될 수 없다.

03 ② 손익계산서란 기업의 경영성과를 명확하게 보고하기 위하여 일정기간 동안에 일어난 거래나 사건을 통해 발생한 수익과 비용을 나타내는 보고서로서, 수익과 비용은 각각 총액으로 보고하는 것을 원칙으로 한다.

04 ② ① 3개월 단위의 중간기간을 '분기', 6개월 단위의 중간기간을 '반기'라 한다.
③ 현금흐름표는 누적중간기간을 직전 회계연도의 동일기간과 비교하는 형식으로 작성한다.
④ 재무상태표는 중간보고기간말과 직전 연차보고기간말을 비교하는 형식으로 작성한다.

05 ④ 기업실체의 자산은 과거의 거래나 사건으로부터 발생한다.

06 ④ 대조계정 등의 비망계정은 재무상태표의 자산 또는 부채항목으로 표시하여서는 아니된다.

07 ① 당좌자산 = 현금및현금성자산 + 단기대여금 + 선급비용
　　　　　= 100,000원 + 200,000원 + 100,000원 = 400,000원

08 ① 지분증권은 투자자의 지분증권에 대한 보유의도와 지분법피투자기업에 대한 영향력 행사 여부에 따라 단기매매증권, 지분법적용투자주식, 매도가능증권 중의 하나로 분류한다.

09 ③ 대손상각비 = 기말 대손충당금(*) + 대손발생 − 기초 대손충당금
　　　　　= 75,000원 + 200,000원 − 220,000원 = 55,000원
*기말 대손충당금 : 7,500,000원 × 1% = 75,000원

10 ④ 미수수익은 금전채권이므로 회수가 불확실한 대손추산액은 대손충당금을 설정하여 차감형식으로 표시하며, 이때 대손상각비는 영업외비용으로 분류한다.

11 ③ 판매원가는 재고자산 원가에 포함할 수 없으며 발생기간의 비용으로 인식한다.

12 ① ② 계속기록법은 재고자산을 종류별로 나누어 입고·출고시마다 계속 기록함으로써 잔액이 산출되도록 하는 방법이다.
　　③ 실지재고조사법을 사용하면 도난, 분실 등에 의한 감소량이 당기의 출고량에 포함되어 재고부족의 원인을 파악하기 힘들다.
　　④ 재고자산의 수량결정방법은 일반적으로 계속기록법과 실지재고조사법에 의한다. 실무상으로는 계속기록법에 의하여 수량을 기록하고 회계연도 말에 실지재고조사법에 의해 수량을 조사하여 차이 수량에 대하여 재고자산감모손실 등으로 회계처리하는 것이 일반적이다.

13 ② 종평균법하의 매출원가 =

$$\frac{70{,}000원 + 50{,}000원 + 60{,}000원}{1{,}000개 + 500개 + 500개} \times 1{,}500개 = 135{,}000원$$

14 ③ 재고자산감모손실 = 재고자산감모수량 × 단위당 원가 = 50개 × 300원 = 15,000원

15 ④　매출원가
= 결산조정 전 장부상 매출원가 + 재고자산평가손실 + 정상적인 재고자산감모손실
= 5,600,000원 + 400,000원 + 100,000원 = 6,100,000원

16 ③　일반기업회계기준은 수익을 발생주의에 의하여 인식하므로 이자지급기일 이전이라도 경과된 기간에 해당되는 미수이자를 자산계정에 미수수익으로 계상하고 동 금액을 당기 손익항목의 이자수익으로 인식한다.

17 ③　투자기업이 피투자기업의 의결권 있는 주식의 20% 이상을 보유하고 있더라도, 계약이나 법규 등에 의하여 투자기업이 의결권을 행사할 수 없는 경우에는 유의적인 영향력이 없는 것으로 본다.

18 ③　만기보유증권은 공정가치로 평가하지 않고 상각후원가로 평가한다.

19 ③　매도가능증권의 처분손익
= 양도금액 − 취득원가 = 1,300,000원 − 1,000,000원 = 300,000원 처분이익

20 ②　단기매매증권이 시장성을 상실한 경우에는 매도가능증권으로 분류하여야 한다.

21 ③　토지는 사용 또는 시간이 경과하더라도 가치가 감소하지 아니하므로 감가상각하지 아니하며, 건설중인자산 역시 본래의 유형자산으로 대체되어 영업목적에 사용될 때까지는 감가상각할 수 없다.

22 ②　유형자산손상차손 = 손상차손 인식 직전 장부금액 − 회수가능액
= 5,000,000원 − max(2,500,000원, 2,100,000원) = 2,500,000원

23 ②　20X1년 비용 인식 금액
= 연구단계 지출 + 개발비 상각액
= 400,000원 + (500,000원 − 0원) × 1/5 × 6/12 = 450,000원

24 ②　20X2년 이자수익 = (20,000원 × 2.4868 × 1.1 − 20,000원) × 10% = 3,471원

25 ④　① 예수금은 일반적 상거래 이외에서 발생한 일시적 제예수액을 말한다.
② 선수수익은 입금된 영업외수익 중 차기 이후에 속하는 금액을 말한다.
③ 선수금은 수주공사·수주품 및 기타 일반적 상거래에서 발생한 선수액을 말한다.

26 ①　상환일의 사채 장부금액 : 950,244원 × 1.1 − 80,000원 = 965,268원
상환손익 = 장부금액 − 상환액 = 965,268원 − 970,000원 = (−)4,732원 상환손실

27 ①　사채 할인발행시 발생한 사채할인발행차금을 유효이자율법에 따라 상각할 때 이자비용과 사채할인
발행차금 상각액은 각각 매년 증가한다.

28 ④　충당부채는 다음의 세 가지 요건을 모두 충족하는 경우에 재무상태표에 부채로 인식한다.
ㄱ. 과거 사건이나 거래의 결과로 현재의무가 존재해야 한다.
ㄷ. 당해 의무를 이행하기 위하여 자원이 유출될 가능성이 매우 높아야 한다.
ㄹ. 그 의무의 이행에 소요되는 금액을 신뢰성 있게 추정할 수 있어야 한다.

29 ③　20X1년 퇴직급여
= 20X1년말 퇴직급여충당부채 + 20X1년 퇴직금 지급액 − 20X0년말 퇴직급여충당부채
= 700,000원 + 200,000원 − 500,000원 = 400,000원

30 ③　이연법인세자산(부채)은 보고기간 말 현재까지 확정된 세율에 기초하여 당해 자산이 회수되거나 부
채가 상환될 기간에 적용될 것으로 예상되는 시점의 세율을 적용하여 측정한다.

31 ②　(차) 현금　　　120,000원　　　(대) 자기주식　　　　　100,000원
　　　　　　　　　　　　　　　　　　자기주식처분이익　　　20,000원
∴ 자본총계와 자본잉여금이 증가하고, 자본금은 변동하지 않는다.

32 ①　② 주식배당 : 이익잉여금은 감소하지만 자본총액은 불변이다.
③ 무상증자 : 법정적립금을 자본에 전입할 경우 이익잉여금이 감소할 수 있지만 자본총액은 불변
　　이다.
④ 자기주식의 처분 : 이익잉여금은 불변이지만 자본총액은 증가한다.

33 ③ 영업이익은 매출액에서 매출원가 및 판매비와관리비를 차감하여 계산된다. 지분법손실, 유형자산처분손실, 기부금, 이자비용은 영업외비용에 해당하기 때문에 영업이익의 계산과정에 포함되지 않는다.

34 ④ 수익과 비용은 총액으로 기재하는 것을 원칙으로 하고 수익과 비용항목을 상계하여 그 전부 또는 일부를 손익계산서에서 제외하여서는 아니 된다.

35 ① 제품공급자로부터 받은 제품을 인터넷상에서 중개판매하거나 경매하고 수수료만을 수취하는 전자쇼핑몰 운영회사는 관련 수수료만을 수익으로 인식해야 한다.

36 ② 20X1년 공사이익 = 총도급액 × 20X1년 공사진행률 - 20X1년 공사원가
800,000원 = 12,000,000원 × 50% - 20X1년 공사원가
∴ 20X1년 공사원가 = 5,200,000원

37 ③ ① 전기 주식할인발행차금 미상각 : 이익잉여금과 자본조정에 영향을 미친다.
② 주식배당에 대한 회계처리 누락 : 이익잉여금과 자본금에 영향을 미친다.
④ 당기 재해손실을 일반관리비로 계상 : 당기순이익은 불변이다.

38 ④ 보통주당기순이익 산정시 손익계산서상의 당기순이익에서 우선주배당금을 차감한다.

39 ① 투자활동현금흐름은 현금의 대여와 회수활동과 같이 장기성자산 및 현금성자산에 속하지 않는 유가증권, 투자자산, 유형자산 및 무형자산의 취득과 처분과 관련하여 발생된 현금의 유출입을 표시한다.

40 ②

영업활동 현금흐름	500,000원
투자활동 현금흐름	100,000원 - 30,000원 = 70,000원
재무활동 현금흐름	(-)200,000원 + 30,000원 = (-)170,000원
현금및현금성자산의 증감	400,000원
기초 현금및현금성자산	6,000,000원
기말 현금및현금성자산	6,400,000원

2024년 2회 — 2024년 3월 30일 시행

01	④	02	③	03	④	04	④	05	①
06	④	07	③	08	③	09	③	10	②
11	③	12	①	13	③	14	②	15	②
16	②	17	①	18	④	19	①	20	①
21	②	22	③	23	④	24	①	25	③
26	④	27	②	28	④	29	③	30	③
31	④	32	②	33	①	34	②	35	①
36	②	37	③	38	③	39	③	40	②

01 ④　기업실체의 경영자는 기업실체 외부의 이해관계자에게 재무제표를 작성하고 보고할 일차적인 책임을 진다.

02 ③　유형자산을 역사적원가로 평가하면 일반적으로 검증가능성이 높으므로 측정의 신뢰성은 제고되나 목적적합성은 저하될 수 있다.

03 ④　상각후금액은 유효이자율을 이용하여 당해 자산 또는 부채에 대한 현재의 금액으로 측정한 가치를 말한다.

04 ④　재무상태표는 당 회계연도 9월 30일 현재를 기준으로 작성하고, 직전 회계연도 12월 31일 현재의 재무상태표와 비교 표시한다.

05 ①　재무제표에서 지분법적용투자주식은 비유동자산 중 투자자산으로 분류한다.

06 ④　일반적으로 부채의 액면금액은 확정되어 있지만, 제품보증을 위한 충당부채와 같이 그 측정에 추정을 요하는 경우도 있다.

07 ③　현금성자산이라 함은 큰 거래비용 없이 현금으로 전환이 용이하고 이자율변동에 따른 가치변동의 위험이 중요하지 않은 유가증권 및 단기금융상품으로서 취득당시 만기(또는 상환일)가 3개월 이내에 도래하는 것을 말한다. 따라서 취득 당시 상환일까지의 기간이 5개월인 상환우선주는 현금 및 현금성자산으로 분류되지 않는다.

08 ③　① 기업은 당좌수표를 발행하고 당좌예금계정에서 차감하였으나, 당좌수표 수취인이 은행에 아직 지급을 요구하지 않은 경우 : 은행 측 잔액에서 차감
　　② 은행 서비스에 대한 수수료를 은행은 당좌구좌에서 차감하였으나 기업은 아직 기록하지 않은 경우 : 기업 측 잔액에서 차감
　　④ 타인발행 당좌수표를 은행에 예입하고 기록하였으나, 타사의 당좌예금 잔액부족으로 지급이 거절되었고 은행으로부터 이를 통지받지 못한 경우 : 기업 측 잔액에서 차감

09 ③　매각거래와 차입거래를 구분하는 기준은 외상매출금을 양도한 이후 양수자에게 상환청구권이 있는지의 여부와는 무관하다.

10 ②　대손상각비 = 기말 대손충당금(*) + 대손발생 − 기초 대손충당금
　　　　　　　= 500,000원 + 200,000원 − 500,000원 = 200,000원
　　*기말 대손충당금 : 10,000,000원 × 5% = 500,000원

11 ③　재고자산을 판매하는 과정에서 지급한 판매수수료는 재고자산 원가에 포함할 수 없으며 발생기간의 비용으로 인식한다.

12 ①　선입선출법에 의한 기말재고는 일반적으로 나중에 구입한 상품으로 이루어져 있기 때문에 기말재고자산이 현행원가의 근사치로 표시된다.

13 ③　매출액 = 200개 × 200원 = 40,000원
　　　매출원가 = 150개 × 100원 + 50개 × 140원 = 22,000원
　　　매출총이익 = 40,000원 − 22,000원 = 18,000원

14 ②　재고자산 장부금액 = 실제수량 × min(단위당 취득원가, 단위당 순실현가능가치)
　　　　　　　　　　= 200개 × min(1,300원, 1,200원) = 240,000원

15 ② 재고자산 횡령액
= {기초재고 + 당기매입 − 매출액 × (1 − 매출총이익률)} − 기말재고 실사금액
= (1,500,000원 + 4,500,000원 − 5,000,000원×80%) − 1,000,000원 = 1,000,000원

16 ② 지분증권은 투자자의 지분증권에 대한 보유의도와 지분법피투자기업에 대한 영향력 행사 여부에 따라 단기매매증권, 지분법적용투자주식, 매도가능증권 중의 하나로 분류한다.

17 ① 20X2년 당기수익 = 단기매매증권 처분이익 + 단기매매증권 평가이익
= 50주 × (12,000원 − 11,000원) + 50주 × (12,000원 − 11,000원) = 100,000원

18 ④ 원가법으로 평가하는 매도가능증권은 회복 후 장부금액이 취득원가를 초과하지 않는 범위 내에서 손상차손환입을 인식한다.

19 ① 20X3년 말 기타포괄손익누계액 = 20X3년 말 공정가치 − 취득원가
= 13,000원×100주 − 10,000원 × 100주 = 300,000원 평가이익

20 ① 20X1년 말 이자수익 = 922,687원 × 8% = 73,815원

21 ② 수익적 지출은 유형자산의 원상을 회복하거나 능률을 유지하기 위하여 지출한 비용 등을 말하며 건물의 도장, 소모된 부속품이나 벨트의 교체 등과 같이 금액이 상대적으로 적은 지출이 수익적 지출에 해당된다.

22 ③ (취득원가 − 10,000원) × 1/5 = 12,000원
∴ 취득원가 = 70,000원

23 ④ 5년간 개발비상각비를 인식하기 때문에 차기의 이익을 과소보고한다.

24 ① 장기연불조건의 매매거래에서 발생한 매출채권은 명목금액과 공정가치의 차이가 유의적인 경우에는 미래 수취할 명목금액을 현재가치로 할인하여 평가한 공정가치로 평가한다.

25 ③ 당좌차월계정을 따로 설정하지 않고 당좌계정에서 총괄하여 회계처리하는 경우, 당좌계정이 차변잔액일 때는 당좌예금이 되며, 대변잔액이 발생할 때에는 당좌차월이 된다.

26 ④ 사채발행비가 발생하면 사채발행으로 인해 조달된 현금을 감소시키는 효과가 있으므로 사채발행자가 사채기간 동안 인식할 이자비용은 증가한다.

27 ② 총이자비용 = (1,000,000원 + 80,000원 × 3) – 950,258원 = 289,742원

28 ④ 미래의 예상 영업손실은 충당부채로 인식하지 아니한다.

29 ③ 20X1년 퇴직금 지급액
= 20X0년말 퇴직급여충당부채 + 20X1년 퇴직급여 – 20X1년말 퇴직급여충당부채
= 400,000원 + 100,000원 – 200,000원 = 300,000원

30 ③ 결손금이 발생하게 되면 차기 이후 회계연도의 이익발생시 법인세부담액이 감소되는 효과가 나타나므로 이연법인세자산을 계상한다.

31 ④ 자본거래로 인한 증가액
= (기말자본 – 기초자본) – 당기순이익 = 유상증자 – 현금배당(X)
= (5,000,000원 – 4,320,000원) – 600,000원 = 700,000원 – 현금배당(X)
∴ 현금배당(X) = 620,000원

32 ② 미교부주식배당금은 자본조정에 해당한다.

33 ① 매도가능증권평가손실은 재무상태표의 자본(기타포괄손익누계액)에 계상한다.

34 ②　영업이익
= 매출액 − 매출원가 − 관리직사원급여 − 매출채권대손상각비 − 본사 감가상각비
= 90,000,000원 − 60,000,000원 − 10,000,000원 − 400,000원 − 1,000,000원
= 18,600,000원

35 ①　상품권의 판매만으로 수익이 실현되는 것으로 보기는 어려우며, 상품권이 발행된 후에 상품의 판매나 용역이 제공되는 시점에서 수익이 실현되는 것으로 보는 것이 타당하다. 따라서 상품권 판매시는 선수금(상품권선수금계정 등)으로 처리한다.

36 ②　20X1년 당기순이익에 미치는 영향
= 매출액 − 매출원가 + 이자수익
= 1,000,000원 × 2.40183 − 2,000,000원 + 1,000,000원 × 2.40183×12%
= 690,050원 증가

37 ③　재고자산은 비화폐성항목이므로 기말결산시 외화환산이 필요하지 않다.

38 ③　① 보통주 당기순이익 산정시 손익계산서상의 당기순이익에서 우선주배당금을 차감하여 계산한다.
② 당기 중에 무상증자가 실시된 경우에는 기초에 실시된 것으로 간주하여 가중평균유통보통주식수를 증가시킨다. 다만, 기중의 유상증자로 발행된 신주에 대한 무상증자는 당해 유상신주의 납입일에 실시된 것으로 간주하여 가중평균유통보통주식수를 조정한다.
④ 기중의 유상증자로 발행된 신주에 대한 주식분할 또는 주식병합은 당해 유상신주의 납입일에 실시된 것으로 간주하여 가중평균유통보통주식수를 조정한다.

39 ③　가. 종업원과 관련하여 직접적으로 발생한 현금유출 : 영업활동현금흐름
나. 배당금의 지급에 따른 현금유출 : 재무활동현금흐름
라. 차입금의 상환에 따른 현금유출 : 재무활동현금흐름
마. 주식의 발행에 따른 현금유입 : 재무활동현금흐름

40 ②　법인세의 납부는 영업활동현금흐름(단, 토지 등 양도소득세와 같이 재무와 투자활동에 명백히 관련 있는 것은 제외)을 발생시킨다. 나머지 거래는 현금흐름을 수반하지 않는 비현금거래로 주석공시사항이다.

2024년
3회　2024년 5월 18일 시행

01	④	02	①	03	③	04	①	05	③
06	③	07	③	08	②	09	②	10	③
11	①	12	④	13	③	14	②	15	③
16	③	17	④	18	①	19	③	20	②
21	③	22	②	23	④	24	④	25	②
26	②	27	③	28	④	29	③	30	②
31	③	32	③	33	④	34	②	35	③
36	③	37	②	38	④	39	①	40	③

01 ④　재무회계의 주된 목적은 외부 정보이용자의 경제적 의사결정에 유용한 정보를 제공하는 것이다.

02 ①　역사적원가가 아닌 보고기간종료일의 공정가치로 표시하는 것은 목적적합성을 강조한 것이다.

03 ③　주석은 재무제표를 이해하는데 필요한 추가적인 정보를 기술한 것으로서 재무제표의 본문과 별도로 작성된다. 회사의 개요와 중요한 회계처리방법, 사용이 제한된 금융상품, 특수관계자와의 거래는 주석 공시사항이지만, 제품제조원가의 계산내역은 주석 공시사항에 해당되지 않는다.

04 ①　기업실체가 현재의 의무를 미래에 이행할 때 경제적 효익이 유출될 가능성이 매우 높고 그 금액을 신뢰성 있게 측정할 수 있다면 이러한 의무는 재무상태표에 부채로 인식한다.

05 ③　일반적으로 물리적 형태를 가지고 있지만, 물리적 형태가 자산의 본질적인 특성은 아니다.

06 ③　재무상태표에 기재하는 자산과 부채는 유동성이 큰 항목부터 배열하는 것(유동성배열법)을 원칙으로 한다.

07　③　현금및현금성자산

= 타인발행당좌수표 + 만기도래한 공사채이자표 + 취득당시 만기 3개월 채권 +
　3개월 이내 환매조건의 환매채

=10,000원 + 5,000원 + 25,000원 + 4,000원 = 44,000원

08　②　보고기간종료일로부터 1년 내에 만기가 도래하거나 또는 매도 등에 의하여 처분할 것이 거의 확실한 매도가능증권은 유동자산으로 분류한다. 이 경우 단기투자자산 등의 과목으로 통합하여 재무상태표에 표시할 수 있다.

09　②　대손상각비 = 기말 대손충당금(*) + 대손발생액 − 기초 대손충당금
　　　　　　　　 = 180,000원 + 90,000원 − 150,000원 = 120,000원

10　③　일반적으로 받을어음을 금융기관 등에서 배서양도·할인하는 거래에 대하여는 해당 금융자산의 미래 경제적 효익에 대한 양수인의 통제권에 특정한 제약이 없는 한 매각거래로 회계처리한다.

11　①　일반제조기업이 보유하고 있는 토지, 건물 등은 유형자산으로 분류되나, 부동산매매업의 판매목적의 부동산은 재고자산으로 분류한다.

12　④　재고자산을 후입선출법으로 평가하는 경우, 상승한 금액의 재고자산이 매출원가로 비용화되기 때문에 순이익이 상대적으로 적게 표시된다.

13　③　① 재고자산을 판매하는 과정에서 지급한 판매수수료는 재고자산 원가에 포함할 수 없으며 발생기간의 비용으로 인식한다.
　　② 상품 취득시 받은 할인금액과 리베이트 금액은 매입원가에서 차감한다.
　　④ 상품을 수입하면서 발생한 수입관세와 매입운임은 상품의 취득원가에 포함한다.

14　②　재고자산평가손실이 발생한 경우에는 평가손실액을 재고자산의 차감계정(재고자산평가손실충당금)으로 표시하고 매출원가에 가산한다.
　　(차) 재고자산평가손실　　8,000,000원　　　　(대) 재고자산평가손실충당금　　8,000,000원
　　　　(매출원가)

15 ③   매출원가 = 장부상 매출원가 + 정상적인 재고자산감모손실 + 재고자산평가손실

= 1,000,000원 + 10개 × 10,000원 × 60% + 90개 × 1,000원 = 1,150,000원

16 ③   투자자가 만기가 확정된 채무증권으로서 상환금액이 확정되었거나 확정이 가능한 채무증권을 만기까지 보유할 적극적인 의도와 능력이 있는 경우에는 만기보유증권으로 분류한다. 투자자가 주로 가격의 단기적 변동으로부터 이익(단기시세차익)을 발생시킬 목적으로 취득하는 지분증권으로서 매수와 매도가 적극적이고 빈번하게 이루어지는 것은 단기매매증권으로 분류한다. 투자자가 지분법피투자기업에 대하여 일정비율 이상의 지분을 취득하거나 의사결정과정에 참여하여 유의적인 영향력을 행사할 수 있는 경우에는 당해 지분증권을 지분법적용투자주식으로 분류한다. 단기매매증권이나 지분법적용투자주식으로 분류되지 아니하는 지분증권은 모두 매도가능증권으로 분류한다.

17 ④   20X1년 당기순이익에 미치는 영향

= 단기매매증권 처분이익 + 단기매매증권 평가이익 − 취득과 관련된 거래원가

= 50주 × (13,000원 − 10,000원) + 50주 × (15,000원 − 10,000원) − 100주 × 1,000원

= 300,000원

18 ①   20X1년 당기순이익에 미치는 영향 = 단기매매증권 평가이익

= 2,500,000원 − 2,000,000원 = 500,000원 증가

19 ③   20X2년 이자수익 = (9,519,634원 × 1.12 − 1,000,000원) × 12% = 1,159,439원

20 ②   20X1년 말 지분법적용투자주식의 장부가액

= 3,000,000원 + 100,000원 × 30% = 3,030,000원

21 ③   유형자산의 재평가와 관련하여 인식한 기타포괄손익의 잔액이 있다면, 그 유형자산을 폐기하거나 처분할 때 당기손익으로 인식한다.

재평가모형 적용 토지의 처분손익 = 양도금액 − 취득원가

= 1,100,000원 − 1,000,000원 = 100,000원 처분이익

22 ② 정액법이란 자산의 내용연수에 걸쳐 균등하게 감가상각비를 인식함으로써 매 사업연도의 상각액이 균등하게 되는 상각방법이다. 정률법은 가속상각의 한 방법으로서 상각초기연도에 많은 금액을 상각하게 하는 방법이다.

23 ④ 5년간 개발비상각비를 인식하기 때문에 차기의 이익을 과소보고한다.

24 ④ 장기선급비용은 계속적 용역공급계약을 체결하고 선지급한 비용 중 1년 이후에 비용으로 되는 것을 말하는 것이며, 공정가치 평가의 대상에 해당하지 않는다.

25 ② 기초 미지급이자 = 기말 미지급이자 + 이자지급액 − 이자비용
= 30,000원 + 160,000원 − 180,000원 = 10,000원

26 ② 사채의 발행가액 = 1,000,000원 × 0.6749 + 120,000원 × 2.3216 = 953,492원

27 ③ 사채가 할인발행된 경우 유효이자율법에 따라 사채할인발행차금을 상각하면 기간이 경과함에 따라 사채할인발행차금 상각액이 증가하기 때문에 이자비용은 매년 증가한다. 그러나 정액법에 따라 사채할인발행차금을 상각하면 매 기간 사채할인발행차금 상각액이 일정하기 때문에 이자비용은 매년 일정하다.

28 ④ 보고기간 말 이전에 부서 폐쇄계획에 관하여 의사소통과 이행에 착수한 경우 구조조정의 영향을 받을 당사자가 기업이 구조조정을 이행할 것이라는 정당한 기대를 가지게 되기 때문에 그 부서의 폐쇄원가 등은 충당부채로 인식할 수 있다.

29 ③ 20X1년 퇴직급여
= 20X1년말 퇴직급여충당부채 + 20X1년 퇴직금 지급액 − 20X0년말 퇴직급여충당부채
= 700,000원 + 100,000원 − 500,000원 = 300,000원

30 ② 법인세비용 = 당기법인세 − 이연법인세자산 증가액
= 2,000,000원 − 300,000원 = 1,700,000원

31 ③　주식을 할증발행 하였기 때문에 자본금과 자본잉여금이 증가하지만, 유상증자이기 때문에 이익잉여금은 불변이다.

32 ③　결손금의 처리는 다음과 같은 과목의 순서로 한다.
　　㉠ 임의적립금이입액
　　㉡ 기타법정적립금이입액
　　㉢ 이익준비금이입액
　　㉣ 자본잉여금이입액

33 ④　발생주의는 현금수취 및 현금지출거래 그 자체보다는 근원적으로 현금을 발생시키는 거래나 경제적 사건에 초점을 맞추어, 수익은 획득시점에서 인식하고 비용은 발생된 시점에서 인식하는 방법이다. 발생주의는 수익이 보다 정확하게 측정되고, 비용이 보고된 수익과 보다 밀접하게 관련된다는 점에서 현금주의보다 경영성과를 보다 잘 측정할 수 있고, 차기 이후의 경영성과를 측정하는데 있어서도 보다 더 우월한 기준이 되므로 일반기업회계기준에서도 수익과 비용을 측정하는데에 있어서는 발생주의에 의할 것을 명백히 하고 있다.

34 ②　정확한 당기순이익 = 수정전 당기순이익 − 미지급급여 + 미수수수료
　　　　　　　　　　　 = 1,000,000원 − 50,000원 + 20,000원 = 970,000원

35 ③　제품공급자로부터 받은 제품을 인터넷상에서 중개판매하거나 경매하고 수수료만을 수취하는 전자쇼핑몰 운영회사는 관련 수수료만을 수익으로 인식해야 한다.

36 ③　위탁판매는 수탁자가 제3자에게 판매한 시점에 수익을 인식하며, 시용판매는 구입자가 매입의사를 표시한 날에 수익을 인식하기 때문에 ㈜마포가 시용품 10개에 대하여 매입의사를 표시한 날인 7월 1일에 매출을 인식한다.

37 ②　20X1년　매출액
　　= 20X1년 말 매출채권 + 20X1년 현금회수액 − 20X1년 초 매출채권
　　= 15,000,000원 + 75,000,000원 − 25,000,000원 = 65,000,000원

38 ④ 자기주식처분이익과 감자차익은 자본잉여금이며, 주식할인발행차금은 자본조정이기 때문에 손익계산서에 표시되지 않는다.

39 ① ② 매출채권의 감소 : 영업활동으로 인한 현금유입
③ 공장건물의 취득 : 투자활동으로 인한 현금유출
④ 은행차입금의 상환 : 재무활동으로 인한 현금유출

40 ③ 영업활동 현금흐름
= 재화의 판매와 용역의 제공에 따른 현금유입 - 종업원과 관련하여 직접적으로 발생한 현금유출
= 50,000원 - 10,000원 = 40,000원 유입

2024년 **4**회 — 2024년 6월 15일 시행

01	③	**02**	③	**03**	①	**04**	③	**05**	①
06	③	**07**	③	**08**	①	**09**	②	**10**	①
11	①	**12**	④	**13**	②	**14**	②	**15**	③
16	②	**17**	③	**18**	④	**19**	④	**20**	④
21	②	**22**	②	**23**	②	**24**	③	**25**	②
26	①	**27**	②	**28**	③	**29**	③	**30**	②
31	②	**32**	①	**33**	①	**34**	④	**35**	①
36	①	**37**	④	**38**	①	**39**	①	**40**	②

01 ③
① 원칙중심의 회계기준이다.
② 연결재무제표를 기본재무제표로 한다.
④ 자산과 부채에 대한 공정가치 적용이 확대되어 있다.

02 ③
재무정보의 질적특성은 서로 상충될 수 있다.

03 ①
재무상태표는 정태적 보고서이지만, 손익계산서, 자본변동표, 현금흐름표는 동태적 보고서이다.

04 ③
① 재고자산 : 취득원가, 순실현가능가치
② 매도가능증권 : 공정가치, 취득원가(공정가치를 신뢰성 있게 측정할 수 없는 지분증권)
④ 무형자산 : 취득원가, 기업특유가치(사용가치)

05 ①
재무제표에서 지분법적용투자주식은 비유동자산 중 투자자산으로 분류한다.

06 ③
영업부서 직원에 관한 급여는 손익계산서상 판매비와관리비로 분류한다.

07 ③
당좌자산 = 단기대여금 + 단기성 매출채권 + 선급비용 + 선급금
　　　　　= 50,000원 + 400,000원 + 500,000원 + 50,000원 = 1,000,000원

08 ① 결산기 이외에서 실제로 대손이 발생한 경우에는 기설정된 대손충당금과 매출채권을 상계한다.
(차) 대손충당금   200,000원   (대) 매출채권   200,000원

09 ② 유가증권은 쉽게 현금화할 수 있으므로 유용 등의 부정이 나타날 가능성이 있어 일반적으로 기업들은 유가증권을 금융기관에 위탁보관하지만, 일부는 회사에서 직접 보유하기도 한다. 결산시 결산담당자는 회사가 보유하고 있는 유가증권을 직접 실사해야 한다.

10 ① (차) 임차료비용   4,500,000원   (대) 선급임차료   4,500,000원
* 임차료비용 : 6,000,000원 × 9/12 = 4,500,000원

11 ① 시용판매를 위하여 고객에게 제공된 상품은 비록 상품에 대한 점유는 이전되었으나 매입자가 매입의사표시를 하기 전까지는 판매되지 않은 것으로 보아야 하기 때문에 판매자의 재고자산에 포함한다. 그러나 고객이 매입의사표시를 한 부분은 판매된 것이기 때문에 판매자의 재고자산에 포함 되어서는 안된다.

12 ④ 총평균법하의 매출원가 =

$$\frac{88,000원 + 22,000원 + 120,000원}{1,100개 + 200개 + 1,200개} \times 1,800개 = 165,600원$$

13 ② 선입선출법은 물량의 실제흐름과는 관계없이, 먼저 구입한 재고항목이 먼저 사용되거나 판매된 것으로 가정하여 기말재고액을 결정하는 방법이며, 후입선출법은 실제물량흐름과는 관계없이 매입의 역순으로 재고항목이 판매되거나 사용된다는 가정하에 기말재고액을 결정하는 방법이다.

14 ② 재고자산평가손실 금액 = 실제 수량 × (단위당 취득원가 − 단위당 시가)
= 400개 × (200원 − 180원) = 8,000원

15 ③ 매출원가
= 결산조정 전 장부상 매출원가 + 재고자산평가손실 + 정상적인 재고자산감모손실
= 1,000,000원 + 200,000원 + 400,000원 = 1,600,000원

16 ②　　장기금융상품은 유동자산에 속하지 아니하는 금융상품을 말한다.

17 ③　　재무제표에서 매도가능증권은 투자자산으로 분류한다. 단, 보고기간종료일로부터 1년 내에 매도 등에 의하여 처분할 것이 거의 확실한 매도가능증권은 유동자산으로 분류한다.

18 ④　　매도가능증권평가손익은 재무상태표의 기타포괄손익누계액에 반영되기 때문에 손익계산서의 당기이익에 미치는 영향은 없다.

19 ④　　20X2년 당기손익 = 단기매매증권 처분이익 + 단기매매증권 평가이익
= 50주 × (12,000원 − 11,000원) + 50주 × (14,000원 − 11,000원) = 200,000원

20 ④　　총이자수익 = (1,000,000원 + 100,000원×3) − 951,963원 = 348,037원

21 ②　　① 유형자산은 판매를 목적으로 하지 않고 영업활동(재화의 생산, 용역의 제공, 타인에 대한 임대 또는 자체적 사용 등)에 사용하기 위하여 보유하는 물리적 실체가 있는 자산으로서, 1년을 초과하여 사용할 것이 예상되는 자산을 말한다.
③ 유형자산의 사용을 일시 중단한 경우(사용재개 예정)에는 해당 자산의 감가상각비를 영업외비용으로 처리한다.
④ 건물을 신축하기 위하여 사용 중인 기존 건물을 철거하는 경우 그 건물의 장부금액은 제거하여 처분손실로 반영하고, 철거비용은 전액 당기비용으로 처리한다.

22 ②　　이종자산 간의 교환에서 유형자산처분손익
= 제공한 자산의 공정가치 − 제공한 자산의 장부금액
= 1,500,000원 − (3,000,000원 − 1,000,000원) = (−)500,000원 처분손실

23 ②　　내부적으로 창출된 브랜드, 고객목록 및 이와 유사한 항목에 대한 지출은 무형자산으로 인식하지 않는다.

24 ③　　20X1년 이자수익 = 3,000원 × 2.4868 × 10% = 746원

25 ②　대부분의 유동부채는 단기간 내에 만기가 도래하여 미래에 지불할 만기금액과 만기금액의 현재가치와의 차이가 중요하지 않기 때문에, 일반적으로 미래에 지불할 만기금액으로 유동부채를 평가한다.

26 ①　② 사채의 액면이자율이 시장이자율보다 낮은 경우 투자자들을 유인하기 위하여 사채는 액면금액보다 낮게 발행된다.
　　③ 사채발행비는 할인발행의 경우 사채할인발행차금에 가산하고, 사채발행기간 동안 이자비용으로 비용화된다.
　　④ 사채의 액면이자율이 시장이자율보다 높은 경우 일반적으로 사채는 할증발행된다.

27 ②　분할상환 조건인 장기차입금은 상환기일별로 구분하여 1년 이내인 부분은 유동성장기부채로 대체하여야 한다.

28 ③　충당부채의 명목금액과 현재가치의 차이가 중요한 경우에는 의무를 이행하기 위하여 예상되는 지출액의 현재가치로 평가한다.

29 ③　퇴직금 지급액
　　= 기초 퇴직급여충당부채 + 당기 퇴직급여 − 기말 퇴직급여충당부채
　　= 30,000,000원 + 8,000,000원 − 26,000,000원 = 12,000,000원

30 ②　이연법인세자산 = 차감할 일시적차이 × 일시적차이가 소멸되는 기간의 예상법인세율
　　　　　　= 500,000원 × 30% = 150,000원

31 ②　주식의 액면금액은 회사의 법정자본금을 의미하는 것이므로, 주주가 불입하는 금액과 반드시 일치하는 것은 아니다.

32 ①　처분전이익잉여금 중의 일부를 이익준비금으로 적립할 경우 미처분이익잉여금이 감소하고 법정적립금이 증가하기 때문에 이익잉여금은 불변이다.

33 ①　구분계산의 원칙이란 손익계산서에 매출총손익·영업손익·법인세비용차감전계속사업손익·중단사업손익 및 당기순손익의 다섯 가지의 구분손익계산을 표시하여야 한다는 것이다.

34 ④　법인세비용차감전순이익
= 영업이익 + 영업외수익(외화환산이익) − 영업외비용(유형자산처분손실)
= 900,000원 + 60,000원 − 20,000원 = 940,000원

35 ①　20X1년 말 누적진행률 = 360,000원 ÷ 900,000원 = 40%
20X2년 말 누적진행률 = 721,000원 ÷ 1,030,000원 = 70%
20X2년 공사손익
= (1,200,000원 − 1,030,000원) × 70% − (1,200,000원 − 900,000원) × 40%
= (−)1,000원 손실

36 ①　배당금수익은 배당금을 받을 권리와 금액이 확정되는 시점에 인식한다.

37 ④　당기 매출액
= 기말 매출채권 + 당기 현금회수액 − 기초 매출채권
= 12,000,000원 + 25,000,000원 − 10,000,000원 = 27,000,000원

38 ①　기본주당이익
= (당기순이익 − 우선주배당금) ÷ 가중평균유통보통주식수
= (480,000,000원 − 20,000,000원) ÷ 100,000주 = 4,600원

39 ①　주식이나 기타 지분상품의 발행에 따른 현금유입은 재무활동현금흐름 항목이다.

40 ②　제3자에 대한 대여금의 회수는 투자활동현금흐름을 발생시킨다. 나머지 거래는 현금흐름을 수반하지 않는 비현금거래로 주석공시사항이다.

2024년
5회   2024년 7월 27일 시행

01	①	02	④	03	①	04	④	05	③
06	③	07	①	08	②	09	④	10	①
11	③	12	③	13	②	14	①	15	④
16	④	17	③	18	③	19	①	20	②
21	①	22	②	23	③	24	③	25	④
26	④	27	④	28	②	29	①	30	③
31	②	32	④	33	③	34	①	35	②
36	①	37	③	38	③	39	④	40	③

01 ① 포괄이익은 기업실체가 일정 기간 동안 소유주와의 자본거래를 제외한 모든 거래나 사건에서 인식한 자본의 변동을 말한다.

02 ④ 순실현가능가치는 제품이나 상품의 정상적인 영업과정에서의 추정 판매가격에서 제품을 완성하는데 소요되는 추가적인 원가와 판매비용의 추정액을 차감한 금액을 말한다.

03 ① 자산은 과거의 거래나 사건의 결과로서 현재 기업실체에 의해 지배되고 미래에 경제적 효익을 창출할 것으로 기대되는 자원이다.

04 ④ 기업실체의 중요한 경영활동이 축소되거나 기업실체를 청산시킬 의도나 상황이 존재하여 계속기업을 가정하기 어려운 경우에는 계속기업을 가정한 회계처리 방법과는 다른 방법이 적용되어야 하며, 이 때 적용된 회계처리 방법은 적절히 공시되어야 한다.

05 ③ 재무상태표를 손익계산서와 같이 사용하는 경우, 재무상태표는 자산의 수익률에 관한 정보를 제공한다.

06 ③ 재고자산·매출채권 및 매입채무 등 운전자본과 관련된 항목들에 대하여는 1년을 초과하더라도 정상적인 영업주기 내에 실현 혹은 결제되리라 예상되는 부분에 대해서는 유동으로 분류한다.

07 ① 당좌자산은 재고자산을 제외한 유동자산으로서 판매과정을 거치지 않고 직·간접으로 현금화할 수 있어 유동성이 매우 큰 자산이다. 당좌자산은 현금및현금성자산, 단기금융상품, 유가증권, 매출채권, 단기대여금, 미수금, 미수수익, 선급금, 선급비용 및 기타의 당좌자산으로 구성되어 있다.

08 ② 차용증서, 선일자수표, 수입인지, 엽서, 우표, 부도수표, 부도어음 등은 현금및현금성자산으로 인정하기 어렵다.

09 ④ 매각거래와 차입거래를 구분하는 기준은 외상매출금을 양도한 이후 양수자에게 상환청구권이 있는지의 여부와는 무관하다.

10 ①

(차) 선급비용　　　　4,000,000원　　　　　　　　(대) 임차료　　　　4,000,000원

* 선급비용 : 12,000,000원 × 1/3 = 4,000,000원

11 ③ 추가 생산단계에 투입하기 전에 보관이 필요한 경우에 발생한 보관비용은 재고자산의 취득원가에 포함한다. 그러나, 추가 생산단계에 투입하기 전에 보관이 필요한 경우 외의 보관비용은 재고자산 원가에 포함할 수 없으며 발생기간의 비용으로 인식한다.

12 ③ 장기할부조건으로 판매한 상품은 대금이 모두 회수되지 않았다고 하더라도 상품의 판매시점에서 판매자의 재고자산에서 제외한다. 선적지인도조건으로 판매한 운송중인 상품은 선적시점에 매출을 인식하기 때문에 판매자의 재고자산에서 제외한다.

13 ② 매가 기준 기말재고자산 = 40,000원 + 60,000원 – 70,000원 = 30,000원

$$\text{원가 기준 기말재고자산} = \frac{30,000원}{60,000원} \times 30,000원 = 15,000원$$

14 ① 저가법의 적용에 따른 평가손실을 초래했던 상황이 해소되어 새로운 시가가 장부금액보다 상승한 경우에는 최초의 장부금액을 초과하지 않는 범위 내에서 평가손실을 환입하며 관련 평가손실환입액은 매출원가에서 차감한다.

15　④

$$3월\ 5일\ 이동평균법\ 단가 = \frac{4,000원 + 6,600원}{200개 + 300개} = @21.2$$

$$6월\ 28일\ 이동평균법\ 단가 = \frac{@21.2 \times 350개 + 9,200원}{350개 + 400개} = @22.16$$

기말 재고자산 = @22.16 × 600개 + 2,200원 = 15,496원

16　④

20X2년 말 재무상태표 매도가능증권평가이익
= 20X2년 말 공정가치 − 취득원가
= 50주 × 7,000원 − 50주 × 5,000원 = 100,000원

17　③

20X1년 말 지분법적용투자주식의 장부금액
= 3,000,000원 + (1,000,000원 − 300,000원) × 30% = 3,210,000원

18　③

20X1년 이익에 미치는 영향
= 단기매매증권 처분이익 + 단기매매증권 평가이익
= 60주 × (9,000원 − 8,000원) + 40주 × (7,500원 − 8,000원) = 40,000원 증가

19　①

총이자수익 = (100,000,000원 + 5,000,000원 × 4) − 95,000,000원 = 25,000,000원

20　②

매도가능증권은 만기보유증권으로 재분류할 수 있으며, 만기보유증권은 매도가능증권으로 재분류할 수 있다.

21　①

동일한 내용연수 하에서는 정률법에 따라 감가상각하였을 경우, 정액법에 비하여 유형자산 취득 초기의 당기순이익과 유형자산의 장부금액이 작게 표시된다.

22　②

유형자산손상차손 = 손상차손 인식 직전 장부금액 − 회수가능액
= 9,000,000원 − max(4,000,000원, 3,500,000원) = 5,000,000원

23 ③ 20X1년 비용 인식 금액

= 연구단계 지출 + 개발비 상각액

= 400,000원 + (800,000원 − 0원) × 1/4 × 6/12 = 500,000원

24 ③ 20X1년 말 미수금 장부금액

= 2,000,000원 × 2.4868 × 1.1 − 2,000,000원 = 3,470,960원

25 ④ 선수금은 주된 영업수익에 관한 선수금액이지만, 선수수익은 영업외수익에 관한 선수금액이라는 점에서 차이가 있다.

26 ④ 사채를 할인발행한 경우와 할증발행한 경우, 사채할인(할증)발행차금의 상각액(환입액)은 기간의 경과에 따라 각각 증가한다.

27 ④ 상환일의 사채 장부금액

= (950,244원 × 1.1 − 80,000원) × 1.1 − 80,000원 = 981,795원

상환손익 = 장부금액 − 상환액 = 981,795원 − 970,000원 = 11,795원 상환이익

28 ② 충당부채를 발생시킨 사건과 밀접하게 관련된 자산의 처분차익이 예상되는 경우에도 당해 처분차익은 충당부채 금액을 측정할 때 고려하지 아니한다.

29 ① 20X2년 말 제품보증충당부채

= (300,000원 + 600,000원) × 5% − (5,000원 + 8,000원 + 3,000원) = 29,000원

30 ③ 당기법인세 = 11,500,000원 × 20% = 2,300,000원

이연법인세자산 = 1,500,000원× 20% = 300,000원

법인세비용 = 당기법인세 − 이연법인세자산 증가액 = 2,300,000원 − 300,000원 = 2,000,000원

31 ② 미교부주식배당금은 주식배당 결의시점에 자본의 부가계정으로 기록되는 항목이다.

32　④　① 현금배당 : 자본금은 불변이지만, 자본총액은 감소한다.
　　　　② 주식배당 : 자본금은 증가하지만, 자본총액은 불변이다.
　　　　③ 무상증자 : 자본금은 증가하지만, 자본총액은 불변이다.

33　③　많은 정보이용자들은 경상적 항목과 비경상적 항목을 구별하는데 익숙하지 못하므로, 비경상적인 항목들이 손익계산서에 포함되면 정보이용자들은 혼란에 빠질 수 있다는 당기업적주의의 이론적 근거에 해당한다.

34　①　영업이익은 매출액에서 매출원가 및 판매비와관리비를 차감하여 계산된다. 사채상환손실, 유형자산처분손실, 기부금, 이자비용은 영업외비용에 해당하기 때문에 영업이익의 계산과정에 포함되지 않는다.

35　②　① 위탁매출은 수탁자가 해당 재화를 제3자에게 판매한 시점에 수익을 인식한다.
　　　　③ 배당금수익은 배당금을 받을 권리와 금액이 확정되는 시점에 인식한다.
　　　　④ 반품조건부판매는 반품 예상액을 합리적으로 추정할 수 있는 경우 제품의 인도시점에서 반품추정액을 제외한 금액을 수익으로 인식한다.

36　①　20X1년 수익
　　　　= 재화판매수익 + 설치용역수익
　　　　= (10,000,000원 - 400,000원) + 400,000원 × 50% = 9,800,000원

37　③　유통보통주식수가 증가하면 주당이익이 감소한다.

38　③　재고자산은 비화폐성항목이므로 기말결산시 외화환산이 필요하지 않다.

39　④　현금흐름표는 기간 간의 관계를 보여주지 않음으로써 장기현금흐름에 대한 전망을 평가하는데 불완전한 정보를 제공한다. 따라서 미래 현금흐름에 대한 전망을 평가하는데 있어서는 현금흐름표 단독으로보다는 손익계산서 또는 재무상태표와 연관하여 파악하는 것이 좋다.

40　③　사채의 상환은 재무활동으로 인한 현금유출을 발생시킨다.

2024년 6회 — 2024년 9월 28일 시행

01	④	02	②	03	③	04	②	05	②
06	④	07	③	08	①	09	④	10	③
11	①	12	③	13	③	14	②	15	①
16	③	17	①	18	③	19	②	20	③
21	③	22	④	23	③	24	③	25	④
26	②	27	②	28	①	29	③	30	③
31	②	32	②	33	②	34	④	35	③
36	②	37	②	38	③	39	④	40	①

01　④　재무제표는 특정기업실체에 관한 정보를 제공하며, 산업 또는 경제 전반에 관한 정보를 제공하지는 않는다.

02　②
① 재무회계는 일반적으로 인정된 회계원칙에 따른 재무제표를 통해 보고한다.
③ 재무회계는 법적 강제력이 있으나 관리회계는 법적 강제력이 없다.
④ 재무회계의 주된 목적은 외부 정보이용자의 경제적 의사결정에 유용한 정보를 제공하는 것이다.

03　③　목적적합성의 구성요소는 예측가치, 피드백가치, 적시성이다.

04　②　자산의 상각후금액은 유효이자율을 이용하여 당해 자산에 대한 현재의 금액으로 측정한 가치를 의미한다.

05　②　재무상태표에 기재하는 자산과 부채는 유동성이 큰 항목부터 배열하는 것을 원칙으로 한다.

06　④　유형자산처분이익은 손익거래에서 발생하지만, 주식발행초과금, 자기주식처분이익, 감자차익은 자본거래에서 발생한다.

07 ③ 당좌자산은 재고자산을 제외한 유동자산으로서 판매과정을 거치지 않고 직·간접으로 현금화할 수 있어 유동성이 매우 큰 자산이다. 당좌자산은 현금및현금성자산, 단기금융상품, 유가증권, 매출채권, 단기대여금, 미수금, 미수수익, 선급금, 선급비용 및 기타의 당좌자산으로 구성되어 있다.

08 ① 선일자수표는 당사자 간에 발행일까지는 은행에 제시하지 않기로 하는 도의적 약속을 전제로 하는 한 그 경제적 실질은 만기도래 전의 약속어음과 같다고 볼 수 있으므로 매출채권(받을어음)으로 처리했다가 만기일에 현금및현금성자산계정으로 대체하는 것이 일반적이다.

(차) 받을어음   5,000,000원   (대) 매출   5,000,000원

09 ④ 대손상각비 = 기말 대손충당금(*) + 대손발생 − 기초 대손충당금
             = 80,000원 + 200,000원 − 220,000원 = 60,000원
* 기말 대손충당금 : 8,000,000원 × 1% = 80,000원

10 ③

	회사	은행
장부잔액	3,400,000원	3,070,000원
미기입예금		250,000원
회사기장오류	(−)80,000원	
정확한 잔액	3,320,000원	3,320,000원

11 ① 후입선출법은 실제물량흐름과는 관계없이 매입의 역순으로 재고항목이 판매되거나 사용된다는 가정 하에 기말재고액을 결정하는 방법이다.

12 ③ 저가법의 적용에 따른 평가손실을 초래했던 상황이 해소되어 새로운 시가가 장부금액보다 상승한 경우에는 최초의 장부금액을 초과하지 않는 범위 내에서 평가손실을 환입하며 관련 평가손실환입액은 매출원가에서 차감한다.

13 ③ 실지재고조사법을 사용하면 재고자산의 종류, 수량이 많을 경우 입고·출고시마다 이를 기록하는 번잡함을 피할 수 있는 장점이 있다.

14 ②　매출액 = 100개 × 210원 + 100개 × 220원 = 43,000원
매출원가 = 100개 × 150원 + 50개 × 140원 + 50개 × 100원= 27,000원
매출총이익 = 43,000원 − 27,000원 = 16,000원

15 ①　선입선출법에 의한 기말재고는 일반적으로 나중에 구입한 상품으로 이루어져 있기 때문에 기말재고자산이 현행원가의 근사치로 표시된다. 후입선출법은 나중에 구입된 재화가 먼저 사용되거나 판매된다고 가정하므로 현행수익에 최근에 구입한 원가인 현행원가가 대응된다.

16 ③　① ㈜부산이 당기순이익을 보고한 경우에는 ㈜삼일의 당기순이익도 증가한다.
② ㈜부산이 배당금 지급을 결의함과 동시에 지급할 경우 ㈜삼일이 보유하고 있는 ㈜부산에 대한 지분법적용투자주식의 장부금액은 감소한다.
④ ㈜삼일은 ㈜부산에 대해 유의적인 영향력을 행사할 수 있으므로 지분법을 적용하여 투자주식을 평가해야 한다.

17 ①　매도가능증권은 최초인식시 공정가치로 측정하며, 취득과 직접 관련되는 거래원가는 최초인식하는 공정가치에 가산한다.

18 ③　단기매매증권의 처분손익 = 양도금액 − 직전 보고기간말 장부금액
= 900,000원 − 700,000원 = 200,000원 처분이익

19 ②　20X2년 말 이자수익 = (922,687원 × 1.08 − 50,000원) × 8 % = 75,720원

20 ③　이종자산 간의 교환에서 취득원가 = 제공한 자산의 공정가치 + 현금지급액
= 1,000,000원 + 100,000원 = 1,100,000원

21 ③　정부보조금으로 취득한 유형자산을 처분하는 경우에는 감가상각비와 상계하고 남은 정부보조금 잔액을 당해 자산의 처분손익에서 차감 또는 부가하는 방식으로 회계처리한다.

22 ④　수익적 지출은 유형자산의 원상을 회복하거나 능률을 유지하기 위하여 지출한 비용 등을 말하며 건물의 도장, 소모된 부속품이나 벨트의 교체 등과 같이 금액이 상대적으로 적은 지출이 수익적 지출에 해당된다.

23 ③ 　무형자산의 합리적인 상각방법을 정할 수 없는 경우에는 정액법을 사용한다.

24 ③ 　현재가치할인차금의 상각 또는 환입은 일반기업회계기준상 유효이자율법을 적용해야 한다.

25 ④ 　장기차입금 중 보고기간종료일로부터 1년 내에 상환될 예정인 부분은 기말결산 시 유동부채로 분류하여야 한다.

26 ② 　사채의 발행금액
= 80,000원 × 0.89286 + 80,000원 × 0.79719 + 1,080,000원 × 0.71178 = 903,926원

27 ② 　① 액면이자율이 유효이자율보다 높으면 할증발행된다.
③ 사채할인발행차금은 사채의 액면금액을 현재가치로 만들어주기 위해 설정하는 부채의 차감적인 평가계정이다.
④ 할증발행되면 만기까지 매 회계기간 말 사채의 장부금액이 감소한다.

28 ① 　확정급여형 퇴직연금제도는 근로자가 받을 퇴직급여의 규모와 내용이 사전에 약정되는 제도이다.

29 ③ 　충당부채는 다음의 세 가지 요건을 모두 충족하는 경우에 재무상태표에 부채로 인식한다.
ㄱ. 과거 사건이나 거래의 결과로 현재의무가 존재해야 한다.
ㄴ. 당해 의무를 이행하기 위하여 자원이 유출될 가능성이 매우 높아야 한다.
ㄹ. 그 의무의 이행에 소요되는 금액을 신뢰성 있게 추정할 수 있어야 한다.

30 ③ 　일반기업회계기준에서는 자산·부채의 장부금액과 세무기준액의 차이인 일시적차이에 대하여 원칙적으로 이연법인세를 인식하도록 규정하고 있다.

31 ② 　자본거래로 인한 증가액
= (기말자본 − 기초자본) − 당기순이익 = 유상증자 − 현금배당(X)
= (5,000,000원 − 4,320,000원) − 570,000원 = 700,000원 − 현금배당(X)
∴ 현금배당(X) = 590,000원

32 ② ① 자기주식을 취득하면 자본총계는 감소한다.
③ 자기주식을 소각할 경우 자기주식의 취득원가와 액면금액의 차이를 감자차손(자본조정) 또는 감자차익(자본잉여금)으로 분류한다.
④ 자기주식 취득시 취득금액을 자본의 차감계정인 자본조정 항목으로 회계처리한다.

33 ② 법인세비용차감전순이익
= 영업이익 + 영업외수익(임대료, 사채상환이익) − 영업외비용(기부금, 이자비용, 유형자산처분손실)
= 7,500,000원 + 500,000원 + 400,000원 − 300,000원 − 100,000원 − 200,000원
= 7,800,000원

34 ④ 결산 수정분개 반영 후 법인세비용차감전순이익
= 수정분개 반영 전 법인세비용차감전순이익 − 미지급급여 + 미수이자
= 500,000원 − 15,000원 + 35,000원 = 520,000원

35 ③ ① 위탁매출은 수탁자가 해당 재화를 제3자에게 판매한 시점에 수익을 인식한다.
② 이자수익은 원칙적으로 유효이자율을 적용하여 발생기준에 따라 인식한다.
④ 반품조건부판매는 반품 예상액을 합리적으로 추정할 수 있는 경우 제품의 인도시점에서 반품추정액을 제외한 금액을 수익으로 인식한다.

36 ② 20X1년 진행률 = 10,000,000원 ÷ 50,000,000원 = 20%
총공사원가추정액 = 7,000,000원 ÷ 20% = 35,000,000원

37 ② 원가성이 없는 재고자산감모손실은 영업외비용으로 인식한다.

38 ③ 가중평균유통보통주식수 = 18,000주 × 12/12 + 8,000주 × 9/12 = 24,000주

39 ④

영업활동 현금흐름	500,000원 + 30,000원 = 530,000원
투자활동 현금흐름	100,000원 - 30,000원 = 70,000원
재무활동 현금흐름	(-)200,000원
현금및현금성자산의 증감	400,000원
기초 현금및현금성자산	6,000,000원
기말 현금및현금성자산	6,400,000원

40 ①

② 차입금 상환 : 재무활동으로 인한 현금유출
③ 주식의 발행 : 재무활동으로 인한 현금유입
④ 투자유가증권의 매각 : 투자활동으로 인한 현금유입

2024 년
7 회   2024년 11월 16일 시행

01	①	02	③	03	②	04	④	05	②
06	④	07	③	08	①	09	②	10	③
11	③	12	④	13	②	14	③	15	①
16	④	17	③	18	②	19	③	20	②
21	②	22	④	23	③	24	③	25	②
26	②	27	④	28	①	29	④	30	②
31	④	32	③	33	③	34	③	35	①
36	①	37	②	38	④	39	①	40	②

01 ① 재무회계는 회계보고에 있어서 법적 강제력이 있으나 관리회계는 그렇지 않다.

02 ③ 중요성은 일반적으로 당해 항목의 성격과 금액의 크기에 의해 결정된다. 그러나 어떤 경우에는 금액의 크기와는 관계없이 정보의 성격 자체만으로도 중요한 정보가 될 수 있다.

03 ② 현금흐름표는 현금주의 회계를 적용하여 작성된다.

04 ④ ① 상장법인, 금융회사 등은 중소기업 회계처리 특례를 적용할 수 없다.
② 관계기업이나 공동지배기업에 대하여는 지분법을 적용하지 아니할 수 있다.
③ 시장성이 없는 지분증권은 취득원가를 장부금액으로 할 수 있다.

05 ② 많은 자산이 소유권과 같은 법적 권리와 결부되어 있으나 소유권 등의 법적 권리가 자산성 유무를 결정함에 있어 최종적 기준은 아니다.

06 ④ 자본총계 = 자산 − 부채
= 현금 + 유형자산 + 매출채권 + 미수이자 + 선급보험료 − 선수임대료
= 47,000,000원 + 14,000,000원 + 5,000,000원 + 5,000,000원 + 1,000,000원
  − 12,000,000원 = 60,000,000원

07 ③ 현금및현금성자산
= 당좌예금 + 타인발행당좌수표 + 보통예금 + 통화 + 정기예금
= 70,000원 + 5,000원 + 10,000원 + 5,000원 + 50,000원 = 140,000원

08 ① 보고기간종료일로부터 1년 내에 만기가 도래하거나 또는 매도 등에 의하여 처분할 것이 거의 확실한 매도가능증권은 유동자산으로 분류한다. 이 경우 단기투자자산 등의 과목으로 통합하여 재무상태표에 표시할 수 있다.

09 ② 대손상각비 = 기말 대손충당금(*) + 대손발생 − 기초 대손충당금
= 1,300,000원 + 50,000원 − 1,000,000원 = 350,000원
*기말 대손충당금 = 15,000,000원 × 1% + 3,000,000원 × 5% + 2,000,000원 × 50% = 1,300,000원

10 ③ 선수금은 수주공사·수주품 및 기타 일반적 상거래에서 발생한 선수액을 말하며, 선급금은 상품·원재료 등의 매입을 위하여 선급한 금액을 말한다.

11 ③ 도착지인도조건인 경우에는 상품이 목적지에 도착하여 매입자가 인수한 시점에 소유권이 매입자에게 이전되기 때문에 도착지인도조건으로 매입한 운송중인 상품은 매입자의 기말재고자산에 포함되지 않는다.

12 ④ 선입선출법 하에서 기말재고자산 = 700개 × 100원 = 70,000원

13 ② 실지재고조사법을 사용하면 도난, 분실 등에 의한 감소량이 당기의 출고량에 포함되어 재고부족의 원인을 파악하기 힘들다.

14 ③ 상품2와 상품3에서 재고자산평가손실충당금이 발생한다.
재고자산평가손실충당금 = (40,000원 − 30,000원) + (70,000원 − 60,000원) = 20,000원

15 ① 소실된 재고자산
= {기초재고 + 당기매입 − 매출액 × (1 − 매출총이익률)} − 소실되지 않은 기말재고
= (800,000원 + 4,000,000원 − 5,000,000원 × 70%) − 600,000원 = 700,000원

16 ④ 보유한 금융상품에서 발생한 이자 중 이자지급기일이 도래하지 않은 부분에 대해서는 경과된 기간에 해당되는 미수이자를 자산계정에 미수수익으로 계상하고 동 금액을 당기 손익항목의 이자수익으로 인식한다.

17 ③ 지분증권은 투자자의 지분증권에 대한 보유의도와 지분법피투자기업에 대한 영향력 행사 여부에 따라 단기매매증권, 지분법적용투자주식, 매도가능증권 중의 하나로 분류하며, 만기보유증권으로는 분류할 수 없다.

18 ② 20X2년 이자수익 = (951,963원 × 1.12 − 100,000원) × 12% = 115,944원

19 ③ 매도가능증권의 처분손익
= 양도금액 − 취득원가
= 11,500,000원 − 8,000,000원 = 3,500,000원 당기이익

20 ② 20X1년 초 영업권 = 3,700,000원 − 8,000,000원 × 40% = 500,000원
20X1년 말 지분법이익 = 3,000,000원 × 40% − 500,000원/5년 = 1,100,000원

21 ② 토지의 취득원가 = 30,000,000원 + (3,000,000원 − 1,000,000원) = 32,000,000원

22 ④ 재평가는 보고기간 말에 자산의 장부금액이 공정가치와 중요하게 차이가 나지 않도록 주기적으로 수행해야 하며, 재평가의 빈도는 재평가되는 유형자산의 공정가치 변동에 따라 달라진다.

23 ③ 무형자산을 창출하기 위한 내부 프로젝트를 연구단계와 개발단계로 구분할 수 없는 경우에는 그 프로젝트에서 발생한 지출은 모두 연구단계에서 발생한 것으로 본다.

24 ③ 적정한 이자율이란 당해 거래의 유효이자율을 적용한다. 다만, 당해 거래의 유효이자율을 구할 수 없거나 당해 거래의 유효이자율과 관련시장에서 형성되는 동종 또는 유사한 채권·채무의 이자율(동종시장이자율)의 차이가 유의적인 경우에는 동종시장이자율을 기초로 적정하게 산정된 이자율을 적용하며, 동종시장이자율 산정이 곤란한 경우에는 가중평균차입이자율을 적용할 수 있다.

25 ② 여러 은행과 당좌거래를 하고 있는 경우로서 일부 은행에서는 당좌예금이 발생하고, 일부 은행에서는 당좌차월이 발생하는 경우 이를 상계하여 재무상태표상에 표시할 수 없다.

26 ② 총이자비용 = (100,000원 + 10,000원 × 3) − 102,531원 = 27,469원

27 ④ 사채를 할증발행한 경우에 발생한 사채할증발행차금을 유효이자율법에 따라 상각할 때 이자비용은 매년 감소하고, 사채할증발행차금 상각액은 매년 증가한다.

28 ① 20X2년 퇴직급여
= 20X2년말 퇴직급여충당부채 + 20X2년 퇴직금 지급액 − 20X1년말 퇴직급여충당부채
= 150,000원 + 30,000원 − 100,000원 = 80,000원

29 ④ 우발자산은 자산으로 인식하지 아니하고 자원의 유입가능성이 매우 높은 경우에만 주석에 기재한다.

30 ② 차감할 일시적차이에 대한 이연법인세자산에 대해서는 실현가능성이 검토되어야 한다.

31 ④ 무상감자의 경우 자본금은 감소하지만, 자본총계는 불변이나.

32 ③ 20X1년 말 자본총액
= 20X1년 초 자본총액 − 현금배당 + 유상증자 + 당기순이익
= 650,000원 − 70,000원 + (20주 × 7,000원) + 300,000원 = 1,020,000원

33 ③ 영업손익은 매출액에서 매출원가 및 판매비와관리비를 차감하여 계산된다. 유형자산처분손실, 지분법손실, 기부금은 영업외비용이며, 접대비는 판매비와관리비에 해당한다.

34 ③ 정확한 당기순이익 = 수정전 당기순이익 − 미지급급여 + 미수수수료 + 선급보험료
= 1,000,000원 − 50,000원 + 20,000원 + 40,000원 = 1,010,000원

35 ① 　20X0년 말 누적진행률 = 360,000원 ÷ 900,000원 = 40%
　　　　20X1년 말 누적진행률 = 721,000원 ÷ 1,030,000원 = 70%
　　　　20X1년 공사수익 = 1,200,000원 × (70% − 40%) = 360,000원

36 ① 　② 위탁판매는 수탁자가 제3자에게 판매한 시점에 수익을 인식한다.
　　　　③ 할부판매는 재화가 인도되는 시점에 수익을 인식한다.
　　　　④ 상품권판매는 물품이나 용역을 제공한 시점에 수익을 인식한다.

37 ②

$$\text{주당이익} = \frac{4,350,000원}{20,000주 \times 12/12 - 8,000주 \times 9/12 + 2,000주 \times 3/12} = 300원$$

38 ④ 　외화매출채권의 경우에는 발생시점보다 기말의 환율이 상승하게 되면 외화환산이익이 발생하고, 외화매입채무의 경우에는 발생시점보다 기말의 환율이 하락하게 되면 외화환산이익이 발생한다.

39 ①

영업활동 현금흐름	100,000원
투자활동 현금흐름	(−)30,000원
재무활동 현금흐름	(−)20,000원
현금및현금성자산의 증감	50,000원
기초 현금및현금성자산	70,000원
기말 현금및현금성자산	120,000원

40 ② 　① 보통주 발행을 통한 유상증자 : 재무활동으로 인한 현금유입
　　　　③ 공장건물의 처분 : 투자활동으로 인한 현금유입
　　　　④ 은행차입금의 상환 : 재무활동으로 인한 현금유출

2024년
8회　2024년 12월 21일 시행

01	③	02	④	03	③	04	①	05	④
06	③	07	④	08	①	09	②	10	②
11	②	12	①	13	④	14	②	15	③
16	③	17	①	18	③	19	②	20	②
21	④	22	④	23	①	24	①	25	③
26	④	27	④	28	②	29	②	30	①
31	③	32	③	33	①	34	④	35	②
36	②	37	②	38	④	39	①	40	③

01 ③　상장기업은 예외 없이 한국채택국제회계기준을 적용하여야 하지만, 비상장기업은 일반기업회계기준과 한국채택국제회계기준 중에서 선택 적용할 수 있다.

02 ④　신뢰성의 구성요소는 표현의 충실성, 검증가능성, 중립성이다.

03 ③　기업실체의 중요한 경영활동이 축소되거나 기업실체를 청산시킬 의도나 상황이 존재하여 계속기업을 가정하기 어려운 경우에는 계속기업을 가정한 회계처리 방법과는 다른 방법이 적용되어야 하며, 이때 적용된 회계처리 방법은 적절히 공시되어야 한다.

04 ①　재무상태표는 당 회계연도 6월 30일 현재를 기준으로 작성하고, 직전 회계연도 12월 31일 현재의 재무상태표와 비교 표시한다.

05 ④　자산과 부채는 1년 기준으로 하여 유동자산 또는 비유동자산, 유동부채 또는 비유동부채로 구분하는 것을 원칙으로 한다. 그러나 자본은 유동자본 또는 비유동자본으로 구분하지 않는다. 자본은 자본금, 자본잉여금, 자본조정, 이익잉여금, 기타포괄손익누계액으로 구분하여 표시한다.

06 ③　기초자본 + 당기순이익 − 현금배당 = 기말자본
120,000원 + 당기순이익 − 10,000원 = 160,000원
∴ 당기순이익 = 50,000원

07 ④ 현금성자산은 큰 거래비용 없이 현금으로 전환이 용이하고 이자율변동에 따른 가치변동의 위험이 중요하지 않은 유가증권 및 단기금융상품으로서 취득당시 만기(또는 상환일)가 3개월 이내에 도래하는 것을 말한다.

08 ① 기발행 미지급수표란, 회사는 수표를 발행하여 장부에 반영하였으나 수취인은 아직 은행에 추심의뢰를 하지 않은 것으로 은행측 잔액에서 차감되지 않았기 때문에 은행잔액과 회사잔액이 차이가 나게 된다. 따라서 조정 후 잔액을 산출하기 위해서 이는 은행잔액에서 차감해야 할 금액이다.

09 ② 매출채권을 담보로 제공하고 자금을 융통하는 경우에는 새로운 차입금을 계상하고 매출채권은 제거하지 아니한다.

10 ② 회수불능으로 판명된 매출채권이 이미 설정되어 있는 대손충당금을 초과하게 되면, 그 초과액은 대손상각비로 처리한다.

(차) 대손충당금	500,000원	(대) 매출채권	700,000원
대손상각비	200,000원		

11 ② 일반제조기업이 보유하고 있는 토지, 건물 등은 유형자산으로 분류되나, 부동산매매업의 판매목적 부동산은 재고자산으로 분류한다.

12 ① 재고자산 수량 = 창고 수량 + 도착지인도조건 판매수량 + 선적지인도조건 매입수량
= 1,500개 + 70개 + 150개 = 1,720개

13 ④ ① 기말재고자산 : 선입선출법 〉 평균법 〉 후입선출법
② 매출원가 : 선입선출법 〈 평균법 〈 후입선출법
③ 매출액 : 선입선출법 = 평균법 = 후입선출법

14 ②

$$6월\ 5일\ 이동평균법\ 단가 = \frac{7{,}500{,}000원 + 4{,}000{,}000원}{3{,}000개 + 2{,}000개} = @2{,}300$$

$$8월\ 20일\ 이동평균법\ 단가 = \frac{@2{,}300 \times 1{,}500개 + 2{,}000{,}000원}{1{,}500개 + 1{,}000개} = @2{,}180$$

매출원가 = @2,300 × 3,500개 + @2,180 × 1,500개 = 11,320,000원

15　③　① 재고자산이 물리적 손상, 장기체화, 진부화 등의 사유로 인해 재고자산의 시가가 취득원가보다 하락한 경우에는 저가법을 적용하여 재고자산의 시가를 재무상태표금액으로 평가해야 한다.
　　② 재고자산을 저가법으로 평가하는 경우 재고자산의 시가는 순실현가능가치를 말한다. 생산에 투입하기 위해 보유하는 원재료의 현행대체원가는 순실현가능가치에 대한 최선의 이용가능한 측정치가 될 수 있다.
　　④ 재고자산의 시가가 장부금액 이하로 하락하여 재고자산평가손실이 발생한 경우에는 평가손실액을 재고자산의 차감계정으로 표시하고 매출원가에 가산한다.

16　③　지분증권은 취득시점에 단기매매증권, 매도가능증권, 지분법적용투자주식 중의 하나로 분류한 후 보고기간종료일마다 분류의 적정성을 재검토해야 한다. 만약 보고기간종료일 현재 분류의 적정성을 검토한 결과 투자자의 지분증권에 대한 보유의도와 보유능력 및 지분법피투자기업에 대한 영향력에 변화가 발생한 경우에는 지분증권의 분류를 변경해야 한다. 채무증권은 취득시점에 단기매매증권, 매도가능증권, 만기보유증권 중의 하나로 분류한 후 보고기간종료일마다 분류의 적정성을 재검토해야 한다. 만약 보고기간종료일 현재 분류의 적정성을 검토한 결과 투자자의 채무증권에 대한 보유의도와 보유능력에 변화가 발생한 경우에는 채무증권의 분류를 변경해야 한다.

17　①　매도가능증권처분손익
　　= 양도금액 − 취득원가
　　= 50주 × 12,000원 − 50주 × 10,000원 = 100,000원 처분이익

18　③　20X2년 말 만기보유증권의 장부금액
　　= (922,687원 × 1.08 − 50,000원) × 1.08 − 50,000원 = 972,222원

19　②　유형자산이 정상적으로 작동되는지 여부를 시험하는 과정에서 발생하는 원가는 유형자산의 취득원가에 포함한다.

20　②　손상되지 않았을 경우 20X2년 말 장부금액
　　= 500,000원 − (500,000원 − 0원) × 2/5 = 300,000원

　　손상차손 환입 전 20X2년 말 장부금액
　　= 200,000원 − (200,000원 − 0원) × 1/4 = 150,000원

　　20X2년 말 손상차손환입 = MIN(300,000원, 350,000원) − 150,000원 = 150,000원

21 ④　20X3년 10월 1일 처분시점의 장부금액
= 600,000원 − (600,000원 − 100,000원) × 33개월/60개월 = 325,000원

유형자산처분손익 = 처분금액 − 처분시점의 장부금액
= 365,000원 − 325,000원 = 40,000원 처분이익

22 ④　무형자산의 상각방법은 자산의 경제적 효익의 소비 형태를 반영한 합리적인 방법이어야 한다. 무형자산의 상각대상금액을 내용연수 동안 합리적으로 배분하기 위해 다양한 방법을 사용할 수 있다. 다만, 합리적인 상각방법을 정할 수 없는 경우에는 정액법을 사용한다.

23 ①　20X1년 비용 인식 금액
= 연구단계 지출 + 자산인식 요건을 충족하지 않는 개발단계 지출
= 1,000,000원 + (1,000,000원 − 600,000원) = 1,400,000원

24 ①　일반기업회계기준 제22장 '법인세회계'에 따라 유동자산으로 분류되는 이연법인세자산을 제외한 부분을 기타비유동자산으로 분류하여 재무상태표에 표시한다.

25 ③　미지급금은 일반적 상거래 이외의 거래나 계약관계 등에서 발생한 채무를 말하며, 미지급비용은 발생된 비용으로 지급하지 아니한 비용을 말한다.

26 ④　20X2년 이자비용 = (950,244원 × 1.1 − 80,000원) × 10% = 96,527원

27 ④　사채발행비는 사채발행으로 인해 조달된 현금을 감소시키는 효과가 있으므로, 사채할증발행차금에서 차감하거나 사채할인발행차금에 가산하여야 한다. 이렇게 회계처리하면 사채발행비는 자동적으로 사채발행기간 동안 이자비용으로 비용화된다.

28 ②　제품보증충당부채
= (10,000,000원 × 20% + 50,000,000원 × 5%) − 2,000,000원 = 2,500,000원

29 ②　회사가 종업원의 수급권을 보장하는 퇴직보험에 가입한 경우 퇴직보험예치금은 퇴직급여충당부채에서 차감하는 형식으로 표시한다. 다만, 퇴직보험예치금액이 퇴직급여충당부채를 초과하는 경우의 당해 초과액은 투자자산의 과목으로 표시한다.

30 ①　법인세비용 = 당기법인세 − 이연법인세부채 감소액 − 이연법인세자산 증가액
　　　 = 1,900,000원 − 100,000원 − 200,000원 = 1,600,000원

31 ③　① 임의적립금 적립 : 이익잉여금과 자본총액이 모두 불변이다.
　　　 ② 법정적립금 적립 : 이익잉여금과 자본총액이 모두 불변이다.
　　　 ④ 주식배당 : 이익잉여금은 감소하지만 자본총액은 불변이다.

32 ③　20X1년 말 자본총액
　　　 = 20X1년 초 자본총액 − 자기주식 취득 + 유상증자 + 당기순이익
　　　 = 100,000원 − (100주 × 200원) + (100주 × 150원) + 40,000원 = 135,000원

33 ①　영업이익은 매출액에서 매출원가 및 판매비와관리비를 차감하여 계산된다. 이자비용은 영업외비용에 해당하기 때문에 영업이익의 계산과정에 포함되지 않는다.

34 ④　20X1년 말 누적진행률 = 360,000원 ÷ 900,000원 = 40%
　　　 20X2년 말 누적진행률 = 824,000원 ÷ 1,030,000원 = 80%
　　　 20X2년 공사손익 = (1,200,000원 − 1,030,000원) × 80% − (1,200,000원 − 900,000원)
　　　　　　　　　　　 × 40% = 16,000원 이익

35 ②　수익은 판매대가의 공정가치로 측정한다. 즉, 수익은 재화의 판매, 용역의 제공이나 자산의 사용에 대하여 받았거나 또는 받을 대가의 공정가치로 측정한다.

36 ②

$$\text{주당이익} = \frac{12,200,000원}{30,000주 \times 12/12 + 6,000주 \times 9/12 - 8,000주 \times 6/12} = 400원$$

37 ② 자기주식처분손실은 자본조정에 해당한다.

38 ④ 재고자산 과대계상, 미수수익 과대계상, 미지급비용 과소계상을 오류수정할 경우 당기순이익이 감소하지만, 선급비용 과소계상을 오류수정할 경우 당기순이익이 증가한다.

39 ① 영업활동으로 인한 순현금흐름
= 재화의 판매와 용역의 제공에 따른 현금유입 - 종업원과 관련하여 직접적으로 발생한 현금유출
= 200,000원 - 100,000원 = 100,000원 유입

40 ③ 다른 기업의 지분상품 취득에 따른 현금유출은 투자활동 현금흐름이다.

2024년

1회   2024년 1월 27일 시행

01	①	02	③	03	④	04	②	05	③
06	④	07	②	08	④	09	②	10	②
11	③	12	④	13	①	14	③	15	②
16	③	17	②	18	④	19	②	20	①
21	①	22	④	23	③	24	②	25	③
26	②	27	④	28	①	29	③	30	②
31	④	32	①	33	③	34	①	35	②
36	②	37	③	38	④	39	①	40	④

01 ①   자동차세는 지방세이나, 증권거래세, 인지세와 교육세는 국세이다.

02 ③   신고 및 납부와 관련된 가산세는 국세기본법에서 규정하고, 그 밖의 가산세는 개별 세법에서 규정하고 있다.

03 ④   배당, 상여, 기타사외유출, 기타소득이 사외유출에 해당하는 소득처분이다. 기타는 사외유출에 해당하는 소득처분이 아니다.

04 ②   자기주식처분이익은 세무상 익금항목이나 이를 자본으로 회계처리하였으므로 익금산입하여 기타로 소득처분한다.

05 ③

직원에게 지급한 퇴직금한도초과액	3,000,000원
판매장려금	1,500,000원
사용자 부담 건강보험료와 고용보험료	4,000,000원
손금합계액	8,500,000원

06 ④

① 업무무관자산의 수리비는 업무무관비용이므로 손금불산입으로 세무조정한다.
② 임원상여금한도초과액은 손금불산입항목이므로 손금불산입으로 세무조정한다.
③ 원천징수대상인 이자소득의 기간경과분 이자 500,000원은 세무상 인정되지 않으므로 익금불산입으로 세무조정한다.
④ 자본금과 주식발행초과금은 익금이 아니므로 세무조정을 하지 아니한다.

07 ②

재고자산평가방법을 원가법으로 신고하고 파손·부패 등의 사유가 없으면 재고자산평가손실은 손금으로 인정되지 아니한다. 따라서 재고자산평가손실 1,000,000원을 손금불산입하여 유보로 소득처분한다.

08 ④

법인세법상 잔존가액은 "0"으로 하므로 추정액으로 한다는 내용은 옳지 않다.

09 ②

특례기부금과 일반기부금의 한도초과액은 기타사외유출로 소득처분하므로 대표자에 대한 상여로 소득처분한다는 내용은 옳지 않다.

10 ②

특수관계인이 아닌 (주)용산으로부터 정당한 사유 없이 시가 1억원인 토지를 1억 5천만원에 매입한 경우 정상가액(1억원 × 130% = 130,000,000원) 초과액 20,000,000원은 비지정기부금으로 보아 세무조정한다.

결산서	(차) 토지	150,000,000	(대) 현금	150,000,000
세 법	(차) 토지	130,000,000	(대) 현금	150,000,000
	기부금	20,000,000		
세무조정	〈손금산입〉 토지	20,000,000(△유보)		
	〈손금불산입〉 비지정기부금	20,000,000(기타사외유출)		

11 ③

채무자의 파산, 사망, 행방불명 등으로 인하여 회수할 수 없는 채권에 대한 대손금은 결산조정사항이나, 소멸시효가 완성된 채권, 경매가 취소된 압류채권, 법원의 면책결정으로 회수불능으로 확정된 채권에 대한 대손금은 신고조정사항이다.

12 ④

구분	손금불산입액	소득처분
채권자불분명사채이자	해당 이자비용 전액	– 원천징수액: (기타사외유출)
비실명 채권·증권이자	해당 이자비용 전액	– 이 외의 잔액: (상여)
건설자금이자	해당 이자비용 전액	– 건설중인 자산: (유보) – 완성자산: (즉시상각의제로 보아 　세무조정, 손금불산입액은 유보)
업무무관자산 등 관련이자	업무무관부동산 등에 해당하는 이자비용	– (기타사외유출)

13 ①

㈜삼일	㈜삼일상사
특수관계인 (주)삼일상사에 제품을 시가보다 저가로 판매하였으므로 시가와 판매가격의 차액을 익금산입하여 기타사외유출로 소득처분함 (익금산입) 부당행위계산부인 15,000,000원(기타사외유출)	시가보다 저가로 매입하였으므로 세무조정은 없음

14 ③

① 과세표준을 계산할 때 비과세소득을 소득공제보다 먼저 공제한다.
② 공제하지 못한 비과세소득은 다음 사업연도에 이월하여 공제하지 아니한다.
④ 이월결손금은 당해 사업연도 소득금액의 80%(중소기업 등 일정한 법인은 100%)의 범위 내에서 전액 공제받을 수 있다.

15 ②

기납부세액은 중간예납세액, 원천징수된 세액(원천납부세액), 수시부과세액이다.

16 ③

중소기업도 대손충당금 설정률은 1%와 대손실적률 중 큰 비율이므로 2%라는 내용은 옳지 않다.

17 ②

소득세법상 거주자는 국내외 원천소득에 대하여 납세의무를 지므로 국내원천소득에 대하여 납세의무를 진다는 내용은 옳지 않다.

18 ④

① 거주자의 소득세 납세지는 그 주소지로 하되, 주소지가 없는 경우에는 그 거소지로 한다.
② 비거주자의 소득세 납세지는 국내사업장의 소재지로 하되, 국내사업장이 없는 경우에는 국내원천소득이 발생하는 장소로 한다.
③ 사업소득이 있는 거주자가 사업장 소재지를 납세지로 신청한 경우에도 납세지를 지정할 수 있으므로 국세청장 또는 관할지방국세청장의 직권에 의해서만 지정 가능한 것은 아니다.

19　② 　① 영업적으로 자금을 대여하고 수령하는 이자는 사업소득으로 구분된다.
　　　　③ 배당소득 총수입금액에 Gross-up 금액을 더하면 배당소득금액이 된다.
　　　　④ 금융소득의 종합과세 여부를 결정하는 금융소득 종합과세 기준금액은 2천만원이다.

20　①

당기순이익	30,000,000원
대표자급여	(+) 2,000,000원
유형자산처분이익	(−) 3,000,000원
이자수익	(−) 5,000,000원
사업소득금액	24,000,000원

21　① 　광산근로자가 지급받는 입갱·발파수당은 비과세 근로소득이다.

22　④ 　국민연금법에 따라 받는 장애연금, 산업재해보상보험법에 따라 받는 연금, 국민연금법에 따라 받는
　　　　유족연금은 비과세 연금소득이다.

23　③ 　자녀세액공제: (1) + (2) = 165만원
　　　　(1) 일반적인 자녀세액공제　 8세 이상인 자녀 1명 25만원
　　　　(2) 출산·입양 세액공제　　 셋째 이상인 경우 70만원 × 2명 = 140만원

24　② 　산업재산권의 양도소득은 기타소득에 해당한다. 그러나 부동산을 취득할 수 있는 권리, 비상장주식,
　　　　골프회원권의 양도소득은 양도소득에 해당한다.

25　③ 　완납적원천징수란 원천징수에 의해 납세의무가 종결되는 것으로 분리과세라고도 한다.

26　② 　근로소득을 지급하는 모든 개인과 법인은 연말정산 할 의무가 있으며, 국가·지방자치단체도 연말정
　　　　산할 의무가 있다.

27　④ 　이자소득, 배당소득, 근로소득은 원천징수대상이나, 임대소득은 원천징수대상이 아니다.

28　① 일용근로자의 근로소득공제는 일 150,000원이므로 100,000원이라는 내용은 옳지 않다.

29　③ 최종소비자가 부담한 부가가치세는 소비자가 구입한 양말 가격 8,800원의 10/110인 800원이다.

30　② 사업자가 과세사업과 면세사업을 겸업할 경우에는 부가가치세법에 의한 사업자등록을 하면 소득세법이나 법인세법에 의한 사업자등록은 한 것으로 본다.

31　④ ① 주요 자재를 전혀 부담하지 않고 단순히 가공계약에 의하여 재화를 공급하는 경우에는 용역을 공급한 것으로 본다.
　② 사업장별로 그 사업에 관한 모든 권리와 의무를 포괄적으로 승계시키는 사업의 포괄양도는 재화의 공급으로 보지 않는 것이 원칙이다.
　③ 수출신고가 수리된 물품(수출신고가 수리된 물품으로서 선적되지 아니한 물품을 보세구역에서 반입하는 경우 제외)을 국내에 반입하는 것은 재화의 수입에 해당한다.

32　① 면세사업자는 부가가치세법상 사업자가 아니며 부가가치세법상 과세표준을 신고하지 아니한다.

33　③

공급일자	과세표준	세율	매출세액
1월 10일	20,000,000원	10%	2,000,000원
1월 24일	40,000,000원	10%	4,000,000원
2월 9일	10,000,000원	0%	–
3월 18일	30,000,000원	0%	–
합계	100,000,000원		6,000,000원

34　①

구분	금액
매출액	20,000,000원
매출에누리액	-2,00,0000원
매출할인액	-1,000,000원
운송도중 파손된 반품액	-1,000,000원
연체이자	–
과세표준	16,000,000원

35 ②

구분	금액
제품외상판매액	15,000,000원
개별소비세 과세대상 자동차 매각대금	4,00,0000원
화재로 인하여 소실된 제품	–
대표자가 개인적으로 사용한 제품	1,200,000원
과세표준	20,200,000원
매출세액	2,020,000원

36 ②

30,000,000원 × 10% = 3,000,000원

토지 조성을 위한 자본적 지출액, 개별소비세 과세대상 자동차 유지비용, 업무무관 자산의 수선유지비는 매입세액불공제대상이다.

37 ③

① 골프용품 수출업체: 영세율 과세표준이 있으므로 조기환급대상

② 제조업자가 사업설비를 신설하여 취득한 경우: 설비투자를 하였으므로 조기환급대상

④ 법원의 인가결정을 받은 회생계획을 이행 중인 회사: 회생계획을 이행 중이므로 조기환급대상

38 ④

납부세액을 과소신고·납부하였으므로 과소신고·초과환급신고가산세, 납부지연가산세가 적용되며, 전자세금계산서를 지연발급하였으므로 세금계산서 지연발급가산세가 적용된다. 그러나 매입처별세금계산서합계표 제출불성실가산세는 적용되지 아니한다.

39 ①

② 전자세금계산서 의무발급 사업자는 법인사업자와 직전 연도의 사업장별 재화 및 용역의 공급가액(면세공급가액 포함)의 합계액이 8천만원 이상인 개인사업자이다.

③ 전자세금계산서 의무발급대상이 아닌 사업자도 전자세금계산서를 발급할 수 있다.

④ 전자세금계산서 의무발급 사업자가 전자세금계산서를 발급하였을 때에는 전자세금계산서 발급일의 다음 날까지 전자세금계산서 발급명세를 국세청장에게 전송하여야 한다.

40 ④

음식점, 목욕·이발·미용업, 입장권을 발행하여 영위하는 사업은 영수증 발급대상 사업이나, 제조업은 세금계산서 발급대상 사업이다.

2024년 2회

2024년 3월 30일 시행

01	①	02	②	03	④	04	③	05	①
06	④	07	②	08	①	09	③	10	④
11	①	12	②	13	①	14	③	15	④
16	③	17	②	18	5	19	③	20	③
21	②	22	④	23	①	24	④	25	③
26	②	27	④	28	③	29	①	30	①
31	②	32	③	33	②	34	④	35	①
36	①	37	③	38	②	39	③	40	②

01 ① 국세는 국세청에 납부하지만 지방세는 지방자치단체에 납부한다.

02 ② ① 신의성실의 원칙은 납세자가 그 의무를 이행할 때 또 세무공무원이 직무를 수행할 때에 적용된다.
③ 조세는 소득의 실질적인 귀속자를 기준으로 부과하는 것이다.
④ 국가가 직접 조사하여 세금을 부과하는 경우, 조사한 사실을 해당 법인에게 통보하여야 한다.

03 ④ 감가상각비, 대손충당금, 퇴직급여충당금은 결산조정사항이나, 조세특례제한법상 준비금은 신고조정사항이다.

04 ③ 한국채택국제회계기준을 따르는 법인이라고 세법상 규정과 회계상의 손익 귀속시기를 선택적용 할 수 있는 것은 아니다.

05 ① 자산수증이익 중 이월결손금의 보전에 충당된 금액은 익금이 아니므로 70,000,000원을 익금불산입하여 기타로 소득처분한다.

06 ④ 토지의 평가차손은 손금으로 인정하지 아니한다.

07 ② 임원 상여금 한도초과액 30,000,000원을 손금불산입하여 상여로 소득처분한다. 직원 상여금 한도초과액은 손금이므로 세무조정이 불필요하다.

08 ①

구분	취득원가	시가	결산상 평가손익	세무조정
주식 A	10,000,000원	12,000,000원	2,000,000원	익금불산입 2,000,000원
채권 B	20,000,000원	19,000,000원	△1,000,000원	손금불산입 1,000,000원
각 사업연도 소득금액에 미치는 영향				1,000,000원 감소

09 ③ 기준내용연수가 40년이면 내용연수범위는 25%를 가감한 30년~50년이므로 세금을 줄이기 위해서는 내용연수 범위의 하한인 30년을 선택해야 한다.

10 ④ 특례기부금은 장부가액으로 평가하므로 시가와 장부가액 중 큰 금액으로 평가한다는 내용은 옳지 않다.

11 ①

(1) 대손충당금 한도액 = 20,000,000원 × Max[1%, 0.5%*] = 200,000원

$$* \; 대손실적률 = \frac{60,000}{12,000,000} = 0.5\%$$

(2) 대손충당금 한도초과액 = 1,200,000원 − 200,000원 = 1,000,000원

12 ② 채권자불분명사채이자는 손금불산입하여 대표자 상여로 소득처분하되, 원천징수세액은 기타사외유출로 처분한다. 이 문제에서는 원천징수하지 않았다는 자료가 있으므로 대표자 상여로 소득처분한다.

13 ① 법인이 특수관계인에게 자금을 대여해주는 경우에는 법인세법상 적정이자보다 적게 이자를 수취하는 경우에 가지급금 인정이자를 익금산입하는 것이므로 무조건 인정이자를 익금산입하는 것은 아니다.

14 ③

(1) 각 사업연도 소득금액

250,000,000 − 2,000,000(감자차익) = 248,000,000원

(2) 과세표준

248,000,000원 − 25,000,000(제15기 이월결손금) = 223,000,000원

(3) 법인세 산출세액

18,000,000원 + (223,000,000 − 200,000,000) × 19% = 22,370,000원

15 ④　외국납부세액공제: Min[(1), (2)] = 2,000,000원

(1) 외국납부세액: 2,000,000원

(2) 한도액: 37,000,000원 × $\dfrac{30,000,000원}{300,000,000원}$ = 3,700,000원

16 ③　A. 소득처분 중 유보(또는 △유보)사항을 사후적으로 관리하는 표: 자본금과 적립금조정명세서(을) [별지 제50호 서식 (을)]

B. 세무조정사항을 요약하는 표: 소득금액조정합계표(별지 제15호 서식)

C. 결산서상 당기순손익에서 출발하여 과세표준, 산출세액 및 차감납부할세액을 계산하는 과정을 요약하는 표: 법인세 과세표준 및 세액조정계산서(별지 제3호 서식)

17 ②　소득세법은 열거주의 과세방식을 채택하고 있으나 이자소득과 배당소득은 유형별 포괄주의를 채택하고 있다.

18 ⑤　비거주자는 소득원천이 국내에 있는 소득에 대해서만 납세의무를 지므로, 이를 제한납세의무자라 한다.

19 ③　단기저축성보험의 보험차익은 이자소득이다.

20 ③
(1) 총수입금액: 200,000원 × 10 = 　2,000,000원
(2) 필요경비: 600,000원 + 100,000원 = 　700,000원
(3) 사업소득금액: 　1,300,000원

21 ②
급여: 2,500,000원 × 12 = 　30,000,000원
상여: 　5,000,000원
연차수당: 　1,200,000원
총급여액: 　36,200,000원

실업급여와 실비변상적 성격의 일직료와 숙직료는 비과세 근로소득이다.

22 ④　연금계좌 인출금은 다음과 같이 구분한다.

구분	연금수령	연금외수령
이연퇴직소득	연금소득	퇴직소득
세액공제받은 금액과 운용수익	연금소득	기타소득

연금계좌 인출액이 근로소득에 해당되는 경우는 없다.

23 ①　유동화전문회사 등에 대한 지급배당소득공제는 법인에게 적용되는 소득공제이므로 종합소득금액에서 공제할 수 없다.

24 ④　개인이 부동산 등을 유상으로 양도의 경우 양도자에게 양도소득세를 과세하며, 무상양도한 경우에는 수증자에게 증여세(영리법인은 법인세)를 과세한다.

25 ③　해당 과세기간의 과세표준이 없거나 결손금액이 있는 때에도 확정신고의무가 있다.

26 ②　원천징수의무자는 연말정산한 다음 달 10일까지 법정서류를 관할세무서장에게 제출해야 한다.

27 ④　국세를 징수하여 납부할 의무를 지는 자가 징수하여야 할 세액을 법정납부기한까지 납부하지 아니하거나 과소납부한 경우에는 원천징수 등 납부지연가산세가 부과된다.

28 ③　퇴직소득은 퇴직소득세를 계산해서 원천징수하므로 간이세액표에 의하여 원천징수 금액을 결정하는 것은 아니다.

29 ①　부가가치세는 사업장 단위로 과세하는 것이 원칙이나, 사업자단위과세사업자는 본점 또는 주사무소에서 사업자 단위로 부가가치세를 총괄하여 신고·납부할 수 있다. 사업자단위과세사업자가 되기 위하여 세무서장의 승인을 얻어야 하는 것은 아니다.

30 ①　세무상담을 무상으로 제공한 경우에는 용역의 무상공급이므로 과세대상이 아니다.

31 ② 전기나 가스처럼 공급이 계속적으로 이루어지는 경우에는 대가의 각 부분을 받기로 한 때를 공급시기로 본다.

32 ③ 구매확인서에 의한 수출은 국내 사업자 간의 거래이므로 세금계산서를 발급해야 한다.

33 ② 연탄 및 무연탄, 미가공 식료품, 실내 도서열람용역, 토지의 공급은 면세대상이나, 택시 여객운송용역과 상가임대용역은 과세대상이다.

34 ④ 55,000,000원 - 2,000,000원 - 3,000,000원 = 50,000,000원

35 ① 대손이 확정되면 공급자는 해당 과세기간에 확정된 대손세액을 매출세액에서 차감하고 공급받는 사업자는 매입세액에서 차감한다.

36 ① (1) 예정신고시 공통매입세액 중 불공제액

$$100만원 \times \frac{6억 원}{10억 원} = 60만원$$

(2) 확정신고시 공통매입세액 중 불공제액

$$100만원 \times \frac{14억 원}{20억 원} - 60만원 = 10만원$$

공통매입세액을 안분계산하는 경우 예정신고를 할 때에는 예정신고기간의 공급가액비율로 계산하고, 확정신고시 정산한다

37 ③ 부가가치세의 과세기간은 원칙적으로 6개월이지만 각 과세기간을 3개월 단위로 구분하여 예정신고기간과 확정신고기간을 두고 있다.

38 ② 미등록가산세는 부가가치세법의 가산세이다.

39 ③ 세금계산서를 발행하여야 하는 거래에 대하여 세금계산서를 발행하지 않은 경우에는 수정세금계산서를 발행할 수 없다.

40 ② 거래처별로 달의 1일부터 말일까지의 공급가액을 합하거나 달의 1일부터 말일까지의 기간 이내에서 사업자가 임의로 정한 기간의 공급가액을 합하여 세금계산서를 발급할 수 있는데 이 경우 다음 달 10일까지 세금계산서를 발급하여야 한다.

2024년
3회　　2024년 5월 18일 시행

01	③	02	②	03	④	04	①	05	②
06	③	07	③	08	④	09	②	10	③
11	①	12	④	13	③	14	④	15	②
16	①	17	③	18	①	19	④	20	②
21	①	22	④	23	②	24	③	25	④
26	③	27	③	28	②	29	②	30	④
31	②	32	①	33	①	34	④	35	④
36	①	37	②	38	③	39	④	40	③

01 ③　소득세는 직접세, 주세, 부가가치세, 개별소비세는 간접세이다.

02 ②　형식과 실질이 다른 경우에는 실질에 따라 과세하여야 한다는 원칙은 실질과세원칙이다.

03 ④
① 영리외국법인은 국내원천소득에 대해서만 법인세 납세의무가 있으므로 국내외원천소득에 대한 법인세 납세의무가 있다는 내용은 옳지 않다.
② 외국법인이란 본점 또는 주사무소가 외국에 있는 단체(사업의 실질적 관리장소가 국내에 있지 아니하는 경우만 해당한다)을 말하므로 외국의 법률에 따라 설립된 법인을 말하는 것은 아니다.
③ 영리외국법인은 청산소득에 대한 법인세 납세의무가 없다.

04 ①
② 장기할부판매란 자산이 인도된 후 최소 2회 이상 분할하여 판매대금을 수입하는 것을 말한다.
③ 법인의 결산서에 회수기일도래기준으로 회계처리한 경우 이를 인정한다.
④ 중소기업이 결산서상 인도기준으로 손익을 인식하였다면 신고조정을 통해 회수기일도래기준으로 익금과 손금에 산입할 수 있다.

05 ②
(익금금액)

유형자산의 양도금액	3,000,000원
자산수증이익	500,000원
자기주식의 양도금액	500,000원
합계	4,000,000원

06 ③　① 재고자산의 파손으로 재고자산평가손실을 계상한 경우 손금으로 인정되므로 세무조정이 발생하지 않는다.

　② 벌과금은 손금불산입항목이므로 비용으로 처리한 벌과금을 손금불산입으로 세무조정한다.

　③ 상장주식의 주가 하락에 따른 단기매매증권평가손실은 세무상 인정되지 않으므로 손금불산입으로 세무조정을 해야 한다.

　④ 대표이사의 소유주택의 수리비는 대표이사가 부담할 비용을 대신 부담한 것이므로 손금불산입하여 상여로 소득처분한다.

07 ③　임원상여금이 급여규정상 한도액을 초과하면 한도초과액을 손금불산입하고, 급여규정이 없으면 전액 손금불산입한다. 따라서 임원상여금 100,000,000원을 손금불산입해야 한다. 그러나 직원 상여금 한도초과액은 손금이므로 세무조정을 하지 아니한다.

08 ④　저가법은 취득원가와 시가 중 낮은금액을 평가액으로 하는 방법인데, 회사는 시가법으로 평가하였으므로 다음고 같이 세무조정한다.

구분	결산서(시가)	세법(원가와 시가 중 낮은 것)	세무조정
원재료	14,000,000원	14,000,000원	–
제품	22,000,000원	20,000,000원	익금불산입 2,000,000원

각 사업연도 소득금액: 2,000,000원 감소

09 ②　법인세법은 감가상각에 대해 규정을 두고 있으므로 회계기준의 적용을 배제하고 있다.

10 ③　기업업무추진비 손금한도액: (1) + (2) = 42,000,000

(1) 기본한도액: 12,000,000원 × $\dfrac{12}{12}$ = 12,000,000원

(2) 수입금액기준: 수입금액 × 적용률
　　　　　　= 10,000,000,000 × 0.3%
　　　　　　= 30,000,000

11 ①　대손충당금을 손비로 계상한 경우에는 대손충당금 한도액의 범위에서 그 계상한 대손충당금을 손금으로 인정하므로 계상액 전액을 손금으로 인정하는 것은 아니다.

12　④

① 차입금에 대한 이자비용은 원칙적으로 손금으로 인정된다.
② 채권자가 불분명한 이자비용은 전액 손금불산입한다.
③ 비실명채권·증권의 이자는 전액 손금불산입한다.

13　③

① 특수관계인에 해당하는 내국법인에 대한 가지급금인정이자는 익금산입하고 기타사외유출로 소득 처분한다.
② 특수관계에 있는 법인으로부터 자산을 저가로 매입한 경우 시가와 매입가액의 차이금액을 익금으로 보지 아니한다.
④ 특수관계인이 아닌 자와의 거래는 부당행위계산의 부인규정이 적용되는 경우가 없다.

14　④

과세표준을 계산함에 있어 공제받지 못한 비과세소득은 다음 사업연도로 이월되지 않는다.

15　②

수정후 과세표준: 70,000,000원 + 20,000,000원 + 10,000,000원 = 100,000,000원
수정후 산출세액: 100,000,000원 × 9% = 9,000,000원

16　①

기납부세액은 수시부과세액, 중간예납세액, 원천징수세액이 있다. 재해손실세액공제는 세액공제일분 기납부세액은 아니다.

17　③

소득세는 납세자와 담세자가 동일한 직접세이므로 간접세라는 내용은 옳지 않다.

18　①

이자소득, 배당소득은 무조건 종합과세대상을 제외하고 2천만원 이하인 경우 분리과세한다.

19　④

기명채권이자에 대한 이자소득의 수입시기는 약정에 의한 이자지급일이다.

20　②

총매출액 55,000,000-2,000,000	= 53,000,000원
매출에누리액	(-) 2,000,000원
매출환입액	(-) 1,000,000원
총수입금액	50,000,000원

21 ①

(1) 총급여액

급여:	2,000,000원 × 10 =	20,000,000원
상여:	2,500,000원	
식사대:	(200,000원 − 200,000원) × 10 =	−
차량유지비:	(150,000원 − 200,000원) × 10 =	−
총급여액:		22,500,000원

(2) 근로소득공제

7,500,000원 + (22,500,000원 − 15,000,000원) × 15% = 8,625,000원

(3) 근로소득금액: 13,875,000원

22 ④

복권당첨소득은 금액과 상관없이 무조건 분리과세한다.

23 ②

(1) 소득공제대상 보험료: 국민건강보험료 400,000 + 고용보험료 500,000 = 900,000원

(2) 세액공제대상 보험료: 장애인 전용보장성보험료 1,000,000

(3) 보험료공제대상 금액: (1) + (2) = 1,900,000

24 ③

승용차는 양도소득세 과세대상이 아니나, 사업에 사용하는 건물과 함께 양도하는 영업권, 특정시설
물이용권, 비상장주식은 양도소득세 과세대상이다.

25 ④

사업소득이 있는 거주자만 중간예납의무를 지므로 모든 거주자가 중간예납의무를 지는 것은 아니다.

26 ③

퇴직자는 퇴직하는 달의 근로소득을 지급할 때에 연말정산을 하므로 퇴직하는 날의 급여를 2025년
10월 10일에 지급한 한 경우 그 날 연말정산을 한다.

27 ③

거주자의 양도소득은 원천징수 대상이 아니다.

28 ②

내국법인으로부터 받는 배당소득은 소득세 14%(개인지방소득세 1.4%)를 원천징수(지방소득세는
특별징수)한다.

20,000,000원 × (14% + 1.4%) = 3,080,000원

29 ② 부가가치세는 수입재화에도 부과하므로 수입재화의 가격도 상승하여 최종소비자가 부담하는 수입재화의 가격이 상승한다.

30 ④ 면세사업자는 부가가치세법의 사업자가 아니므로 사업자등록, 세금계산서 발급, 과세표준 신고 등의 부가가치세법상 제반 의무가 없다.

31 ② ① 재화의 단기할부판매의 경우 재화가 인도되거나 이용가능하게 되는 때를 공급시기로 한다.
③ 완성도기준지급 또는 중간지급조건부로 재화를 공급하는 경우에는 대가의 각 부분을 받기로 한 때를 공급시기로 한다.
④ 부동산임대용역에 대한 간주임대료 및 선·후불임대료의 경우 예정신고기간 또는 과세기간의 종료일을 공급시기로 한다.

32 ① 영세율 사업자도 사업등록 의무가 있다.

33 ① 특정거래단계에 면세를 적용하면 그 단계에서 창출한 부가가치는 면제되나, 그 거래의 전 단계에서 창출한 부가가치는 면제되지 않으므로 면세를 부분면세제도라고 한다.

34 ④ 단기할부판매이므로 인도일을 공급시기로 하고, 공급한 재화의 총가액 60,000,000원을 과세표준으로 한다.

35 ④ 국내판매: 30,000,000원 + 20,000,000원 ＝ 50,000,000원
수 출 분: 40,000,000원 + 10,000,000원 ＝ <u>50,000,000원</u>
합계　　　　　　　　　　　　　　　<u>100,000,000원</u>

36 ① 과세대상 원재료 매입액 30,000,000원에 대한 매입세액 3,000,000원은 공제되나, 공장부지는 면세이고, 기업업무추진비와 토지정지비는 매입세액불공제대상이다.

37 ② 영세율 중 구매확인서나 내국신용장에 의한 공급은 세금계산서 발급의무가 있다.

38 ③ 세금계산서를 발급시기가 지난 후 확정신고기한까지 발급하는 경우 세금계산서 지연발급가산세가 부과된다

39 ④ 과세를 면세로 잘못알고 계산서를 교부한 경우에는 세금계산서를 발급하지 않았으므로 수정세금계산서도 발급할 수 없다

40 ③ 전자세금계산서의 발급면세를 국세청장에게 전송한 경우에는 세금계산서 합계표 세제출의무가 면제된다.

2024년 4회 — 2024년 6월 15일 시행

01	③	**02**	①	**03**	②	**04**	④	**05**	①
06	③	**07**	②	**08**	④	**09**	③	**10**	②
11	①	**12**	①	**13**	④	**14**	③	**15**	④
16	②	**17**	④	**18**	①	**19**	③	**20**	④
21	②	**22**	②	**23**	③	**24**	②	**25**	④
26	①	**27**	②	**28**	④	**29**	②	**30**	③
31	②	**32**	③	**33**	①	**34**	④	**35**	②
36	①	**37**	④	**38**	④	**39**	①	**40**	②

01 ③　소득세는 신고납세제도를 채택하고 있으므로 부과과세제도를 채택하고 있다는 내용은 옳지 않다.

02 ①　정부는 국세를 감면한 경우에 그 감면의 취지를 성취하거나 국가정책을 수행하기 위하여 필요하다고 인정하면 세법에서 정하는 바에 따라 감면한 세액에 상당하는 자금 또는 자산의 운용 범위를 정할 수 있다. 운용 범위를 벗어난 자금 또는 자산에 상당하는 감면세액은 세법에서 정하는 바에 따라 감면을 취소하고 징수할 수 있다

03 ②　사외로 유출된 소득이 개인사업자에게 귀속된 경우에는 기타사외유출로 처분한다.

04 ④　장기용역수익은 진행기준으로 수익을 인식해야 하므로 인도일(용역제공완료일)에 손익을 인식한다는 내용은 옳지 않다.

05 ①

〈익금산입·손금불산입〉

임원상여금한도초과	4,000,000
의제배당액	(+) 1,000,000
감가상각비 한도초과액	(+) 5,000,000
기업업무추진비 한도초과액	(+) 5,000,000
익금산입·손금불산입 금액	15,000,000

06 ③

〈익금합계액〉

채무면제이익	3,000,000
자산의 임대료	(+)50,000,000
익금합계액	53,000,000

07 ②

〈손금합계액〉

직원상여금	5,000,000
판매한 제품의 재료비	(+)3,000,000
손금의 합계액	8,000,000

08 ④

① 재고자산의 평가방법은 원가법과 저가법을 인정하고 있다.

② 신설법인의 경우 재고자산 평가방법을 설립일이 속하는 사업연도에 대한 법인세 신고기한까지 신고하여야 한다.

③ 유가증권의 평가방법은 개별법(채권에 한정함), 총평균법과 이동평균법을 인정하고 있다.

09 ③

기계장치에 대한 감가상각방법을 신고하지 않은 경우 정률법을 적용한다.

100,000,000원 × 0.259 = 25,900,000원

10 ②

이 문제에서 발생할 수 있는 세무조정은 다음과 같다.

〈손금불산입〉 기부금한도초과액　1,000,000(기타사외유출)

〈손금불산입〉 비지정기부금　　500,000(기타사외유출)

11 ①

(1) 전기 대손충당금 한도초과액 추인

　　〈손금산입〉 전기대손충당금 20,000,000(△유보)

(1) 당기 대손충당금 한도초과액

　　1) 대손충당금 한도액: 2,000,000,000원 × Max[2%, 1%] = 40,000,000원

　　2) 대손충당금 한도초과액: 46,000,000원 − 40,000,000원 = 6,000,000원

　　　→ 〈손금불산입〉 대손충당금 한도초과 6,000,000(유보)

12 ①

지급이자 손금불산입을 할 때 ① 채권자불분명사채이자, ② 비실명채권 및 증권의 이자상당액, ③ 건설자금이자, ④ 업무무관자산 등 관련이자의 순서로 세무조정한다.

13 ④ 특수관계인 내국법인에게 토지를 시가보다 저가로 양도하였고 시가와 대가의 차이가 3억 이상이므로 부당행위계산의 부인규정을 적용하여 시가와 양도가액의 차액을 익금산입하여 기타사외유출로 소득처분한다.
〈익금산입〉 부당행위계산의 부인 400,000,000(기타사외유출)

14 ③

각 사업연도 소득금액	100,000,000원
이월결손금	− 60,000,000원
비과세소득	− 5,000,000원
과세표준	35,000,000원

15 ④ (1) 각 사업연도 소득금액
200,000,000원 + 20,000,000원 + 10,000,000원 + 2,000,000원 = 232,000,000원
(2) 과세표준: 232,000,000원
(3) 산출세액: 18,000,000 + (232,000,000−200,000,000) × 19% = 24,080,000원

16 ② ① 내국법인은 각 사업연도 소득에 대한 법인세를 사업연도 종료일이 속하는 달의 말일부터 3개월 이내에 신고하여야 한다.
③ 내국법인으로서 각 사업연도의 소득금액이 없거나 결손금이 있는 법인의 경우에도 법인세 과세표준 등의 신고를 해야 한다.
④ 내국법인이 납부할 세액이 1천만원을 초과하는 세액의 일부를 납부기한이 지난 날부터 1개월(중소기업의 경우에는 2개월) 이내에 분납할 수 있다.

17 ④ 소득세는 거주자와 비거주자의 과세범위에 차이를 두고 있다.

18 ① 소득세법상 폐업의 경우에도 과세기간은 1월 1일부터 12월 31일까지이다.

19 ③ 공익신탁의 이익은 비과세소득이므로 소득세가 과세되지 않는 금융소득이다.

20 ④ 소득세법상 개인사업 대표자는 퇴직급여충당금 설정 대상이 아니다.

21 ②　6세 이하 자녀의 보육과 관련하여 지급하는 월 20만원 이내의 금액은 비과세한다. 따라서 보육급여가 월 30만원인 경우 20만원은 비과세되나, 10만원은 과세된다.

22 ②　사적연금은 연금계좌세액공제를 적용할 수 있다.

23 ③　자녀세액공제는 만 8세 이상의 자녀가 2명이므로 자녀세액공제는 55만원이다.

24 ②　대주주가 아닌자가 양도하는 주권상장법인 주식의 장내양도는 양도소득세 과세대상이 아니다.

25 ④　퇴직소득과 공적연금소득만 있는 자는 확정신고를 하지 않아도 된다.

26 ①　중도퇴사자에 대한 연말정산은 퇴직하는 달의 급여를 지급할 때에 하여야 한다.

27 ②　영세한 원천징수의무자는 원천징수세액을 반기의 마지막 달 다음달 10일까지 납부할 수 있다. (반기별납부자)

28 ④　일용직근로자에 대한 급여도 원천징수대상에 해당하므로 원천징수를 해야 한다.

29 ②　겸영사업자는 과세사업에 대한 부가가치세를 신고납부해야 하므로 과세사업자로 분류한다.

30 ③　공동사업자는 공동사업자 중 1인을 대표자로 하여 대표자명의로 사업자등록을 신청하여야 한다.

31 ②　고용관계에 의해 근로를 제공하는 것은 용역의 공급으로 보지 않는다.

32 ③　영세율 사업자도 부가가치세법을 위반하면 가산세가 부과된다.

33 ① 면세사업자는 부가가치세법의 면세포기대상으로 열거된 경우에만 면세를 포기할 수 있다.

34 ④ 5,000,000원 + 30,000,000원 + 30,000,000원 + 20,000,000원 = 85,000,000원

35 ② 중간지급조건부이므로 대가의 각 부분을 받기로 한 때가 공급시기로 한다. 2025년 제2기 예정신고 기간에 받기로 한 대가는 계약금이므로 과세표준은 20,000,000원이 된다.

36 ① 〈매입세액공제대상〉

과세대상 상품 매입액 매입세액	2,000,000원
직원야근식사구입액에 대한 매입세액	100,000원
합계	2,100,000원

37 ④

세금계산서 발급분 국내매출액	300,000,000원 → (ㄱ)
내국신용장에 의한 공급	120,000,000원 → (ㄴ)

38 ④ 사업자가 아니더라도 가공세금계산서를 발급하는 경우에는 사업자로 보고 가산세를 부과한다.

39 ① 공급시기에 세금계산서를 발급하지 않는 경우에는 수정세금계산서를 발급할 수 없다.

40 ② 임의적 기재사항은 기재되지 않아도 가산세를 물거나 매입세액불공제를 받는 등의 불이익은 없다.

2024년
5회　　**2024년 7월 27일 시행**

01	②	02	④	03	④	04	②	05	①
06	③	07	①	08	①	09	①	10	①
11	①	12	④	13	②	14	②	15	③
16	③	17	①	18	④	19	③	20	④
21	①	22	④	23	④	24	③	25	③
26	②	27	③	28	②	29	②	30	②
31	④	32	③	33	②	34	②	35	①
36	②	37	①	38	③	39	③	40	③

01　② 교육세와 농어촌특별세는 목적세이나 상속세, 법인세, 부가가치세는 보통세이다.

02　④ 국가는 세금을 부과·징수하는 경우 거래의 형식보다 거래의 실질에 따라야 하므로 거래의 실질보다 형식에 따라야 한다는 내용은 옳지 않다.

03　④ ① 외국영리법인은 국내원천소득에 한하여 과세하므로 국외원천소득도 과세한다는 내용은 옳지 않다.
② 외국의 국가와 지방자치단체는 비영리외국법인이므로 법인세를 부과하지 않는다는 내용은 옳지 않다.
③ 비영리법인의 경우 청산소득에 대한 법인세를 과세하지 아니한다.

04　② 제조업을 영위하는 법인이 국내 은행에 예치한 정기예금의 이자는 실제 받은 날을 수입시기로 하므로 이미 경과한 기간에 대한 이자를 해당 사업연도의 익금으로 한다는 내용은 옳지 않다.

05　① 자기주식처분이익은 익금항목이나 이를 자본잉여금으로 계상하였으므로 익금산입하여 기타로 소득처분한다.

06　③ 임원에게 급여지급기준을 초과하여 지급한 상여금, 주식할인발행차금, 벌과금은 손금불산입항목이다. 그러나 양도한 유형자산의 장부가액과 판매한 제품의 원료의 매입가액은 손금항목이다.

07 ①　사용자 부담 고용보험료는 전액 손금으로 인정하나, 일반기부금, 임원에게 지급한 퇴직급여, 특례기부금은 일정한 한도까지만 손금으로 인정하고 이를 초과하는 금액은 손금으로 인정하지 아니한다.

08 ①　재고자산의 평가방법상 원가법에는 후입선출법도 인정되므로 후입선출법은 적법상 평가방법으로 인정되지 아니한다는 내용은 옳지 않다.

09 ①　〈손금산입〉 700,000원(△유보)

제24기의 상각부인액 1,000,000원을 제25기 시인부족액 700,000원의 범위에서 손금산입한다.

10 ①　기업업무추진비 한도액: (1) + (2) = 116,000,000원

(1) 기본한도액: 12,000,000원 × $\dfrac{6^*}{12}$ = 6,000,000원

(2) 수입금액별한도: 110,000,000원

　　* 사업연도가 6개월이므로 기본한도액 12,000,000원에 6/12를 곱한다.

11 ①　(1) 대손충당금 한도액 = 당기말 대손충당금 설정대상 채권잔액 × 설정률

　　　　　　　　　= 300,000,000 × Max[1%, 0.5%]

　　　　　　　　　= 3,000,000

(2) 대손충당금 한도초과액 = 대손충당금 기말잔액 − 대손충당금 한도액

　　　　　　　　　= 4,000,000 − 3,000,000

　　　　　　　　　= 1,000,000

12 ④　업무무관자산 등 관련이자는 손금불산입하여 기타사외유출로 처분하므로 유보로 소득처분한다는 내용은 옳지 않다.

13 ②　(1) 시가　　　　30,000,000원

(2) 판매가격　　10,000,000원

(3) 차이　　　　20,000,000원(시가 대비 66% → 중요함)

(4) 세무조정: 〈익금산입〉 부당행위계산의 부인 20,000,000원(기타사외유출)

익금산입액이 사외로 유출되어 내국법인의 소득을 구성한 경우에는 주주인 경우에도 기타사외유출로 소득처분한다.

14 ② 중소기업은 이월결손금을 각 사업연도 소득금액의 100%를 한도로 공제하므로 95%를 한도로 공제한다는 내용은 옳지 않다.

15 ③ (1) 과세표준: 300,000,000원 − 20,000,000원 − 10,000,000원 = 270,000,000원
(2) 산출세액: 18,000,000원 + (270,000,000원 − 200,000,000원) × 19% = 31,300,000원

16 ③ 과도한 조세감면을 막기 위한 제도는 최저한세제도이다.

17 ① 소득세는 개인단위로 과세하므로 세대별 소득을 합산하여 과세한다는 내용은 옳지 않다.

18 ④ 내국법인의 국외사업장에 파견된 임직원은 거주자로 본다.

19 ③ 비영업대금의 이익은 이자소득이므로 배당소득에 해당하지 아니한다.

20 ④ 개인사업자가 사업상의 운영자금을 일시 예금하여 발생한 이자는 이자소득이므로 사업소득에 해당한다는 내용은 옳지 않다.

21 ①

급여	18,000,000
상여금	3,000,000
연장근로수당	1,600,000 (4,000,000 − 2,400,000)[*1]
식사대	1,200,000 {(300,000 − 200,000) × 12}[*2]
사택제공이익	− [*3]
총급여액	23,800,000

[*1] 생산직근로자의 연장근로수당 등은 연 240만원을 한도로 비과세한다.
[*2] 식사를 제공받지 않고 있으므로 식사대는 월 20만원을 한도로 비과세한다.
[*3] 임직원(소액주주가 아닌 출자임원 제외) 제공받는 사택제공이익은 복리후생적 성질의 급여로 비과세한다.

22 ④ 이연퇴직소득을 인출한 경우에는 연금수령시 연금소득, 연금외수령시 퇴직소득으로 본다.

23　④　(1) 기본공제 : 1,500,000 × 4(본인, 부친*, 배우자, 장녀) = 6,000,000
　　　　　　*부친은 총급여액이 500만원 이하이므로 기본공제대상자이다.
　　　　(2) 추가공제 : 2,000,000(장애인, 부친) + 1,000,000(70세 이상, 부친) = 3,000,000
　　　　　　부녀자공제는 종합소득금액이 3,000만원을 초과하므로 적용대상이 아니다.
　　　　(3) 인적공제 합계 : 9,000,000

24　③　국공채의 양도소득은 양도소득에 해당하지 아니한다. 그러나 아파트당첨권, 상가 건물과 함께 양도한 영업권, 골프회원권은 양도소득세 과세대상 자산에 해당한다.

25　③　근로소득과 사업소득이 있는 김파마 씨는 종합소득 과세표준 확정신고를 하여야 한다.

26　②　퇴직자가 퇴직하는 달의 근로소득을 지급할 때 연말정산하여 그 다음 달 10일까지 연말정산세액을 납부하여야 한다.

27　③　일반적인 경우 회사는 다음 연도 2월분 급여 지급시 연말정산을 하여야 한다.

28　②　총급여액에서 근로소득공제를 차감하여 근로소득금액을 계산한다.

29　②　부가가치세는 납세의무자의 인적사정을 고려하지 않는 물세이다.

30　②　㈜용산: 20,000원 − 10,000원 = 10,000원
　　　　㈜종로: 30,000원 − 20,000원 = <u>10,000원</u>
　　　　　계　　　　　　　　　　　　<u>20,000원</u>

31　④　열병합발전소에서 열을 공급하는 경우에는 부가가치세 과세대상이다.

32　③　① 부가가치세 면세제도의 주요목적은 역진성을 완화하기 위한 것이다.
　　　　② 부가가치세 영세율 제도는 소비지국과세원칙을 구현하기 위한 것이다.
　　　　④ 부가가치세 영세율제도는 완전면세제도이다.

33 ②　수돗물의 공급, 연탄의 공급, 주택임대용역, 토지의 공급은 부가가치세 면세대상이나, 고속철도에 의한 여객운송용역, 자동차운전학원의 교육용역은 부가가치세 과세대상이다.

34 ②

외상판매액		1,200,000원
장기할부판매액	(+)	600,000원
현금판매액	(+)	3,000,000원
과세표준		4,800,000원
세율	(×)	10%
매출세액		480,000원

35 ①

(1) 매출액: 100,000,000 − 2,000,000 − 1,000,000 = 97,000,000
(2) 연체이자: −
(3) 배송중에 파손된 제품: −
　　과세표준　97,000,000

36 ②

원재료	10,000,000원
작업복	400,000원
매입세액공제액	10,400,000원

거래처 접대용 물품 구입액과 개별소비세 과세대상 승용차 구입액은 매입세액공제대상이 아니다.

37 ①　부가가치세 예정신고와 확정신고는 예정신고기간 또는 과세기간의 말일부터 25일 이내에 하여야 한다.

38 ③　부가가치세에 적용가능한 가산세는 부가가치세법분만 아니라 국세기본법에서도 규정하고 있다.

39 ③　공급하는 사업자의 등록번호와 성명 또는 명칭, 공급받는 자의 등록번호, 공급가액과 부가가치세액은 필요적 기재사항이나 공급품목, 단가 및 수량은 임의적 기재사항이다.

40 ③　직수출하는 재화, 택시운송사업자가 운송용역을 공급한 경우, 목욕업을 영위하는 사업자가 목욕용역을 공급한 경우에는 세금계산서 발급의무가 면제된다. 그러나 내국신용장에 의하여 공급하는 재화는 세금계산서 발급대상이다.

2024년
6회　2024년 9월 28일 시행

01	②	02	①	03	③	04	②	05	④
06	③	07	②	08	④	09	①	10	②
11	③	12	④	13	②	14	②	15	①
16	③	17	②	18	①	19	②	20	②
21	③	22	③	23	①	24	③	25	②
26	③	27	①	28	①	29	②	30	④
31	②	32	④	33	③	34	①	35	②
36	④	37	①	38	④	39	④	40	③

01 ② 상속세와 증여세는 부과과세제도를 채택하고 있고, 부가가치세, 법인세, 소득세는 신고납세제도를 채택하고 있다.

02 ① 납세자가 그 의무를 이행할 때에는 신의에 따라 성실하게 하여야 한다. 세무공무원이 직무를 수행할 때에도 또한 같다.

03 ③ 지방자치단체는 비과세법인이므로 토지 등 양도소득에 대한 법인세의 납세의무가 없다.

04 ② 임대료 지급기간이 1년을 초과하는 경우 이미 경과한 기간에 대응하는 임대료 상당액과 비용은 이를 각각 당해 사업연도의 익금과 손금으로 한다.

05 ④
법인지방소득세의 환급액	1,000,000원
국세 과오납금 환급금에 대한 이자	2,000,000원
주식발행초과금	4,000,000원
익금불산입금액의 합계액	7,000,000원

06 ③ 우리사주조합의 운영비와 임직원의 직장 회식비는 손금항목이나 벌과금과 잉여금의 처분을 손비로 계상한 금액은 손금불산입항목이다.

07　②

직원상여금한도초과액	1,000,000원
사용자부담 국민건강보험료	5,000,000원
손금의 합계액	6,000,000원

08　④　개별법은 채권에만 적용되는 방법이므로 주식에는 개별법을 적용할 수 없다.

09　①　〈손금불산입〉 700,000원(유보)
제24기의 시인부족액을 제25기의 상각부인액에 충당할 수 없으므로 제25기 상각부인액 700,000
원은 손금불산입한다.

10　②　기업업무추진비 한도액: (1) + (2) = 66,000,000원

(1) 기본한도액: 36,000,000원 × $\frac{12}{12}$ = 36,000,000원

(2) 수입금액별한도: 30,000,000원

11　③　부도발생일부터 6개월 이상 지난 수표 또는 어음상의 채권 및 중소기업의 외상매출금은 결산조정사
항이다. 그러나 소멸시효가 완성된 채권, 민사집행법에 따라 채무자의 재산에 경매가 취소된 압류채
권, 회생계획인가결정에 따라 회수불능으로 확정된 채권은 신고조정사항 (강제조정사항)이다.

12　④　건설이 완료된 자산에 대한 건설자금이자를 비용으로 회계처리한 경우에는 즉시상각의제로 본다.

13　②　(1) 이자의 시가: 가지급금적수 × 시가인 이자율 × $\frac{1}{365}$

$$= 3,650,000,000 × 4.6\% × \frac{1}{365}$$

$$= 460,000$$

(2) 약정이자: 0

(3) 인정이자: 460,000

14　②　이월결손금은 15년(2020년 1월 1일 전에 개시하는 사업연도 발생분은 10년) 이내 개시한 사업연도
에서 발생한 결손금을 각 사업연도 소득금액의 80%(중소기업 등 법 소정 기업은 100%)를 한도로
공제한다.

15　① 　(1) 과세표준: 400,000,000원 – 20,000,000원 – 100,000,000원 – 80,000,000원
　　　　　　　 = 200,000,000원
　　　(2) 산출세액: 200,000,000원 × 9% = 18,000,000원

16　③ 　① 내국법인은 각 사업연도 소득에 대한 법인세를 사업연도 종료일이 속하는 달의 말일부터 3개월
　　　　이내에 신고하여야 한다.
　　　② 외부감사대상 법인이 신고기한 연장을 신청하는 경우 1개월의 범위에서 연장을 허용한다.
　　　④ 법인세는 분납이 있으므로 납부세액이 1천만원을 초과하는 경우 분납할 수 있다.

17　② 　거주자가 폐업한 경우 과세기간은 1월 1일부터 12월 31일까지이므로 1월 1일부터 폐업일까지로
　　　한다는 내용은 옳지 않다.

18　① 　소득세법은 원칙적으로 소득원천설을 채택하고 있으며 순자산증가설을 일부 채택하고 있다.

19　② 　저축성보험의 보험차익, 채권이자, 비영업대금의 이익은 이자소득이나 출자공동사업자의 사업소득
　　　분배금은 배당소득이다.

20　② 　사업자금을 일시 예치하여 발생하는 예금이자는 각 사업연도 소득금액에는 포함되나, 사업소득금액
　　　에는 포함되지 아니한다.

21　③
급여	18,000,000	
상여금	5,000,000	
연장근로수당	600,000	(4,000,000 – 2,400,000)*1
식사대	3,600,000	*2
사택제공이익	–	*3
총급여액	27,200,000	

　　　*1 생산직 근로자의 연장근로수당은 연 240만원을 한도로 비과세한다.
　　　*2 식사를 제공받고 있으므로 식사대는 비과세되지 아니한다.
　　　*3 임직원(소액주주가 아닌 출자임원 제외)이 제공받는 사택제공이익은 복리후생적 급여로 비과세된다.

22　③ 　연금계좌에서 연금형태로 받는 소득은 연금소득이다.

23　①

(1) 기본공제 : 1,500,000 × 3(본인, 배우자, 장녀) = 4,500,000
　　*부친은 총급여액이 500만원을 초과하므로 기본공제대상자가 아니다.
(2) 추가공제 : 0
　　도지현 씨는 종합소득금액이 3,000만원을 초과하므로 부녀자공제의 적용대상이 아니다.
(3) 인적공제 합계 : 4,500,000

24　③

대주주는 주권상장주식을 장내에서 양도하는 경우에도 양도소득세 과세대상이다.

25　②

퇴직소득은 원천징수로 납세의무 종결이 가능하다.

26　③

퇴직자가 퇴직하는 달의 근로소득을 지급할 때 연말정산하여 그 다음 달 10일까지 연말정산세액을 납부하여야 한다.

27　①

양도소득은 원천징수대상이 아니다.

28　①

(500,000 − 150,000) × 6% × (1 − 55%) = 9,450원

29　②

부가가치세는 전단계세액공제법을 채택하고 있으므로 전단계거래액공제법을 채택하고 있다는 내용은 옳지 않다.

30　④

부가가치세 과세사업자라도 면세재화·용역을 공급하는 경우에는 납세의무가 없다.

31　②

조세의 물납은 부가가치세 과세대상이 아니다.

32　④

영세율이 적용되는 경우에는 매입세액을 공제받는다.

33　③

혈액, 도서열람용역, 토지의 공급, 수돗물은 면세대상이나, 미용목적 성형수술과 우등고속버스에 의한 여객운송용역은 과세대상이다.

34 ①

(1) 임대료: 1,000,000 × 3 　　　　　　　　　= 3,000,000

(2) 간주임대료: 365,000,000 × 3.1% × $\dfrac{92}{365}$ = 2,852,000

　　과세표준 　　　　　　　　　　　　　　　5,852,000

35 ②

(1) 매출액 　　　　　　　　　　　90,000,000

(2) 반품액 　　　　　　　　　　　− 3,000,000

(3) 배송중에 파손된 제품 　　　　　　　　　　−

　　과세표준 　　　　　　　　　　87,000,000

36 ④

기계장치 　　　　　　　　　　9,000,000원

작업화 　　　　　　　　　　　200,000원

원재료 　　　　　　　　　　　3,000,000원

매입세액공제액 　　　　　　　12,200,000원

거래처 접대용 물품 구입액과 토지 조성을 위한 자본적지출 관련 매입세액은 공제대상이 아니다.

37 ① 대손세액공제는 확정신고시 공제할 수 있으므로 예정신고시 공제할 수 있다는 내용은 옳지 않다.

38 ④ 예정시고시 제출할 매입처별세금계산서합계표를 확정신고시 제출하는 경우에는 가산세가 부과되지 아니한다

39 ④ 공급받는 자의 등록번호는 필요적 기재사항이나, 단가와 수량, 공급연월일, 공급하는 자의 주소는 임의적 기재사항이다.

40 ③ 부가가치세 과세대상을 면세대상으로 잘못 판단하여 계산서를 발급한 경우에는 수정세금계산서를 발급할 수 없다.

2024년
7회 2024년 11월 16일 시행

01	④	02	②	03	②	04	③	05	②
06	③	07	③	08	①	09	④	10	④
11	①	12	③	13	①	14	①	15	②
16	④	17	②	18	③	19	④	20	④
21	③	22	④	23	②	24	②	25	①
26	④	27	③	28	④	29	①	30	④
31	②	32	③	33	①	34	①	35	②
36	②	37	②	38	③	39	①	40	②

01　④
조세는 납세의무자의 인적사항이 고려되는지 여부에 따라 인세와 물세로 구분할 수 있다.

02　②
역외거래에서 발생한 부정행위로 인한 무신고 가산세율은 60%를 적용하고, 그 외의 거래에서 발생한 부정행위로 인한 무신고 가산세율은 40%를 적용한다.

03　②
① 비영리내국법인은 청산소득에 대해 법인세 납세의무가 없다.
③ 법인의 사업연도는 1년을 초과할 수 없다.
④ 국내에서 사업을 하는 경우에도 외국에 본점, 주사무소 또는 사업의 실질적 관리장소를 둔 경우에는 외국법인에 해당한다.

04　③
① 매입한 자산의 취득가액에는 취득세와 같은 부대비용이 포함된다.
② 자기가 제조한 자산의 취득가액에는 취득부대비용도 포함한다.
④ 자기가 건설한 자산의 취득가액에는 노무비도 포함한다.

05　②
(익금해당액)
자기주식 양도금액(5,000,000) + 자산수증이익(20,000,000) + 임대료수익(30,000,000)
= 55,000,000원

06 ③　직원 상여금과 업무용 건물 재산세는 손금항목이나 벌과금과 잉여금의 처분을 손비로 계상한 금액은 손금불산입항목이다.
손금불산입금액 = 2,000,000 + 30,000,000 = 32,000,000원

07 ③　손금합계액 = 1,000,000 + 1,800,000 + 700,000 = 3,500,000원
지배주주인 임원에 대한 사택유지비를 제외한 나머지 비용은 모두 손금으로 인정된다.

08 ①　단기매매증권평가이익은 세법상 익금불산입이므로 (익금불산입) 단기매매증권 300,000(△유보)로 세무조정한다.

09 ④　내용연수가 10년이므로 감가상각범위액은 40,000,000 × 0.1 = 4,000,000원이다.

10 ④　〈기업업무추진비〉
기업업무추진비 한도초과액 : x − (12,000,000 + 110,000,000) = 28,000,000원
x = 122,000,000 + 28,000,000 = 150,000,000
기업업무추진비 : 150,000,000원

11 ①　대손충당금한도액 : 1,000,000,000 × Max[1%, 0.9%] = 10,000,000원
「대손충당금한도초과액 : 대손충당금기말잔액 − 대손충당금한도액
= 15,000,000 − 10,000,000 = 5,000,000원

12 ③　건설자금이자에 해당하는 금액은 전액 손금불산입하고 유보(건설중인자산)나 즉시상각(완성자산)으로 의제한다.

13 ①　시가에 해당하는 이자 : 3,650,000,000 × 4.6% × $\dfrac{1}{365}$ = 460,000원

(460,000 − 100,000)/ 460,000 〉5% 이므로 부당행위계산부인이 적용된다.
익금산입액 : 460,000 − 100,000 = 360,000

14 ①　2020년 1월 1일 이전에 발생한 이월결손금은 10년간 이월하여 공제한다.

15 ②　각 사업연도 소득금액 : 250,000,000 − 5,000,000(단기매매증권평가이익)
　　　　　　　　　　　+ 5,000,000(업무무관자산관리비) = 250,000,000원
　　과세표준 : 250,000,000원
　　산출세액 : 18,000,000 + 50,000,000 × 19% = 27,500,000원

16 ④　중소기업의 경우 분납은 2개월 이내에 가능하므로 ㈜삼일이 분납하는 경우 분납세액의 납부기한은 2026년 5월 31일이다.

17 ②　소득세법은 과세기간을 1월1일부터 12월31일까지로 하고 개인이 임의대로 과세기간을 정할 수 없다.

18 ③　비거주자의 소득세 납세지는 주된 국내사업장 소재지로 하며, 국내사업장이 없는 때에는 국내원천소득이 발생하는 장소로 한다.

19 ④　공동사업에서 발생한 소득금액 중 출자공동사업자의 손익분배비율에 해당하는 금액은 배당소득이다.

20 ④　사업소득 총수입금액 = 5,000,000원 × 12(개월) = 60,000,000원

21 ③　급여 : 3,000,000 × 12(개월) = 36,000,000원
　　식사대 : 200,000 × 12(개월) = 2,400,000원
　　자가운전보조금 : (250,000 − 200,000) × 12(개월) = 600,000원
　　상여 : 5,000,000원
　　연차수당 : 1,000,000원
　　총급여액 : 45,000,000원

22 ④　토지매각대금 6,000,000원을 제외한 나머지는 모두 기타소득에 해당한다.
　　∴ 기타소득 = 3,000,000 + 5,000,000 + 4,000,000 = 12,000,000원

23　② 자녀세액공제: (1) + (2) = 165만원
(1) 자녀수에 따른 자녀세액공제 : 8세 이상인 자녀 2명인 경우 25만원
(2) 출산·입양 세액공제 : 셋째이상인 경우 70만원 × 2명 = 140만원

24　② 중고자동차 처분금액은 양도소득세 과세대상이 아니나, 그 외에는 모두 양도소득세 과세대상이다.

25　① 퇴직소득 및 연말정산대상 사업소득만 있는 자는 확정신고를 하지 않아도 된다.

26　④ 중도퇴사자에 대한 연말정산은 퇴직한 달의 급여를 지급하는 때 하고 세액은 다음달 10일까지 납부
해야하므로 2025년 10월 31일에 연말정산을 하고 세액은 11월 10일에 납부한다.

27　③ 원천징수 등 납부지연가산세 : Min[(1), (2)] = 370,000원

(1) $5,000,000 \times 3\% + 5,000,000 \times \dfrac{22}{100,000} \times 200 = 370,000$원

(2) 한도 : $5,000,000 \times 10\% = 500,000$

28　④ 김철수씨의 강사료가 기타소득인 경우 기타소득금액 = 7,000,000 − 4,200,000 = 2,800,000원
기타소득금액이 3,000,000원 이하인 경우 해당 기타소득은 분리과세와 종합과세 중 유리한 과세방
법을 선택할 수 있으므로 김철수씨가 다른 기타소득이 없다면 분리과세와 종합과세 중 유리한 방법
으로 선택할 수 있다.

29　① 편의점의 매출액 − 편의점의 매입액 = 8,000 − 5,000 = 3,000

30　④ 부가가치세는 납세의무자와 담세자가 일치하지 않는 간접세이면서, 납세의무자의 인적사항을 고려하
지 않는 물세이다. 또한 부가가치세는 제조, 도매, 소매 등의 거래의 각 단계에서 과세되는 다단계거
래세이다.

31　② ① 유가증권은 부가가치세가 과세되지 않는다.
③ 수출신고를 마치고 선적이 완료된 물품을 국내로 다시 반입하는 경우에는 부가가치세가 과세된다.
④ 재화의 수입에 있어서는 수입자가 사업자 여부와 관계없이 부가가치세가 과세된다.

32 ③　면세사업자가 면세를 포기하는 경우 영세율을 적용받을 수 있다.

33 ①　②는 면세에 대한 내용이고, ③의 경우 면세는 매입세액이 공제되지 않아 매입세액이 공급가액에 포함되어 최종소비자에게 전가된다. 영세율은 완전면세제도이나, 면세는 부분면세제도이다.

34 ①　과세표준 = 25,000,000(매출액) − 3,000,000(매출에누리) − 2,000,000(매출할인)
　　　　　　　　　− 4,000,000(파손반품액) = 16,000,000원

35 ②　주택의 임대료와 토지가액은 면세이므로 과세표준에서 제외한다.
〈부가가치세 과세표준 〉

$$1,100,000(상가임대료) \times \frac{100}{110} + (5,000,000 - 2,000,000) = 4,000,000원$$

36 ②　〈공제되는 매입세액〉

원재료	20,000,000원
트럭	4,000,000원
건물	20,000,000원
판매비와 관리비	3,000,000원(5,000,000원 − 2,000,000원)
합계	47,000,000원

37 ②

$$세금계산서\ 발급분(ㄱ) = 22,000,000 \times \frac{100}{110} = 20,000,000원$$

$$신용카드 \cdot 현금영수증\ 발행분(ㄴ) = 16,500,000 + 1,100,000 \times \frac{100}{110} = 17,500,000원$$

영세율세금계산서 발급분(ㄷ) = 15,000,000원(내국신용장공급분)
영세율 기타(ㄹ) = 30,000,000(직수출)

38 ③　세금계산서의 필요적 기재사항의 전부 또는 일부가 착오 또는 과실로 적혀있지 않거나 사실과 다른 때에는 세금계산서 불성실가산세가 부과된다.

39 ①　전자세금계산서 의무발급대상자가 아닌 사업자도 원하면 전자세금계산서를 발급할 수 있다.

40 ②　공급받는 자의 성명과 명칭은 임의적 기재사항이다.

2024년
8회　　2024년 12월 21일 시행

01	②	02	②	03	③	04	①	05	③
06	①	07	②	08	④	09	④	10	③
11	①	12	③	13	③	14	①	15	②
16	③	17	④	18	③	19	④	20	②
21	②	22	①	23	②	24	④	25	③
26	③	27	④	28	④	29	①	30	④
31	②	32	③	33	③	34	②	35	④
36	③	37	①	38	②	39	①	40	④

01 ② 국가 또는 지방자치단체는 반드시 세법규정에 근거하여 국민에게 세금을 부과·징수 하여야 한다. 즉, 국민은 세법에 근거하지 않은 세금에 대해서는 납부할 의무가 없다.

02 ② 신의성실의 원칙은 국가와 국민 모두에게 적용되는 원칙이다. 즉, 국가도 국민에 대하여 세금을 부과·징수 할 때 성실한 자세로 직무에 임해야 한다.

03 ③ 비영리내국법인은 국내외원천소득 중 일정한 수익사업에서 발생한 소득과 토지 등 양도소득에 대해 법인세 납세의무가 있다

04 ① 금융회사의 선수입이자를 제외한 이자수익은 실제 수입된 날을 귀속시기로 한다.

05 ③ (익금금액)
유형자산의 양도금액 4,000,000 + 자기주식의 양도금액 500,000 = 4,500,000

06 ①

특례기부금	4,000,000
판매한 제품의 재료비	(+) 3,000,000
손금의 합계액	7,000,000

07 ② 업무용승용차 관련 비용은 내국법인이 업무용승용차를 취득하거나 임차하여 해당 사업연도에 손금에 산입하거나 지출한 감가상각비, 임차료, 유류비, 수선비, 자동차세, 통행료, 금융리스부채에 대한 이자비용 등 업무용승용차의 취득·유지 관련 비용을 말한다.

08 ④ 저가법은 취득원가와 시가 중 낮은금액으로 평가하므로 제품은 세무조정이 없다. 그러나 반제품은 4,000,000원을 익금불산입해야 하므로 각 사업연도 소득금액은 4,000,000원이 감소한다.

09 ④

감가상각방법	감가상각범위액
정액법	6,000,000 × 0.2 = 1,200,000원
정률법	(6,000,000 − 2,000,000) × 0.451 = 1,804,000원

10 ③ 시부인대상 기업업무추진비 : 100,000,000원(신용카드 사용분)
기업업무추진비 한도 : 36,000,000 × 12/12 + 10,000,000,000 × 0.3% = 66,000,000원
한도초과액 : 100,000,000 − 66,000,000 = 34,000,000원

11 ① 대손충당금의 손금산입은 결산조정사항이다.

12 ③ ① 채권자불분명 사채이자는 전액 손금불산입하고 원천징수액은 기타사외유출로 나머지 금액은 대표자상여로 처분한다.
② 비실명 채권·증권의 이자는 전액 손금불산입하고 원천징수액은 기타사외유출로 나머지 금액은 대표자상여로 처분한다.
④ 업무무관자산 등 관련이자는 전액 손금불산입하고 기타사외유출로 처분한다.

13 ③ 양도가액 24억원과 시가 12억원의 차액 12억원을 익금산입하여 상여로 소득처분하므로 14억원을 익금산입한다는 내용을 옳지 않다.

14 ① 각사업연도소득금액 : 250,000,000 − 5,000,000 + 5,000,000 = 250,000,000
과세표준 : 250,000,000 − 10,000,000(비과세소득) − 20,000,000(이월결손금)
          = 220,000,000원

15 ②

(1) 각 사업연도 소득금액 : 200,000,000 + 10,000,000(임원상여한도초과)
                             + 10,000,000(비지정기부금) = 220,000,000
(2) 과세표준 : 220,000,000(이월결손금, 비과세소득, 소득공제가 없음)
(3) 산출세액 : 18,000,000 + (220,000,000-200,000,000) × 19% = 21,800,000

16 ③

과도한 조세감면을 막기 위한 제도는 최저한세제도이다.

17 ④

거주자란 국내에 주소를 두거나 183일 이상의 거소를 둔 개인을 말한다.

18 ③

소득을 지급하는 자가 소득을 지급할 때 정해진 세금을 미리 징수하여 대신 납부함으로써 납세의무
가 종결되는 것은 분리과세 대상소득이므로 모든 분류과세 대상소득이 이에 해당한다는 설명은 옳지
않다.

19 ④

김영수씨가 자동차보험에 가입하고 사고로 인해 수령하는 보험금은 과세대상소득이 아니다.

20 ②

대표자급여는 필요경비에 산입하지 않으며, 복식부기의무자가 아닌 사업자의 유형자산처분이익인 업
무용차량 처분이익과 이자수익은 총수입금액에 산입하지 않는다.
〈사업소득금액〉
30,000,000(당기순이익) + 3,000,000(대표자급여) − 2,000,000(업무용차량 처분이익)
− 5,000,000(이자수익) = 26,000,000원

21 ②

식사로 제공받는 금액은 전액 비과세이며, 자가운전보조금은 월 20만원까지 비과세이다.
〈총급여액〉
20,000,000(급여) + 8,000,000(상여) + 600,000(자가운전보조금) = 28,600,000원

22 ①

의제필요경비가 적용되는 일시적인 인적용역의 경우 Max(실제필요경비, 의제필요경비)를 필요경비
로 공제한다.
(1) 필요경비 : Max(19,000,000, 30,000,000 × 60%) = 19,000,000
(2) 기타소득금액 : 30,000,000 − 19,000,000 = 11,000,000

23 ②　배우자의 총급여 : 400,000 × 12 = 4,800,000원
근로소득만 있는 경우 총급여액이 500만원 이하이면 소득요건을 만족하므로 김삼일씨의 배우자는 기본공제대상이 된다.

24 ④　종업원이 임원이 된 경우에는 퇴직급여를 실제로 받지 않은 경우에는 퇴직으로 보지 아니한다.

25 ③　관할세무서장은 11월 1일부터 11월 15일까지의 기간내에 중간예납세액을 서면으로 알려야 하며, 납부기한은 11월 30일이다.

26 ③　중도에 퇴직한 자의 연말정산은 퇴직한 달의 급여를 지급하는 때에 수행하고 연말정산 세액은 다음 달 10일까지 납부한다.

27 ④　소득을 지급받는자가 개인이면 소득세법에 따라 원천징수하고, 소득을 지급받는자가 법인이면 법인세법에 따라 원천징수한다.

28 ④　일반근로자의 근로소득은 간이세액조견표에 따라 원천징수한다.

29 ①　부가가치세는 납세의무자와 담세자가 다른 간접세이고 수출하는 재화에 대해서는 영세율을 적용하고 있으며, 납세자의 인적사항을 고려하지 않는 물세이다.

30 ④　면세사업만을 영위하는 사업자는 부가가치세법에 따른 사업자등록을 할 수 없고 법인세법이나 소득세법에 따른 사업자등록을 해야 한다.

31 ②　① 주요 자재를 전혀 부담하지 않고 단순히 가공계약에 의하여 재화를 공급하는 경우에는 용역을 공급한 것으로 본다.
③ 수출신고가 수리된 물품으로서 선적된 물품을 국내에 반입하는 것은 재화의 수입에 해당한다.
④ 특수관계가 없는 자에게 사업용 부동산을 무상으로 제공하는 것은 용역의 공급으로 보지 아니한다.

32 ③　영세율이 적용되더라도 내국신용장 또는 구매확인서에 의한 수출재화에 대해서는 세금계산서를 발급해야 한다.

33　③　신문광고용역과 우등고속버스에 의한 여객운송용역은 부가가치세가 과세되는 재화나 용역이고 수돗물, 국민주택의 공급, 도서(도서대여용역 포함)·신문·잡지, 연탄과 무연탄, 시내버스 운송용역, 주택과 이에 부수되는 토지의 임대는 면세되는 재화나 용역이다.

34　②　과세표준 = 10,000,000(단기할부) + 1,000,000 × 3(장기할부)
　　　　　　　+ 30,000,000(외상판매) + 30,000,000 × 30% (완성도지급기준)
　　　　　　　= 52,000,000원

35　④　과세표준 : 55,000,000 − 2,000,000 = 53,000,000원
매출할인액과 매출에누리액, 파손반품액은 과세표준에 포함하지 않으나 매출할인액과 매출에누리액은 이미 제시된 매출에서 차감되어 있으므로 파손반품액을 차감한 금액이 과세표준에 해당한다.

36　③
전자부품(원재료)	20,000,000원
기계구입	7,000,000원
매입세액공제액	27,000,000원

기업업무추진비와 개별소비세 과세대상 자동차의 유지비 관련 매입세액은 공제대상이 아니다.

37　①　조기환급은 영세율적용대상 외에도 사업설비를 신축·취득·증축 하는 경우, 재무구조개선계획을 이행하는 경우 등에 적용 받을 수 있다.

38　②　사업자가 아닌 자가 재화 또는 용역을 공급하지 아니하고 세금계산서를 발급하거나 재화 또는 용역을 공급받지 아니하고 세금계산서를 발급받은 경우는 사업자로 보고 가산세를 부과한다.

39　①　② 전자세금계산서 의무발급사업자는 법인사업자와 직전연도의 사업장별 과세공급가액과 면세공급가액의 합계액이 1억원(2024년 7월 1일 공급분부터는 직전연도 사업장별 공급가액 합계액이 8천만원) 이상인 개인사업자이다.
③ 전자세금계산서 의무발급대상이 아닌 사업자도 원하면 전자세금계산서를 발급할 수 있다.
④ 전자세금계산서 의무발급 사업자가 전자세금계산서를 발급하였을 때에는 전자세금계산서 발급일의 다음날까지 전자세금계산서 발급명세를 국세청장에게 전송해야 한다.

40　④　도매업은 영수증 발행대상 업종이 아니므로 재화 공급시 세금계산서를 발급해야 한다.

회계관리1급 기출문제집

2025년 6월 9일 2판 발행

저 자 **삼일회계법인**

발행인 이　　희　　태

발행처 **삼일피더블유씨솔루션**

저 자 와
협의하에
인지생략

서울특별시 용산구 한강대로 273 용산빌딩 4 층

등록 : 1995. 6. 26 제 3－633 호

TEL : (02) 3489－3100

FAX : (02) 3489－3141

ISBN 979－11－6784－418-7　13320

정가　27,000 원

※ 파본은 구입하신 서점이나 출판사에서 교환해 드립니다.

※ 이 책을 무단복사, 복제, 전재하는 것은 저작권법에 저촉됩니다.

※ 수정사항 확인방법 : www.samili.com ⇒ 제품몰 ⇒ 해당 단행본 ⇒ 수정사항

※ '삼일인포마인'은 '삼일피더블유씨솔루션'의 단행본 브랜드입니다.

삼일인포마인 발간책자는 정확하고 권위 있는 해설의 제공을 목적으로 하고 있습니다. 다만 그 완전성이 항상 보장되는 것은 아니고 또한 특정사안에 대한 구체적인 의견제시가 아니므로, 적용결과에 대하여 당사가 책임지지 아니합니다. 따라서 실제 적용에 있어서는 충분히 검토하시고, 저자 또는 능력있는 전문가와 상의하실 것을 권고합니다.